EL JA-JÁ DE RIUS

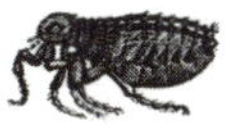

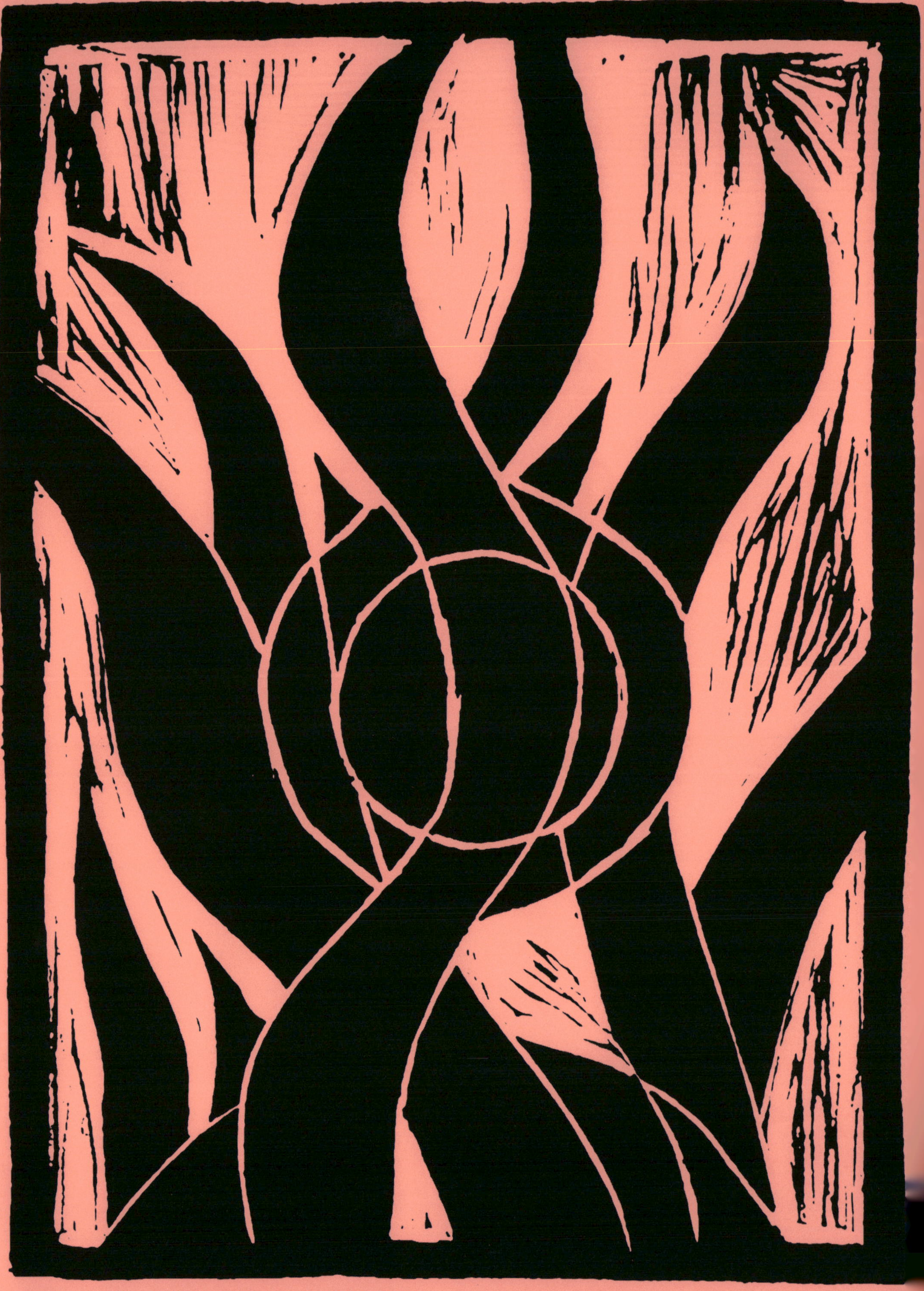

Linoleografía inédita hecha por ahí del 2008

A HELENA Y MAURICIO
Motor, alma, alegría y aliento de todo mi ser.

-Gantús

EL JA-JÁ

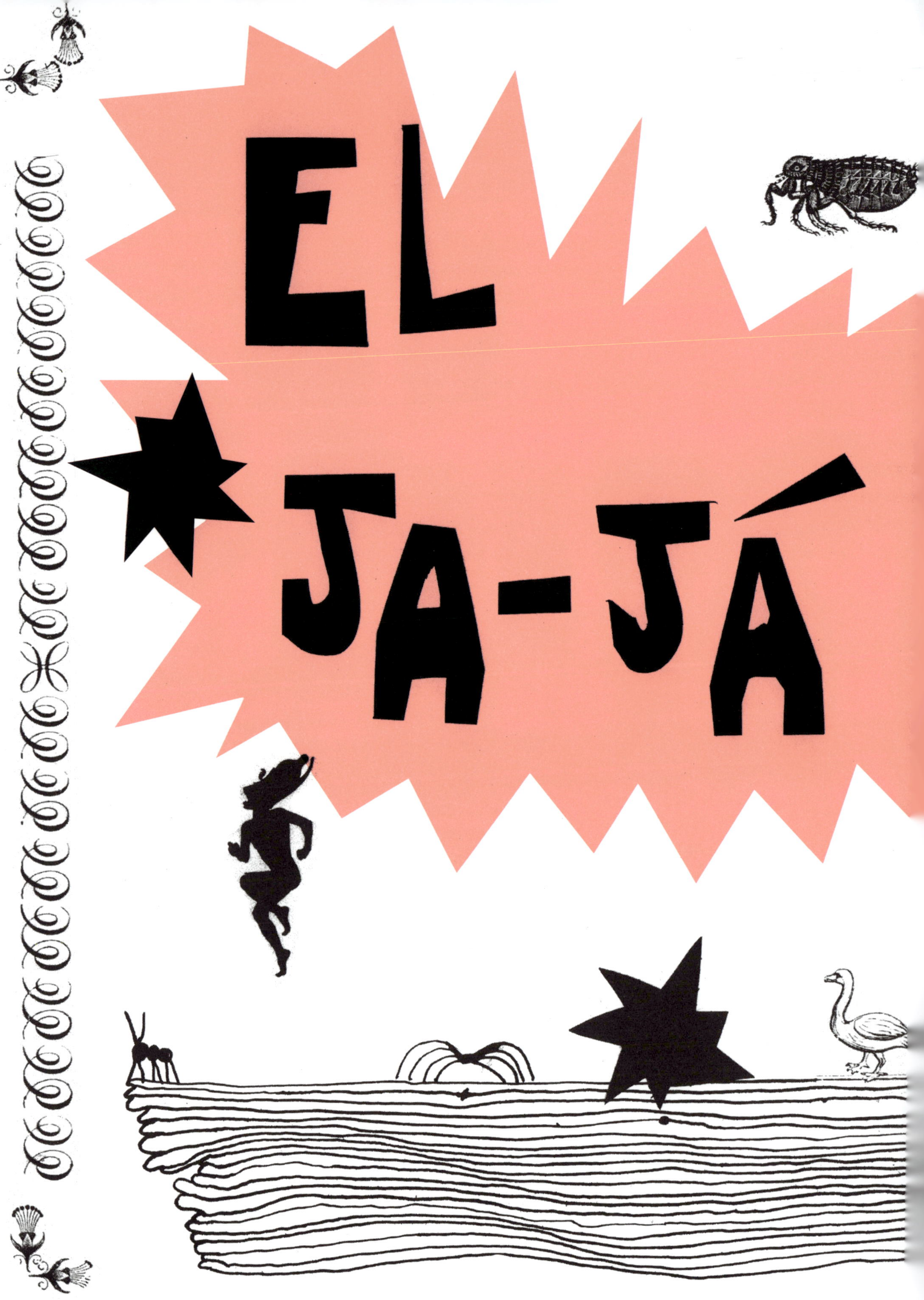

DE RIUS

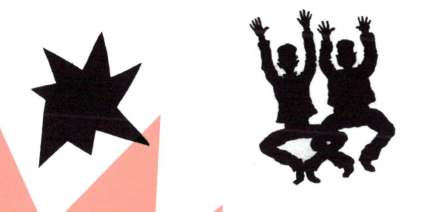

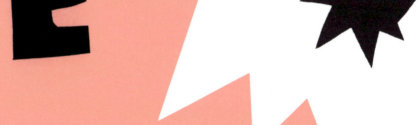

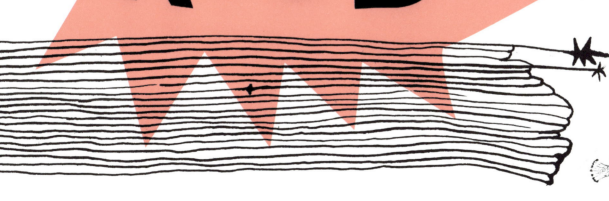

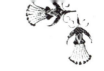

El papel utilizado para la impresión de este libro ha sido fabricado a partir de madera procedente de bosques y plantaciones gestionadas con los más altos estándares ambientales, garantizando una explotación de los recursos sostenible con el medio ambiente y beneficiosa para las personas.

El Ja-já de Rius

Primera edición: mayo, 2024

D. R. © 2023, Eduardo del Río García (Rius)
D. R. © Citlali del Río Flores, por la titularidad de los derechos patrimoniales del autor
www.rius.com.mx

D. R. © 2023, Ariel Rosales, por el prólogo
D. R. © 2023, Luis Gantús, por la introducción y los textos «Qué es el Ja-já», «A través de mi cristal», «Cancionero», «Moneros antiguos» y «Rius a color»
D. R. © 2023, Sergio Aragonés, por «Acerca de Rius»
D. R. © 2023, Iurhi Peña, por «Rius: Niñes y política a través de dibujitos»
D. R. © 2023, Powerpaola, por «Rius»
D. R. © 2023, Augusto Mora, por «Los libros que más nos gustaban»

D. R. © 2024, derechos de edición mundiales en lengua castellana:
Penguin Random House Grupo Editorial, S. A. de C. V.
Blvd. Miguel de Cervantes Saavedra núm. 301, 1er piso,
colonia Granada, alcaldía Miguel Hidalgo, C. P. 11520,
Ciudad de México

penguinlibros.com

Diseño de portada y de interiores: © Citlali del Río Flores

Penguin Random House Grupo Editorial apoya la protección del *copyright*.
El *copyright* estimula la creatividad, defiende la diversidad en el ámbito de las ideas y el conocimiento, promueve la libre expresión y favorece una cultura viva. Gracias por comprar una edición autorizada de este libro y por respetar las leyes del Derecho de Autor y *copyright*. Al hacerlo está respaldando a los autores y permitiendo que PRHGE continúe publicando libros para todos los lectores.

Queda prohibido bajo las sanciones establecidas por las leyes escanear, reproducir total o parcialmente esta obra por cualquier medio o procedimiento así como la distribución de ejemplares mediante alquiler o préstamo público sin previa autorización.
Si necesita fotocopiar o escanear algún fragmento de esta obra diríjase a CeMPro (Centro Mexicano de Protección y Fomento de los Derechos de Autor, https://cempro.com.mx).

ISBN: 978-607-384-220-4

Impreso en México – *Printed in Mexico*

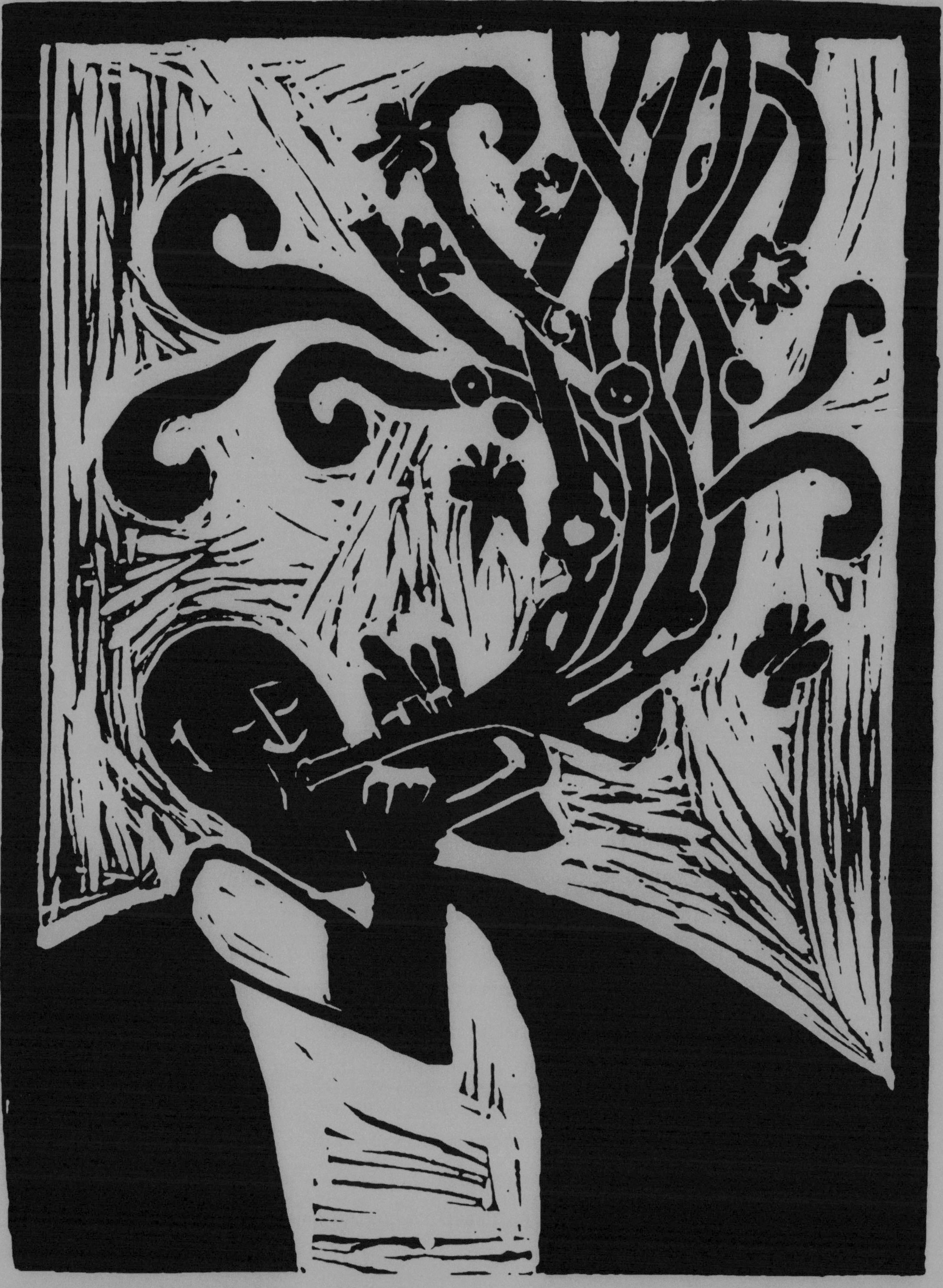

Linoleografía inédita hecha por ahí del 2008

ÍNDICE

- **Prólogo** — 10
- **Introducción** — 18
- Cómo volverse caricaturista sin intentarlo — 24
- Acerca de Rius, por Sergio Aragonés — 26
- ¿Qué es el *Ja-já*? — 30
- Al través de mi cristal — 34
- Rius, niñes y política a través de dibujitos, por Iurhi Peña — 52
- Cancionero — 54
- Más *Ja-já* — 82
- Rius, por Power Paola — 104
- Moneros antiguos — 106
- Al través de mi cristal — 116
- Los libros que más nos gustaban, por Augusto Mora — 148
- ¿De dónde salen las ideas? — 152
- Entrevista — 160
- Rius a color — 164
- Pasatiempos para ociosos — 184
- **Biografías** — 186
- **Agradecimientos** — 190

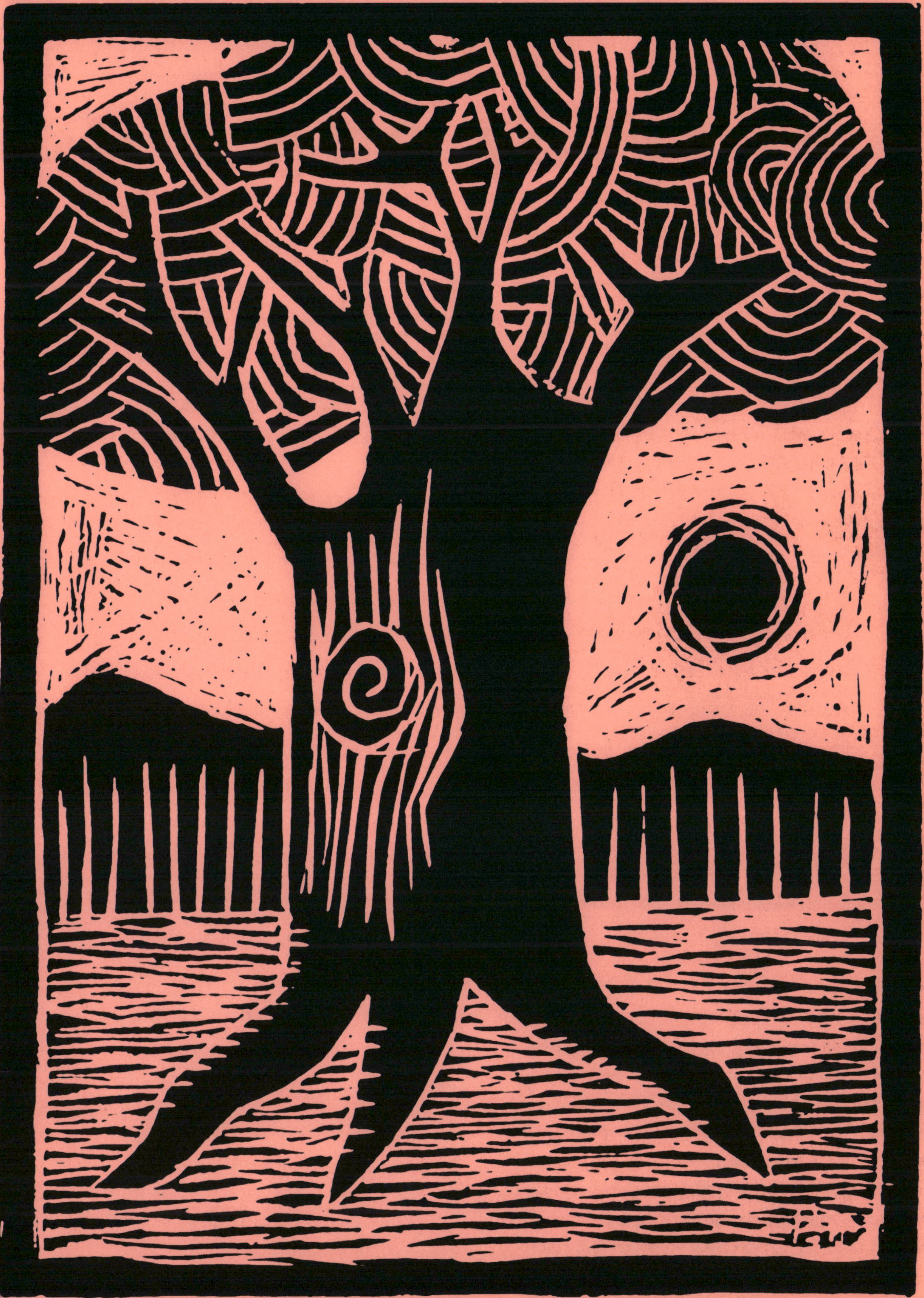

Linoleografía inédita hecha por ahí del 2008

PRÓLOGO
por: Ariel Rosales

I

Jajajaja: el teléfono inteligente nos ha enseñado a usar esta interjección —que según la Madre Academia (RAE) significa "manifestación de risa"— dentro de los mensajes de texto mediante un simple clic. Su poder comunicativo es total: expresa sentido del humor, risas, hilaridad y hasta carcajadas. Aunque los antiguos, como Rius o yo, la conocíamos como *Ja-já*. No con cuatro sílabas como en los dispositivos digitales, sino con solo dos, separadas por un guioncito muy mono y la última "a" coronada con una anacrónica tilde. La ortografía académica establece que debe escribirse con comas, sin acentos y con tres sílabas (ja, ja, ja).

La verdad es que identificábamos esta dichosa onomatopeya porque era el titulazo de una revista de humor que, sin duda alguna, ocupa un lugar privilegiado en la historia nacional. Los lectores habituales y furtivos (mi caso) le decíamos "el *Ja-já*" y nos caía bien que se presentara como "frívola, graciosa y picante". Además, era pequeña —más que la famosa *Selecciones*— y delgada, ideal para guardarla en el bolsillo trasero del pantalón vaquero, siendo su característica más visible las portadas a colores donde se exhibían llamativas fotos de muchachas ataviadas con lo que en aquel entonces se denominaban "paños menores".

Por la lascivia implícita en esas cubiertas, así como por sus chistes ligeros y picarones, fue reprobada por los autodenominados defensores de las buenas costumbres, casi tanto como abominaron a otra "revista de encueratrices" de la misma época, la legendaria *Vea*.

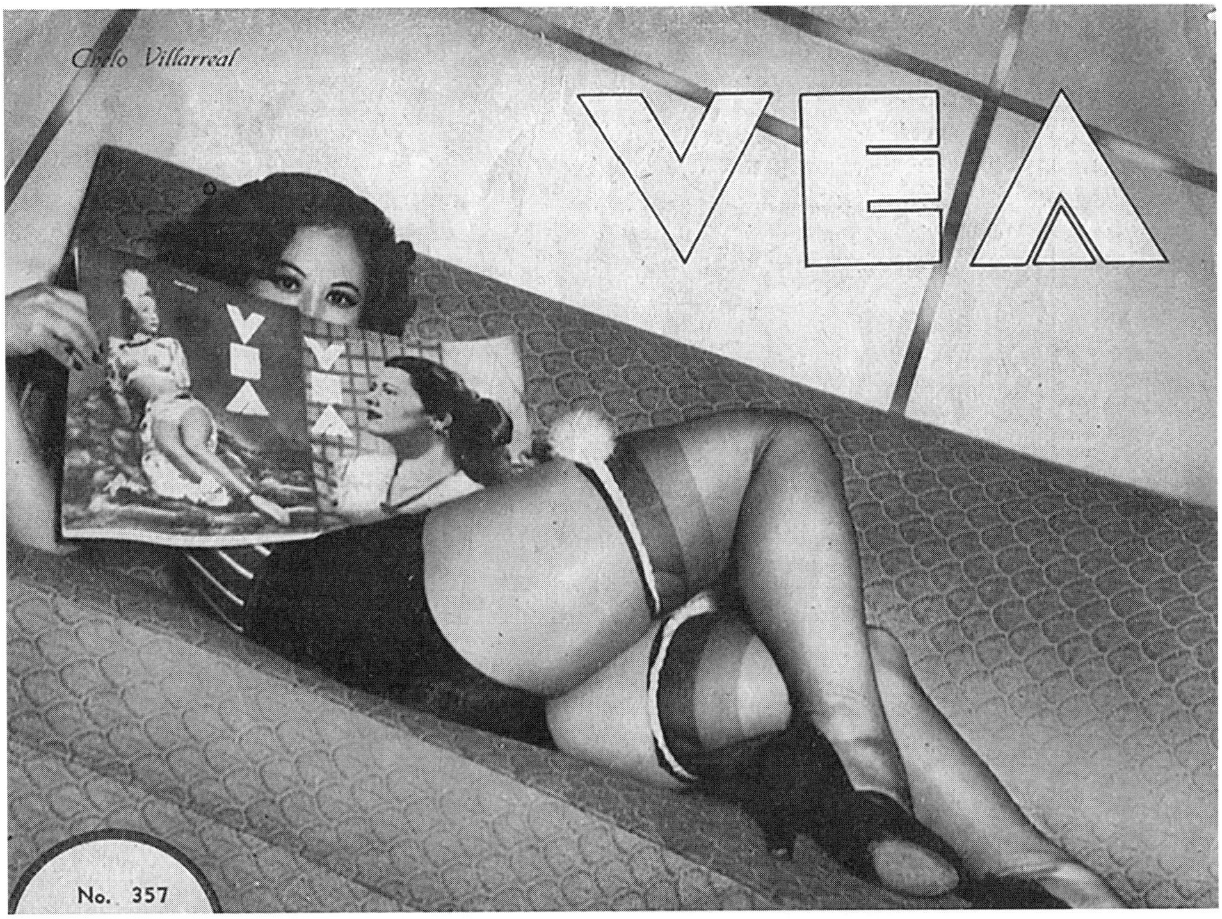
VEA
No. 357

Ni esta tímida pionera del porno mexicano ni mucho menos el *Ja-já* eran escandalizantes. Hasta resulta legítimo pensar que esas fotografías de modelos insinuantes, publicadas en ambas revistas, eran tan castas e inofensivas que en la actualidad podrían promoverse como hermanas de la caridad por parte de Jorge Serrano Limón –nuestro perpetuo inquisidor– en una campaña promocional para relanzar Provida.

Pero lo importante del *Ja-já* nunca fueron sus aderezos, sino el hecho de que al darle cabida en sus páginas al trabajo de muchos jóvenes caricaturistas ("moneros" corregiría el maestro Eduardo del Río, porque dibujaban "monitos") les reveló a sus lectores el divertido y excitante —aquí sí cabe este calificativo— mundo del humor gráfico. Como muchos infantes y púberes en la década de 1950, me las ingeniaba para leer a hurtadillas la revistita, principalmente en la peluquería, gracias a la complicidad de quienes me pelaban al casquete corto. Por supuesto, no recuerdo detalles de su contenido, solo tengo registrada la impresión de que me sentía loco de contento al leer todos los chistes (seguramente muchos de Rius).

Como editor de los libros del maestro (nada más durante 40 años), platiqué mucho con él sobre cientos de temas, entre ellos el *Ja-já*. Me decía que ahí se desenrrolló su aprendizaje del oficio, pues tuvo que hacer chistes bailando con el más feo: el humor blanco.

Como podrán apreciar, mis primeros monos tenían un aire de parecido a los dibujos de Saul Steinberg, padre de la caricatura moderna, de quien había yo conseguido su libro *Todo en línea*, y a quien había yo decidido copiar para volverme caricaturista. En *Ja-já* trabajé semanalmente durante 6 o 7 años, hasta que me corrieron por trabajar en la revista *Política*. (?) A la fecha no he logrado entender qué tenía que ver lo que hacía yo en *Ja-já* con lo que me publicaban en *Política*.
NUMERO 443 — 20 DE AGOSTO DE 1958
JA-JÁ
Síntesis del Humorismo Mundial.—Se edita semanalmente en la ciudad de México, bajo la dirección de FRANCISCO PATIÑO, con la colaboración de Vicente Vila, Fernando Mota, Carlos Velasco, Ernesto Guasp, Manuel Campos Díaz, Rafael Freyre, Fernando López, Eduardo del Río, Frazzier Scott, Lidio Martínez, Alberto Huici, Pablo Almendaro, Daniel Sala y Brunhilde Dressel, así como los cartonistas afiliados a las agencias internacionales "The Ben Roth Agency", "King Features Syndicate", "Laughs Unlimited" y "Agencia Periodística Latinoamericana".—Oficinas: Reforma 18, 4o. piso.—Concesionario de anuncios: M. Durán de la Cuesta, Rhin 60, Desp. 5. Tel. 11-57-28.—Precios de suscripción: en la República Mexicana, seis meses, 20 pesos; un año, 40 pesos; en el extranjero: seis meses, 3 dólares; un año, 6 dólares.—Registrado como artículo de 2a. clase en la Administración de Correos No. 1 de México, D. F., el 29 de septiembre de 1949.—Impreso en EXCELSIOR. S. C. L.
12

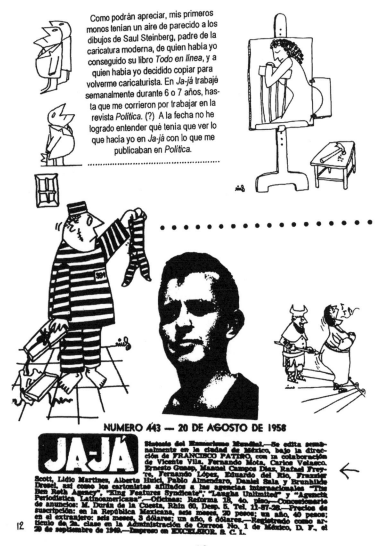

Nada más difícil que eso, me decía, pues cuando se hace caricatura política hay algo muy concreto a lo cual asirse: una noticia determinada cuyo registro lo proporciona el monero con inflexión mordaz, acertadamente o no; el retrato de un político en específico (en México ellos ya son en sí una caricatura y el monero prácticamente los copia, agregando su dosis de escarnio); o la denuncia de un abuso o cualquier exceso de autoridad encarrilada con sorna e ingenio. Y si el caricaturista, además, cuenta con una postura política concreta y un poco de información, el cartón le saldrá con mayor soltura. En cambio, argumentaba Rius, cuando se crea humor a secas, no hay nada a qué agarrarse. Prácticamente se debe inventar una realidad alterna a la cotidiana.

Todo ello nos conducía a teorizar sobre el humor, una tentación en la que ahora, teniendo frente a mí *El Ja-já de Rius*, vuelvo a caer. ¿Y por que no teorizar un poco sobre sus chistes de principiante? ¿Tiene sentido? ¿Quizás no? Porque lo más probable es que esto sea un reverendo disparate… un *nonsense*.

II

El anglicismo *nonsense*, que se traduce al español como "sin sentido, disparate o absurdo", es una creación de los humoristas británicos, reconocido como un género jocoso y también como figura literaria. Fue Charles Dogson —diácono de la Iglesia anglicana, matemático, lógico y fotógrafo— quien difundió universalmente esta forma disparatada de hacer humor al publicar dos novelas *nonsense* bajo el seudónimo de Lewis Carroll: ***Alicia en el país de las maravillas* y *Alicia a través del espejo***.

Asocio la obra del clérigo anglicano con Rius por un cartón titulado precisamente "El país de las maravillas", publicado en los años sesenta en la revista *Siempre!*: la pequeña Alicia encuentra a los dos gemelos gordos, Tweedledum y Tweedledee, personajes del país alrevesado al que la niña penetró por una luna de cristal, pero en esta versión del genial monero les pregunta: "¿Cuál es el PAN y cuál es el PRI?". Chiste político, premonitorio y disparatado, cuya inspiración es el nonsense de Lewis Carroll.

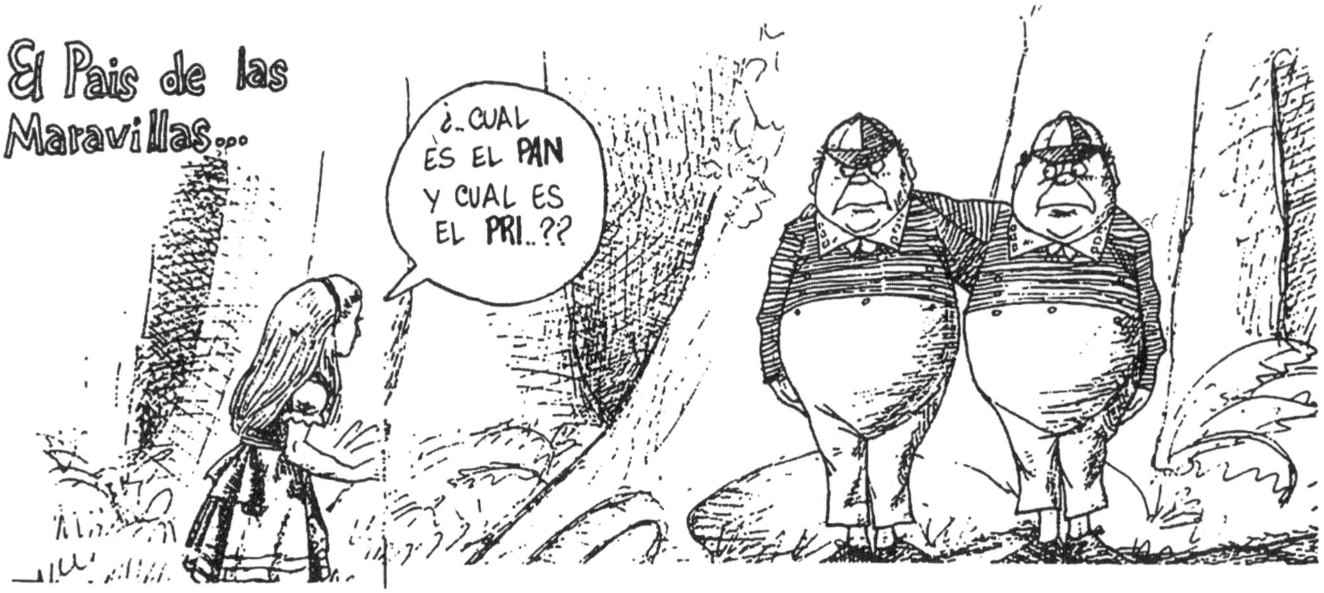
El País de las Maravillas...
¿CUAL ES EL PAN Y CUAL ES EL PRI..??

Y como ya se impuso la tentación teorizante, es ahora G. K. Chesterton quien explica: "El *nonsense* es un humorismo que abandona cualquier intento de tener una justificación intelectual y que no se limita a burlarse de la incongruencia de algún incidente, o a decir chistes como un producto derivado de la vida real, sino que comprende y disfruta de esta por consideración a ella misma".

Con su humor blanco, Rius se aproxima al absurdo del género jocoso que analiza acertadamente Chesterton y cultiva Carroll con genialidad. En la presente antología hay un chiste mudo que sirve de ejemplo: un personaje que practica el modelismo aparece dentro de la botella donde se suponía que debía estar el barco que ha armado a escala; para ahondar en el absurdo, se esfuerza por meter su modelo a donde él ya se encuentra instalado.

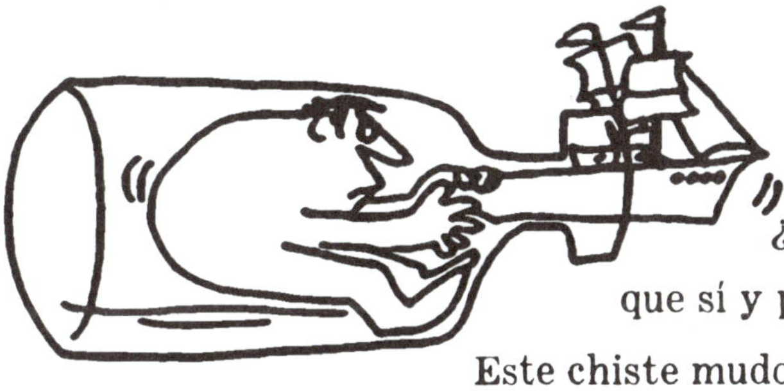

¿Se trata de un rotundo disparate? Claro que sí y por ello, precisamente, nos arranca la risa. Este chiste mudo, como tantos otros que aparecen en ***El Ja-já de Rius***, de acuerdo con la teoría de Chesterton, no son sino "la locura con la locura como objetivo, como se dice del arte por el arte, o más propiamente de la belleza por la belleza". Agrega el escritor inglés –él mismo un gran humorista– que: "[los ***nonsense***] no sirven a ningún fin social, excepto el de pasar un buen día festivo". El maestro Rius estaría totalmente de acuerdo con esta apreciación tan rigurosa.

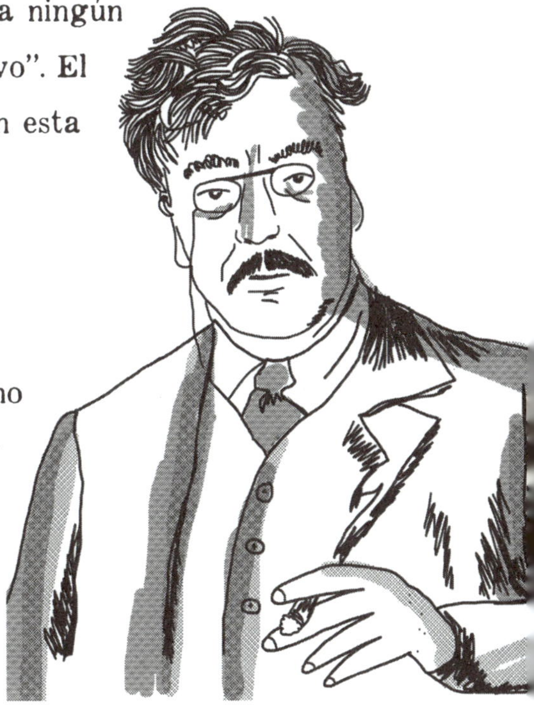

III

Antes de emprender la humilde retirada —algo no muy acostumbrado en el gremio prologuista— van estas consideraciones finales sobre el contenido de *El Ja-já de Rius*. En primerísimo lugar:

¡ES UN PLACER LEER A ARAGONÉS!

Propongo que hagamos una marcha del Ángel al Zócalo gritando esta consigna. Leer la historieta de Sergio *Mad* Aragonés en estas páginas, en el estilo autobiográfico posmoderno que ha depurado al máximo, con su dibujo cuasi barroco y su peculiar narrativa, es todo un lujo de placer. Y el agasajado lector se asombra aún más al enterarse de que Eduardo del Río fue su maestro indiscutible. Este hecho ya ha sido referido por Luis Gantús en su espléndido libro *Sergio antes de Aragonés* (Conque, 2017); era un dato para iniciados, y ahora es el propio historietista quien lo divulga para todos los fans, con su toque radiantemente jocoso. Siguiendo esta misma idea, Gantús y Citlali —a quienes debemos esta antología tan inusitada—

han invitado a varios admiradores a que dibujen sus historietas sobre Rius. Igualmente se incluye parte de una entrevista que nos informa dónde se encuentran las ideas con las que los moneros hacen sus cartones chistosos. Así, Rius revela: "Yo creo que las ideas deben andar por ahí, por el éter". Pues qué éter tan fructífero... Ya me hubiera gustado tener más ideas para este prólogo; me arrepiento de no haberle pedido a Rius la contraseña —porque de seguro la tenía—para acceder al bienaventurado éter de ideas para moneros, pues me imagino que también funciona para quienes sufrimos ante la página en blanco, que en lo que a mí respecta la mayoría de las veces conserva su virginal blancura.

Y regreso a donde comencé: la inefable Madre RAE registra el verbo jajajear (tu jajajeas, todos jajajeamos), por lo que invito a los lectores a jajajearse con estas "primeras porquerías" (concepto creado por El Monero) que le hizo a la legendaria revistita. Todo corre por cuenta de su infinita cortesía. Desde el más allá, sin sesión espiritista de por medio, les manda un desmadroso y disparatado mensaje —no de texto, sino de monitos— a todos sus seguidores. El conducto que lo ha hecho posible está integrado por el docto comiquero Luis Gantús, la talentosa diseñadora Citlali del Río y el imprescindible editor David Velázquez, todos ellos desde el más acá.

Y siguiendo la senda de despedida señalada por nuestro gurú en estas mismas páginas... solo me resta enviarles:

¡Saludos a los nenes!

ARIEL ROSALES
Noviembre de 2023

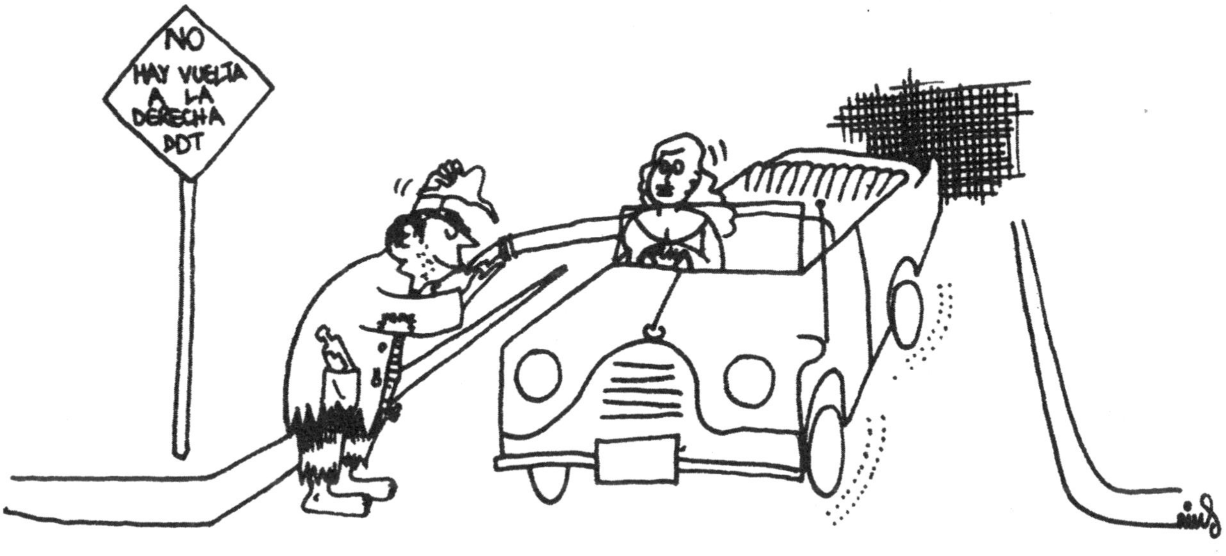
NO
HAY VUELTA
A LA
DERECHA
PDT

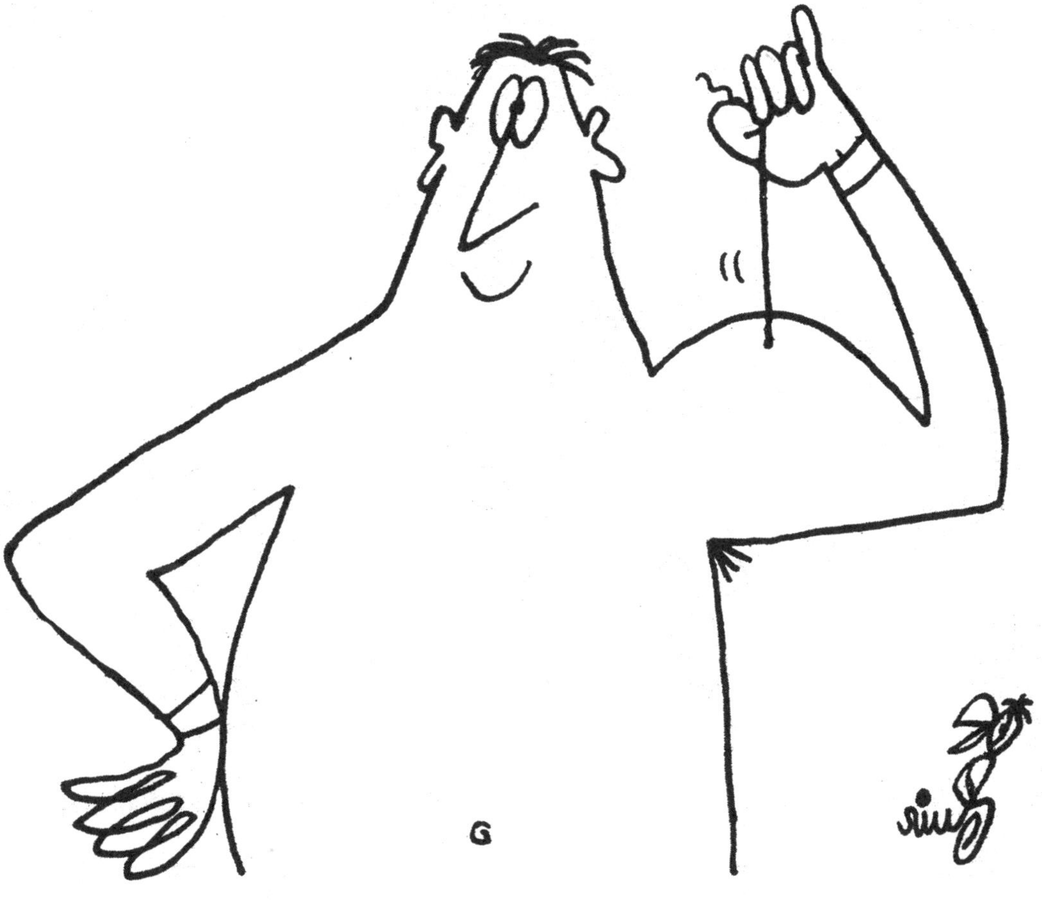
G

INTRODUCCIÓN

El lado desconocido de Rius

Aparecía en todas sus biografías, pero eran comentarios someros, breves; no ahondaba demasiado en el tema. Se podría decir que no le gustaba hablar de eso, y sin embargo ahí estaba presente su fuerza y ejemplo político, religioso y vegetariano, los tres pilares sobre los que descansa la obra de Eduardo del Río y que salen a relucir siempre que se habla de él.

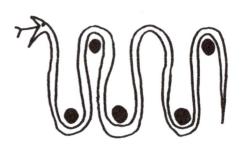

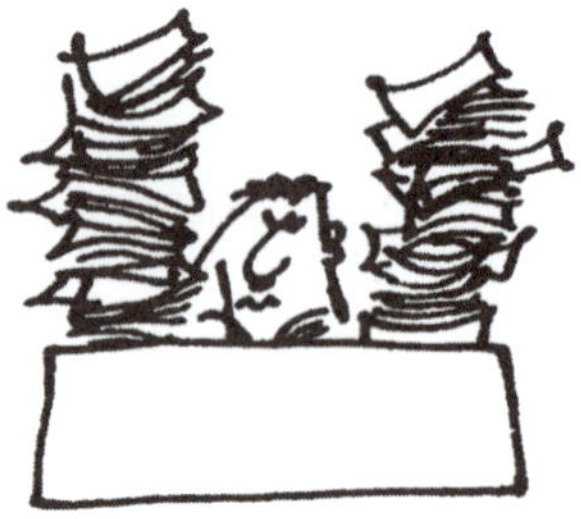

Pero hubo otra veta que manejaba con maestría y que le permitió ver la vida con un enfoque diferente. Tenía un don particular para ello: el humor blanco, el chiste simple, fácil, sin mayor pretensión que sacar una sonrisa al lector; ese chiste que solo intenta relajar los músculos faciales.

Su idealismo y su combatividad lo llevaron por el rumbo del humor político y social, hacia la divulgación e inclusive la educación, pero nunca dejó el humor sencillo fuera de su vida, al punto de que en sus últimos años trató de recuperarlo, de volver a sonreír y hacer sonreír a sus lectores sin mayores complicaciones; pero su imagen ya era muy grande, era el maestro de varias generaciones, el gurú del pensamiento de izquierda, el divulgador de los hechos y horrores de la Iglesia y el promotor de las verduras y las frutas como fuente primaria de alimento.

al través de mi cristal
TEXTO DE
MONOS DE
RIUS

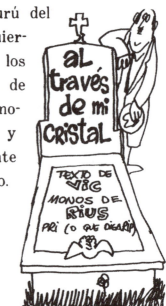

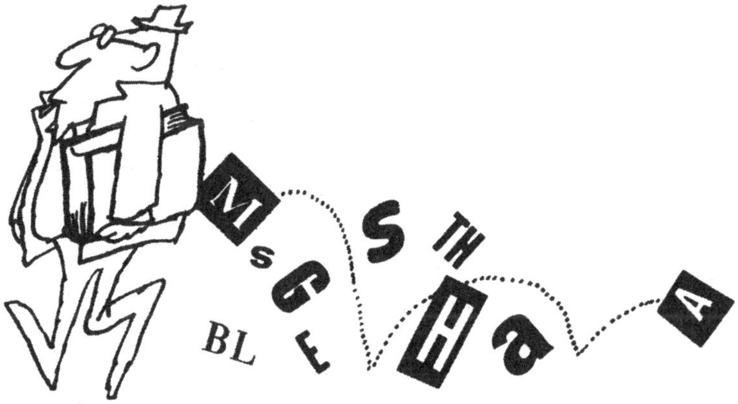

Pero vayamos al comienzo, cuando a la tierna edad de 21 años Rius fue descubierto en el lugar menos pensado (o tal vez el lugar más adecuado) para un humorista: una funeraria. Un vistazo a sus primeros dibujos bastó para que fuera invitado a trabajar en una revista de mucha venta, pero mal vista; una de esas revistas que se escondían bajo el colchón o se leían en la biblioteca historietística de los mexicanos: la peluquería. Era la revista *Ja-Já*, en cuyas páginas se empezó a vislumbrar el talento y la creatividad de Rius, con el estilo que lo caracterizó: la línea clara, el collage, la iconoclasia e inclusive el color, pocas veces visto en su obra. Así comenzó un andar que lo convertiría en uno de los referentes más importantes de la cultura popular en México.

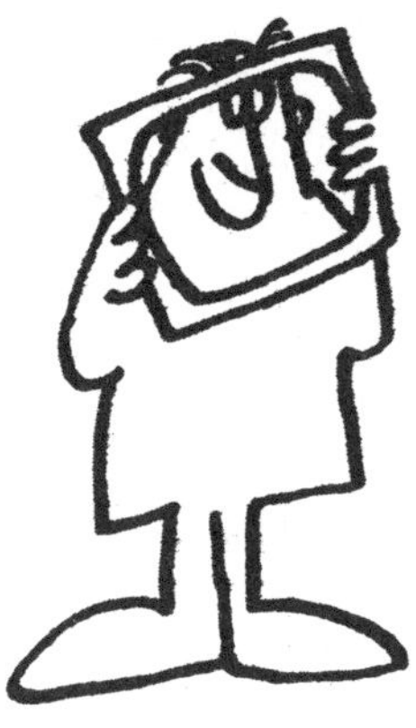

En este libro reunimos esa primera etapa de la carrera de Rius, material que fue conseguido a través de una buena cantidad de revistas publicadas entre 1955 y 1961, así como algunas extraídas del libro ***Primeras porquerías***, publicado en 1973 por editorial Heterodoxia y que nunca volvió a imprimirse.

De este modo, estas páginas reúnen por primera vez más de 200 dibujos humorísticos, artículos y experimentos gráficos que han estado más de 60 años escondidos al ojo público. Se trata de un Rius diferente, un Rius principiante, un Rius meramente humorista.

Bienvenidos a *El Ja-já de Rius*.

LUIS GANTÚS

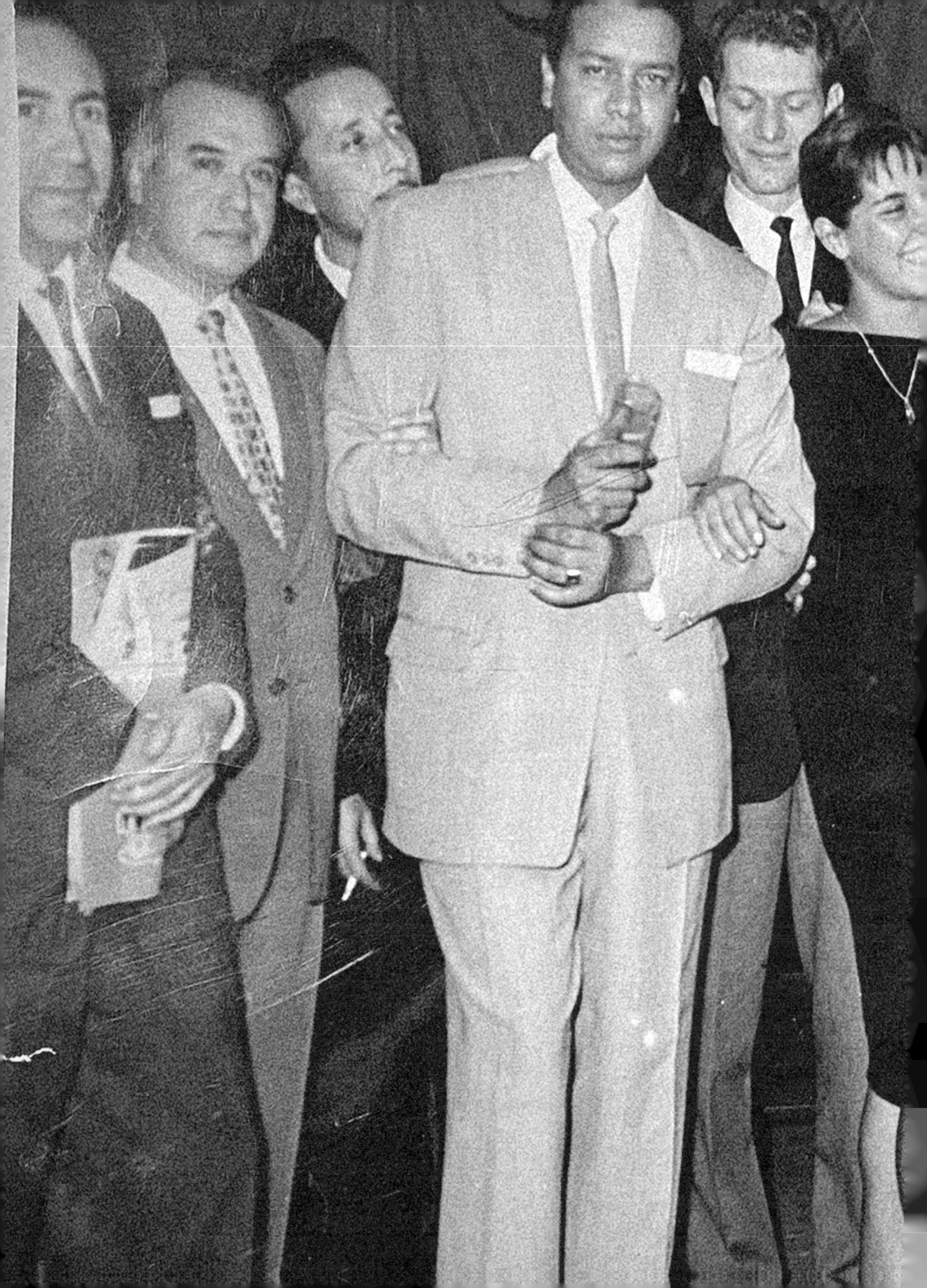

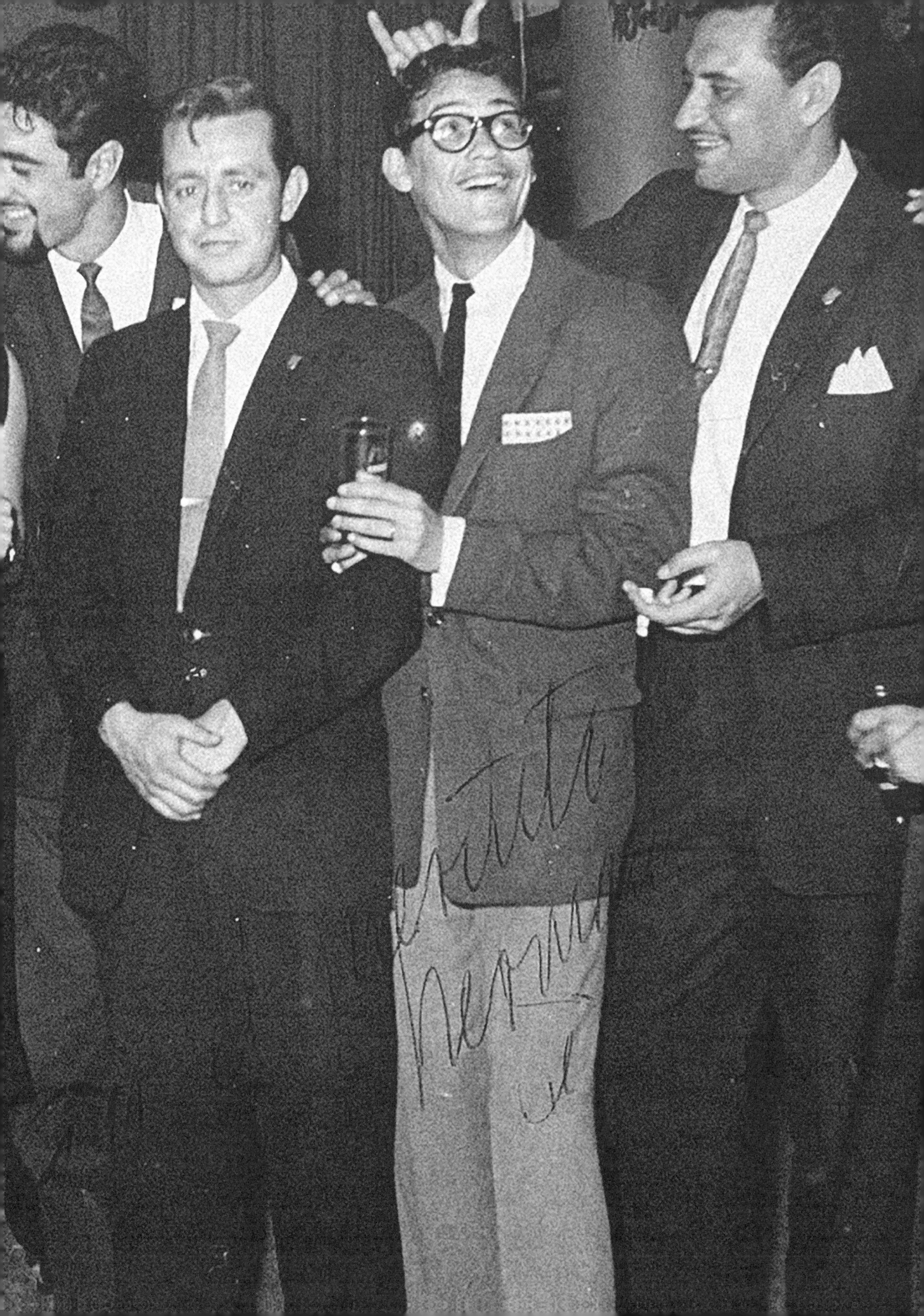

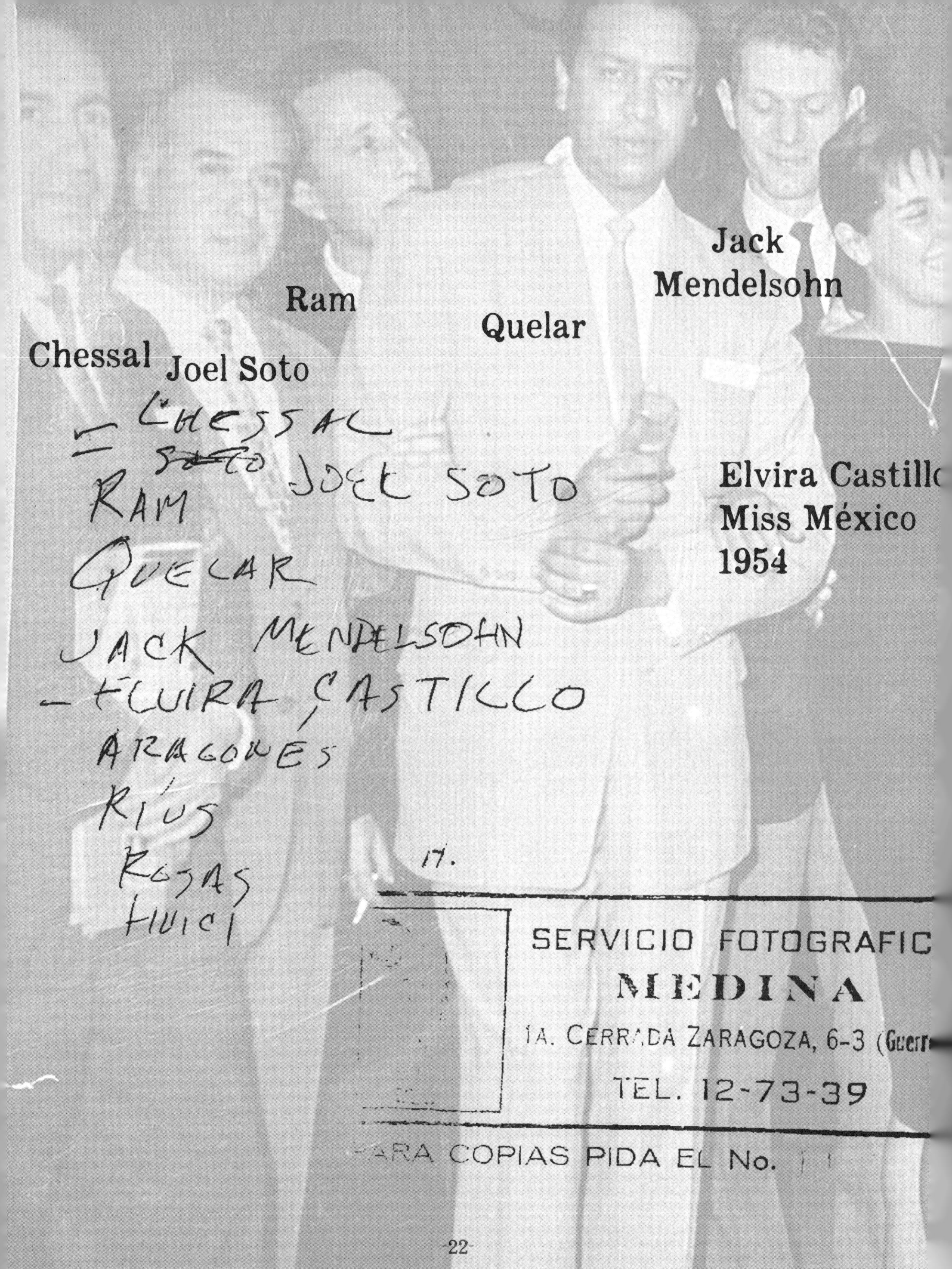
Chessal
Joel Soto
Ram
Quelar
Jack Mendelsohn
Elvira Castill
Miss México
1954
CHESSAL
JOEL SOTO
RAM
QUELAR
JACK MENDELSOHN
ELVIRA CASTILLO
ARAGONÉS
RÍUS
ROSAS
HUICI
17.
SERVICIO FOTOGRAFIC
MEDINA
1A. CERRADA ZARAGOZA, 6-3
TEL. 12-73-39
ARA COPIAS PIDA EL No.

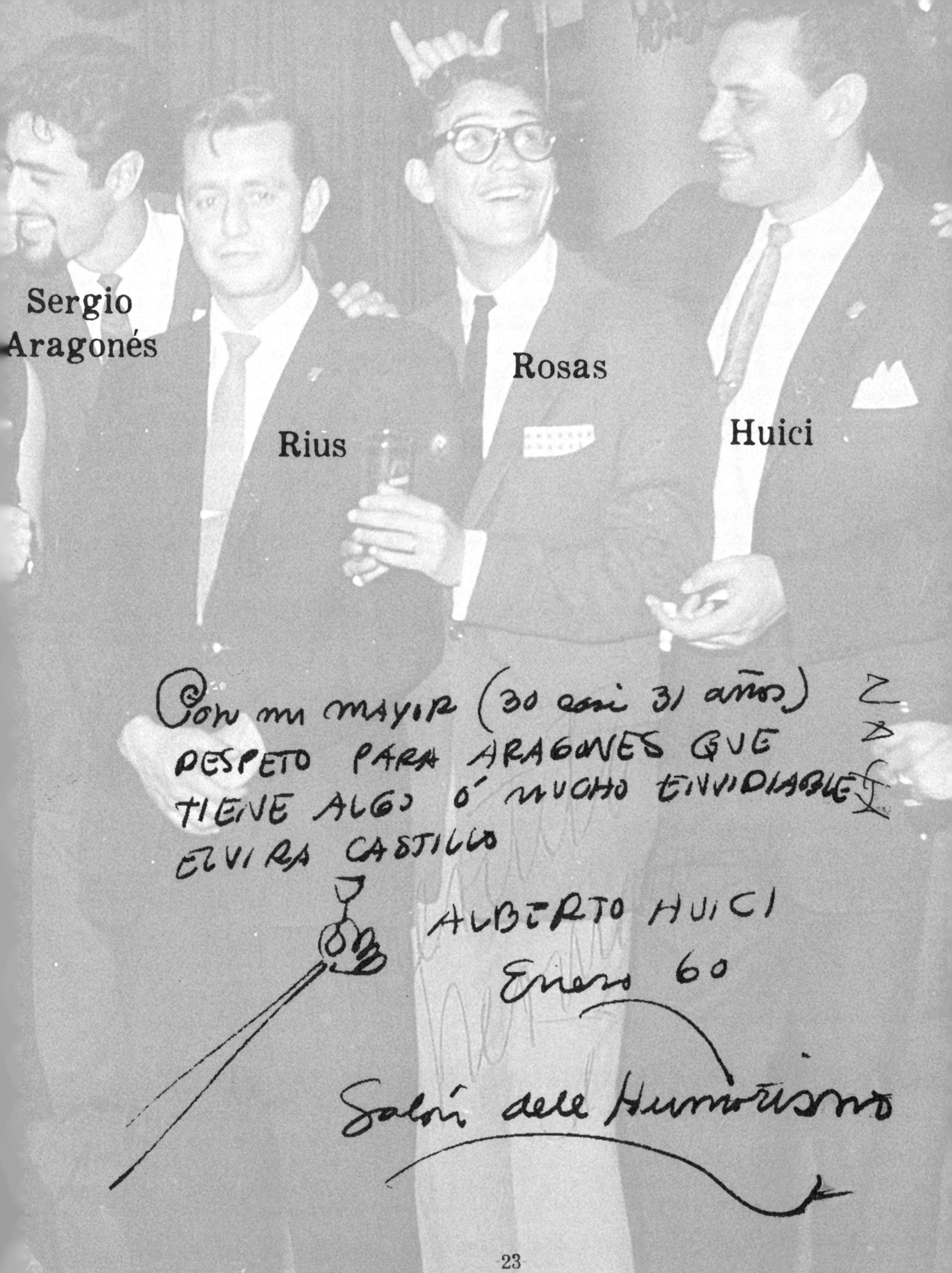
Sergio
Aragonés
Rius
Rosas
Huici
Con mi mayor (30 casi 31 años)
RESPETO PARA ARAGONES QUE
TIENE ALGO Ó MUCHO ENVIDIABLE
ELVIRA CASTILLO
ALBERTO HUICI
Enero 60
Salón del Humorismo

Cómo volverse caricaturista sin intentarlo

En realidad, en 1954 yo estaba decidido a irme a St. Louis Missouri, para estudiar el arte de embalsamar muertitos, pues don Jaime Arrangoiz, uno de los dueños de Gayosso, la funeraria donde yo trabajaba, me lo había ofrecido. El embalsamador de la agencia, el Dr. Díaz Iturbide, quería retirarse por lo viejo que estaba el simpático médico. Mi puesto era de telefonista y encargado de las ambulancias, y en los largos ratos de ocio leía, llenaba crucigramas o me ponía a hacer dibujitos sin relación alguna con la caricatura. Y un día llegó un señor al mostrador detrás del cual yo trabajaba, para pedirme el teléfono y hacer una llamada. Al acabarla, viendo que estaba yo dibujando no recuerdo que, me preguntó si era yo dibujante. Le dije que no, que lo hacía "para matar el tiempo".

—Bueno —me dijo, mientras me entregaba una tarjeta—, si se le ocurre algún chiste me lo lleva y yo se lo publico —vi la tarjeta que decía:

```
Revista Ja-já
Francisco Patiño
Director
```

Una semana después, estaba yo en Reforma 18, en el periódico *Excélsior*, entregándole a don Pancho unos diez chistes, que empezaron a aparecer en el número de la última semana de noviembre de 1954... en dos páginas tituladas "Humor silencioso...".

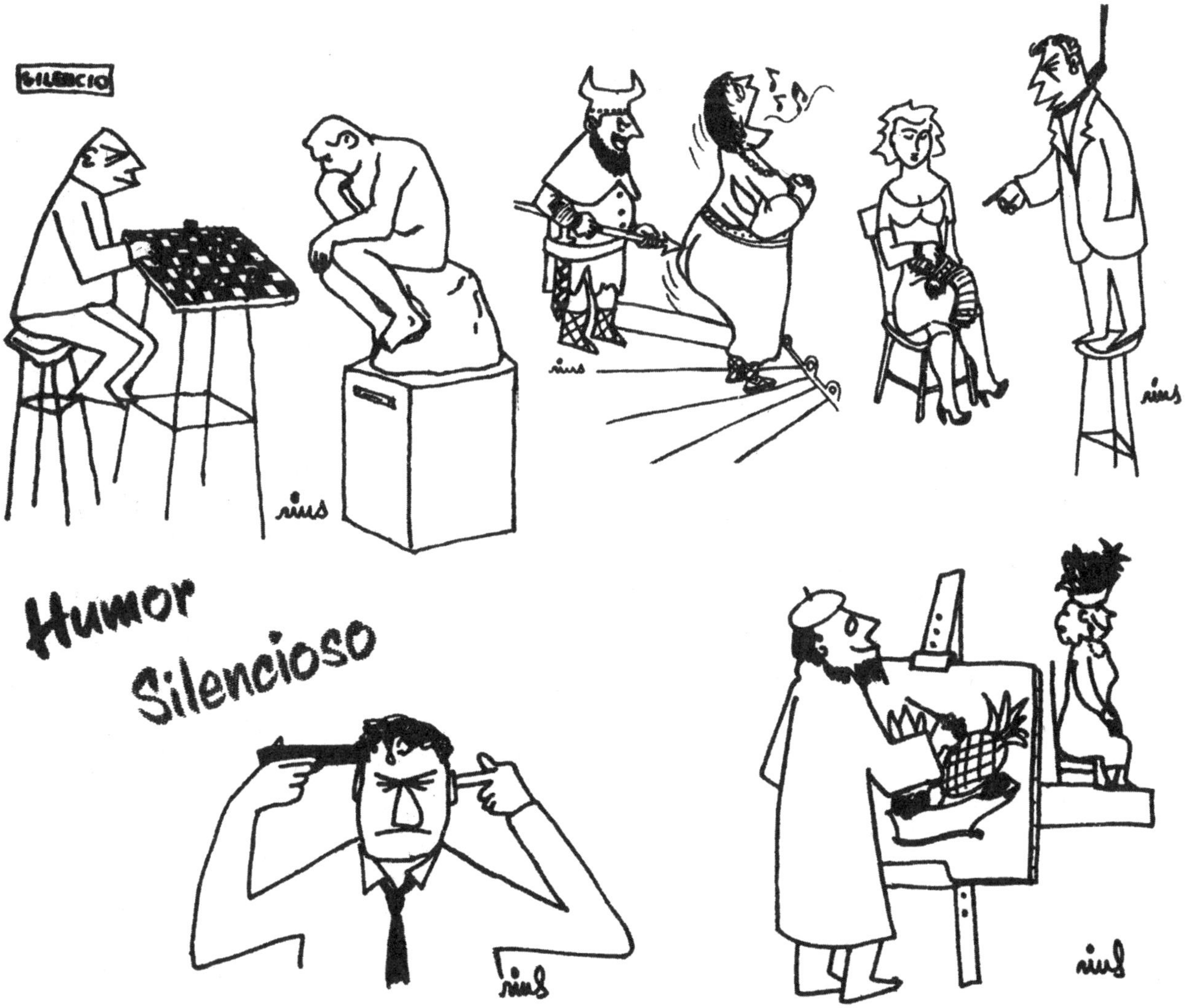
SILENCIO
Humor Silencioso

PRIMERAS CARICATURAS "mudas" publicadas en 1955 en la revista *Ja-já*. Cinco caricaturas por treinta pesos

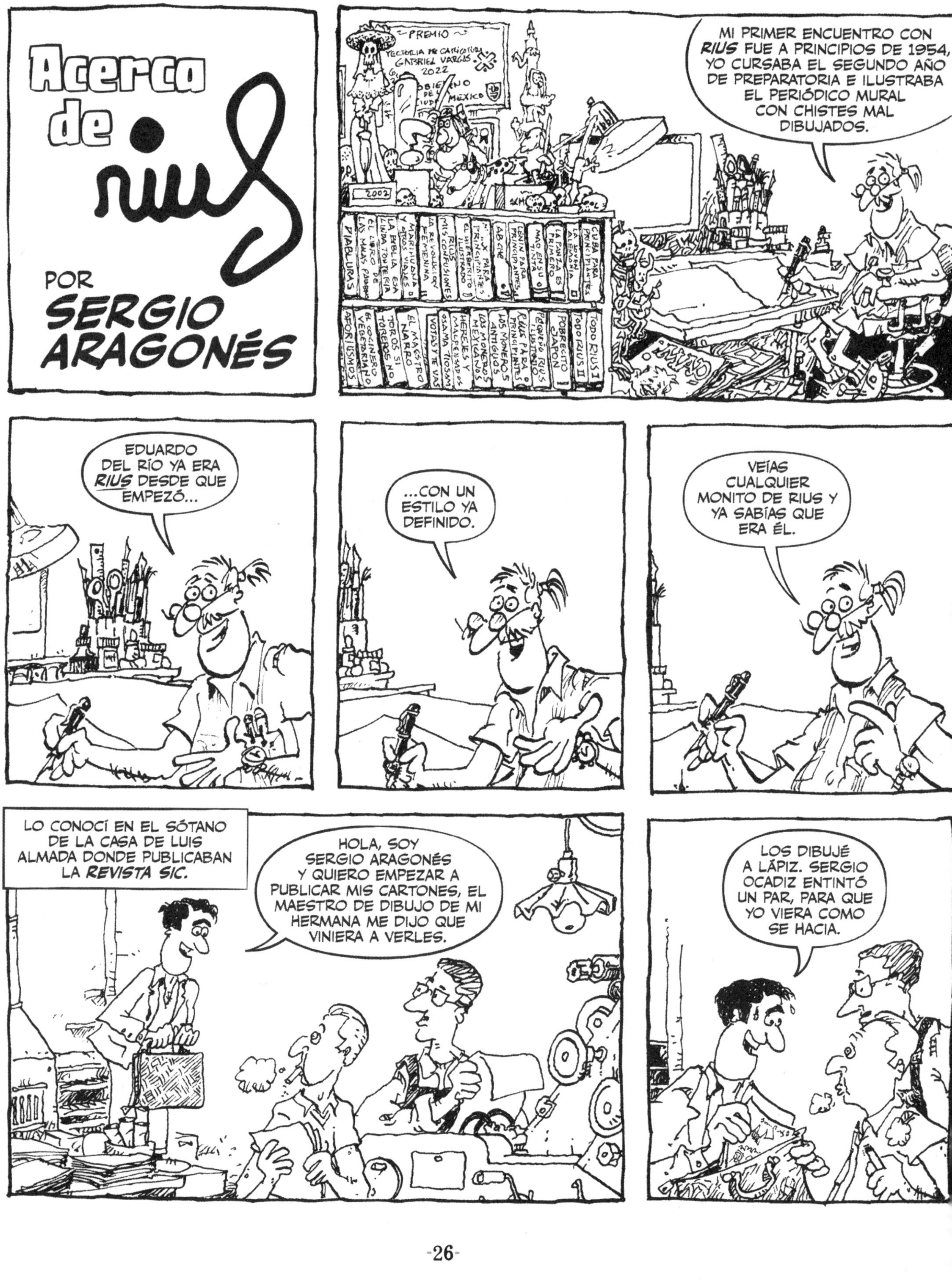
Acerca de rius
POR SERGIO ARAGONÉS
MI PRIMER ENCUENTRO CON RIUS FUE A PRINCIPIOS DE 1954, YO CURSABA EL SEGUNDO AÑO DE PREPARATORIA E ILUSTRABA EL PERIÓDICO MURAL CON CHISTES MAL DIBUJADOS.
EDUARDO DEL RÍO YA ERA RIUS DESDE QUE EMPEZÓ...
...CON UN ESTILO YA DEFINIDO.
VEÍAS CUALQUIER MONITO DE RIUS Y YA SABÍAS QUE ERA ÉL.
LO CONOCÍ EN EL SÓTANO DE LA CASA DE LUIS ALMADA DONDE PUBLICABAN LA REVISTA SIC.
HOLA, SOY SERGIO ARAGONÉS Y QUIERO EMPEZAR A PUBLICAR MIS CARTONES, EL MAESTRO DE DIBUJO DE MI HERMANA ME DIJO QUE VINIERA A VERLES.
LOS DIBUJÉ A LÁPIZ. SERGIO OCADIZ ENTINTÓ UN PAR, PARA QUE YO VIERA COMO SE HACIA.

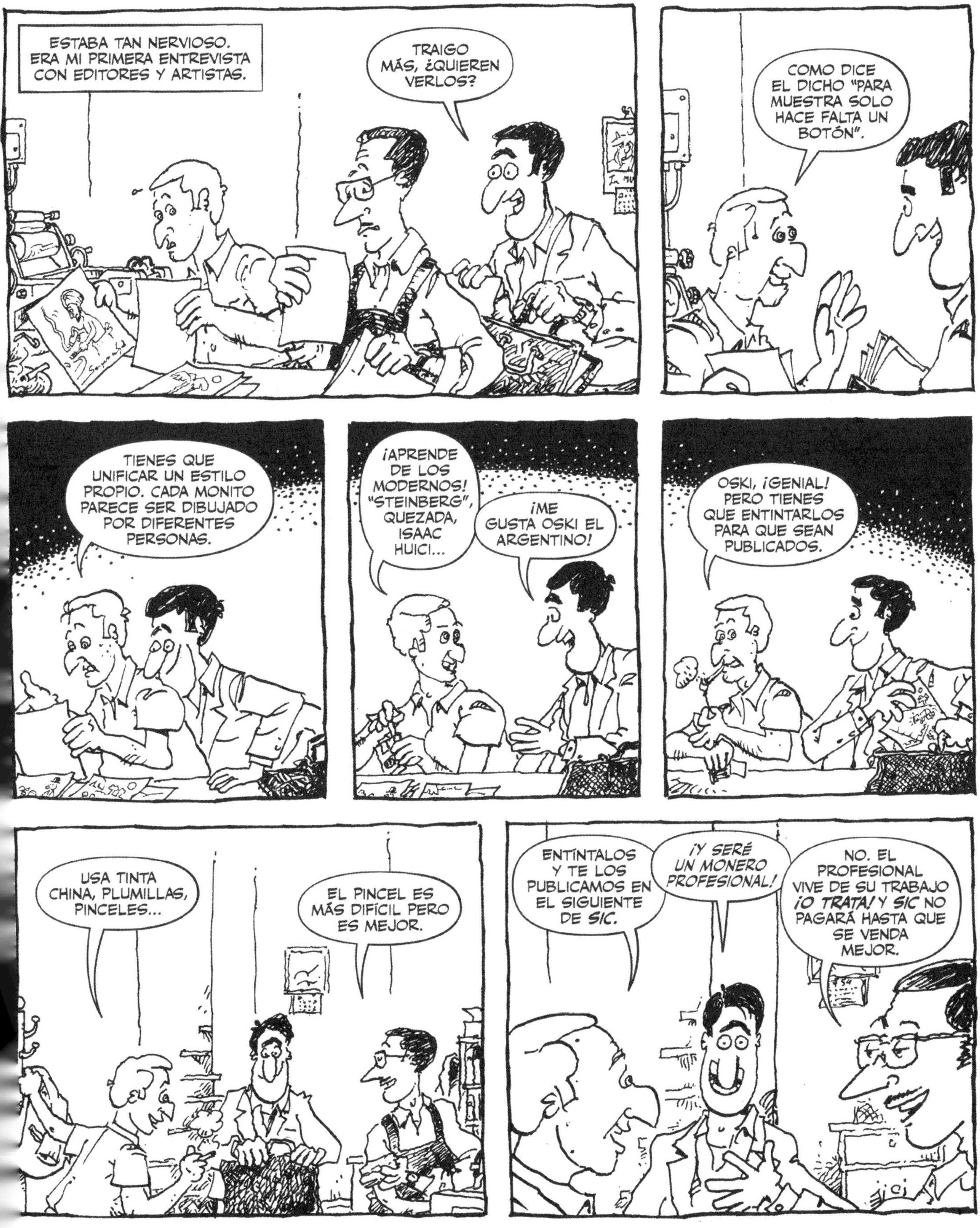

ESTABA TAN NERVIOSO. ERA MI PRIMERA ENTREVISTA CON EDITORES Y ARTISTAS.
TRAIGO MÁS, ¿QUIEREN VERLOS?
COMO DICE EL DICHO "PARA MUESTRA SOLO HACE FALTA UN BOTÓN".
TIENES QUE UNIFICAR UN ESTILO PROPIO. CADA MONITO PARECE SER DIBUJADO POR DIFERENTES PERSONAS.
¡APRENDE DE LOS MODERNOS! "STEINBERG", QUEZADA, ISAAC HUICI...
¡ME GUSTA OSKI EL ARGENTINO!
OSKI, ¡GENIAL! PERO TIENES QUE ENTINTARLOS PARA QUE SEAN PUBLICADOS.
USA TINTA CHINA, PLUMILLAS, PINCELES...
EL PINCEL ES MÁS DIFÍCIL PERO ES MEJOR.
ENTÍNTALOS Y TE LOS PUBLICAMOS EN EL SIGUIENTE DE *SIC*.
¡Y SERÉ UN MONERO PROFESIONAL!
NO. EL PROFESIONAL VIVE DE SU TRABAJO *¡O TRATA!* Y *SIC* NO PAGARÁ HASTA QUE SE VENDA MEJOR.

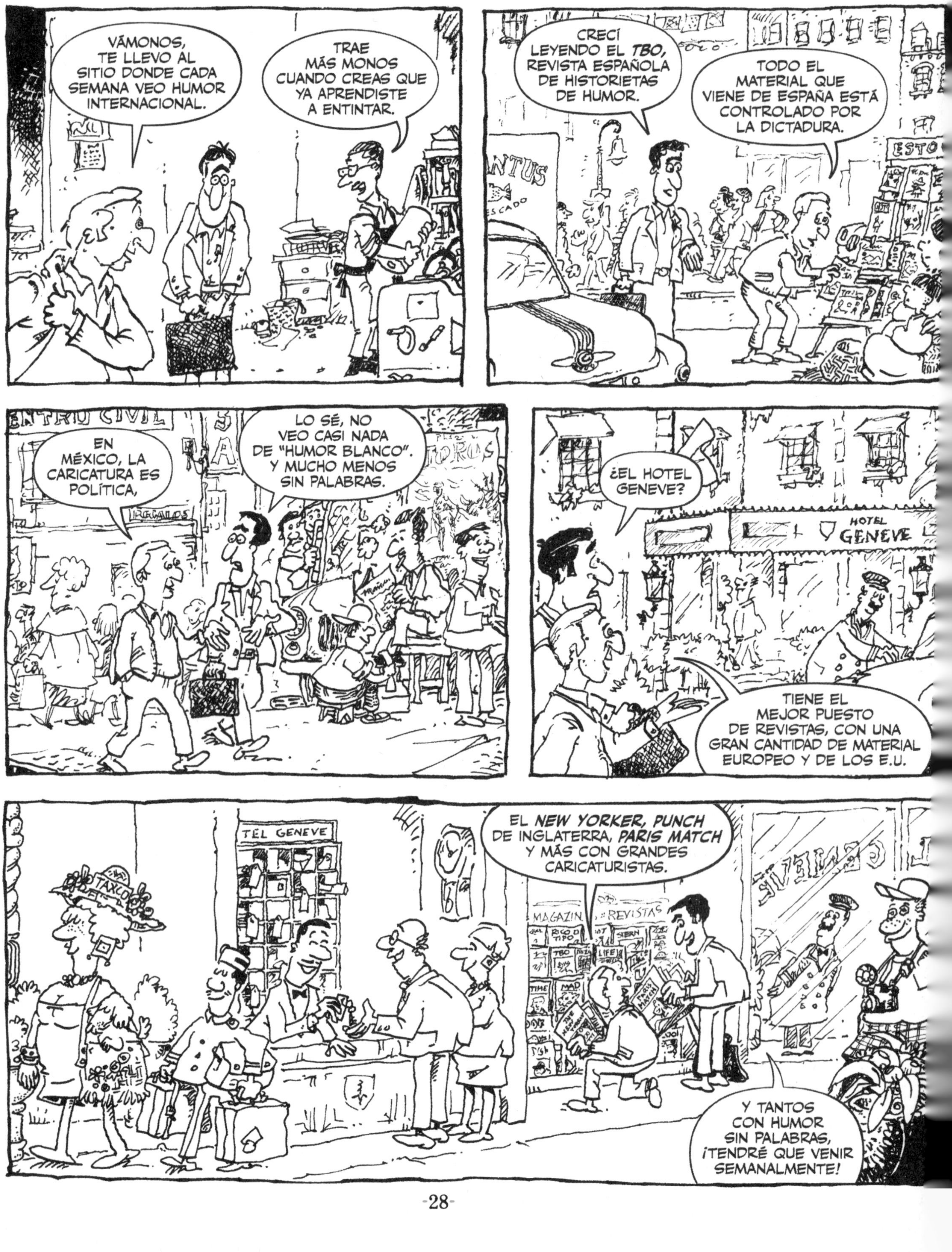
VÁMONOS, TE LLEVO AL SITIO DONDE CADA SEMANA VEO HUMOR INTERNACIONAL.
TRAE MÁS MONOS CUANDO CREAS QUE YA APRENDISTE A ENTINTAR.
CRECÍ LEYENDO EL *TBO*, REVISTA ESPAÑOLA DE HISTORIETAS DE HUMOR.
TODO EL MATERIAL QUE VIENE DE ESPAÑA ESTÁ CONTROLADO POR LA DICTADURA.
EN MÉXICO, LA CARICATURA ES POLÍTICA,
LO SÉ, NO VEO CASI NADA DE "HUMOR BLANCO". Y MUCHO MENOS SIN PALABRAS.
¿EL HOTEL GENEVE?
HOTEL GENEVE
TIENE EL MEJOR PUESTO DE REVISTAS, CON UNA GRAN CANTIDAD DE MATERIAL EUROPEO Y DE LOS E.U.
TEL GENEVE
EL *NEW YORKER*, *PUNCH* DE INGLATERRA, *PARIS MATCH* Y MÁS CON GRANDES CARICATURISTAS.
MAGAZIN
REVISTAS
Y TANTOS CON HUMOR SIN PALABRAS, ¡TENDRÉ QUE VENIR SEMANALMENTE!

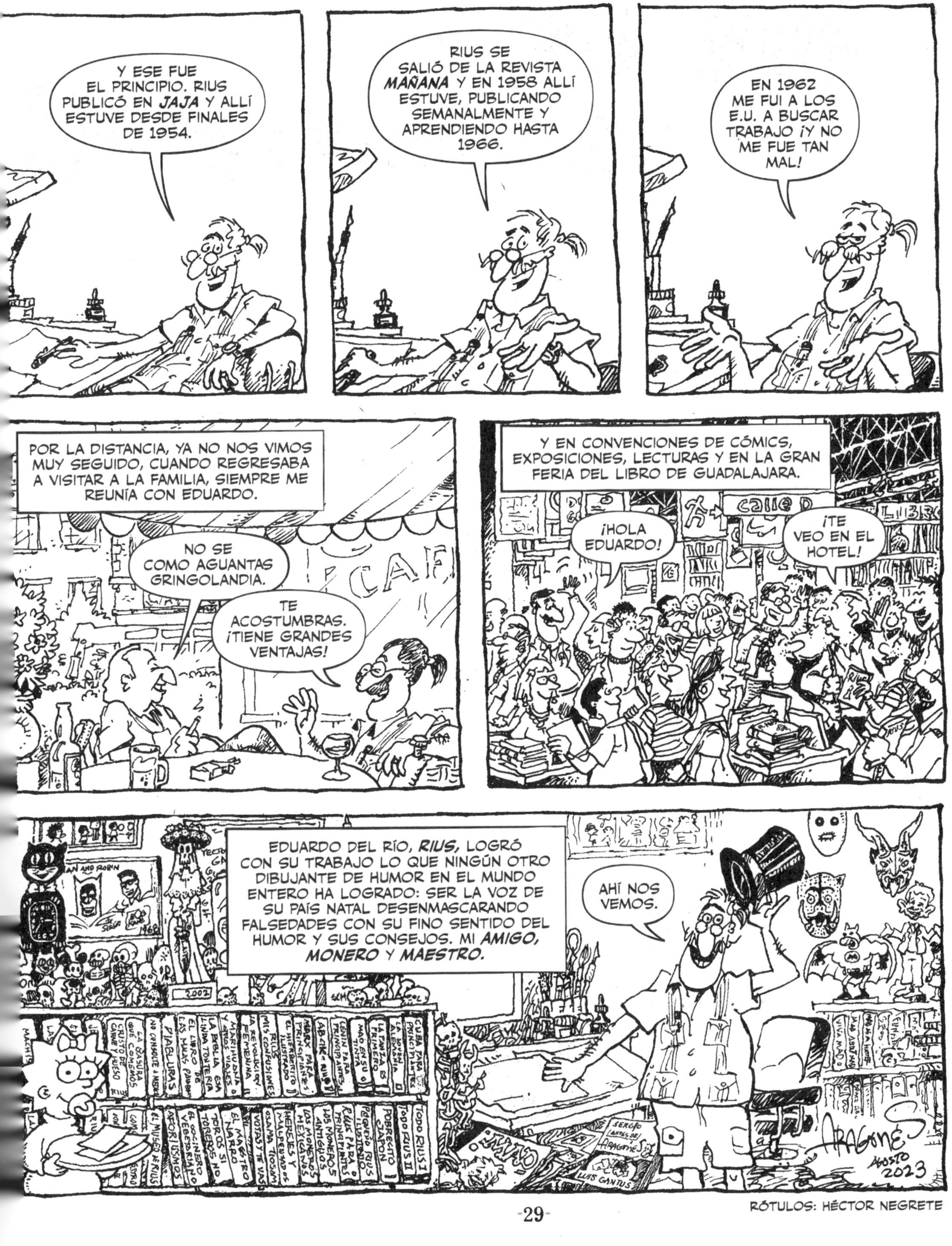
Y ESE FUE EL PRINCIPIO. RIUS PUBLICÓ EN *JAJA* Y ALLÍ ESTUVE DESDE FINALES DE 1954.
RIUS SE SALIÓ DE LA REVISTA *MAÑANA* Y EN 1958 ALLÍ ESTUVE, PUBLICANDO SEMANALMENTE Y APRENDIENDO HASTA 1966.
EN 1962 ME FUI A LOS E.U. A BUSCAR TRABAJO ¡Y NO ME FUE TAN MAL!
POR LA DISTANCIA, YA NO NOS VIMOS MUY SEGUIDO, CUANDO REGRESABA A VISITAR A LA FAMILIA, SIEMPRE ME REUNÍA CON EDUARDO.
NO SE COMO AGUANTAS GRINGOLANDIA.
TE ACOSTUMBRAS. ¡TIENE GRANDES VENTAJAS!
Y EN CONVENCIONES DE CÓMICS, EXPOSICIONES, LECTURAS Y EN LA GRAN FERIA DEL LIBRO DE GUADALAJARA.
¡HOLA EDUARDO!
¡TE VEO EN EL HOTEL!
EDUARDO DEL RÍO, *RIUS,* LOGRÓ CON SU TRABAJO LO QUE NINGÚN OTRO DIBUJANTE DE HUMOR EN EL MUNDO ENTERO HA LOGRADO: SER LA VOZ DE SU PAÍS NATAL DESENMASCARANDO FALSEDADES CON SU FINO SENTIDO DEL HUMOR Y SUS CONSEJOS. MI *AMIGO, MONERO* Y *MAESTRO.*
AHÍ NOS VEMOS.
ARAGONÉS
AGOSTO 2023

RÓTULOS: HÉCTOR NEGRETE

¿QUÉ ES EL Ja-Já?

La revista *Ja-já* fue una revista de humor publicada en México entre los años cincuenta y setenta que reunía chistes de diferentes partes del mundo y que además tenía una fuerte carga de humor sexual en sus contenidos; aunque nunca llegaron a presentar desnudos en sus páginas, sí las engalanaban, como anunciaba su publicidad, con "algunas fotos de las mujeres más hermosas del mundo".

La revista salió a la venta el mes de agosto de 1949 con una periodicidad quincenal y un costo de 50 centavos, bajo la dirección de Francisco Patiño. En sus primeros números su contenido era principalmente material extranjero, el único mexicano que publicaba en la revista era Ángel Zamarripa, alias Fa-Cha. La característica principal de la revista era tener en su portada la imagen de una mujer atractiva, de acuerdo a las convenciones de la época, que podía ser ilustrada o fotografiada, a veces con vestidos típicos, otras con ropa de moda, pero casi siempre en traje de baño o minifalda.

Su contenido eran chistes de distintas nacionalidades, la mayoría norteamericanos, pero había secciones de humor inglés, alemán, francés e inclusive noruego, donde la carga sexual era permanente; los estereotipos de la relación hombre-mujer y todas sus variantes eran el tema central. Con el tiempo se agregaron autores de otros países, por ejemplo, Oski de argentina; chilenos como Hervé y una nueva camada de humor español de la mano de Francisco Ibáñez, Escobar, Peñarroya, Conti y muchos de los que forjaron la llamada Escuela Bruguera tan popular en aquel país. En esta época el humor cambió un poco y se empezaron a tocar otros temas, desde deportes hasta náufragos.

A mediados de los años cincuenta llegaron muchos humoristas mexicanos a trabajar en ella, algunos principiantes como Rius o Sergio Aragonés, algunos ya con más experiencia como Guasp, el mencionado Fa-Cha o Rafael Freyre, y a la lista se fueron sumando Vicente Vila, Fernando Mota, Carlos Velasco, Luis Barrera Fuentes, Juan Khan, Ester Herrera, Fernan López, Rubén de Cervantes, Lidio Martínez, Alberto Huici, Jesús Mendieta, Heras, Vic y muchos más, convirtiendo a la revista en un semillero de dibujantes humorísticos mexicanos.

El *Ja-já* era satanizado por muchos grupos religiosos o de derecha en el país. Pudo librar el ataque feroz de aquella época, que culminó con una quema de revistas e historietas en el Zócalo, porque pertenecía al periódico *Excélsior* y porque no mostraba desnudos en sus interiores; sin embargo, siempre se le consideró una revista "semipornográfica" que no debería tener lugar en ninguna casa decente y educada. Pese a todo, se sabe que tenía excelentes ventas, lo que ocasionó que surgiera una insana cantidad de revistas de chistes, imitadoras del estilo de *Ja-já*, que dominaron los puestos de periódicos hasta muy entrada la década de los ochenta.

La revista *Ja-já* dejó de publicarse a finales de 1973, cerrando con ella toda una época, pero sobre todo un escenario para los dibujantes mexicanos de humor.

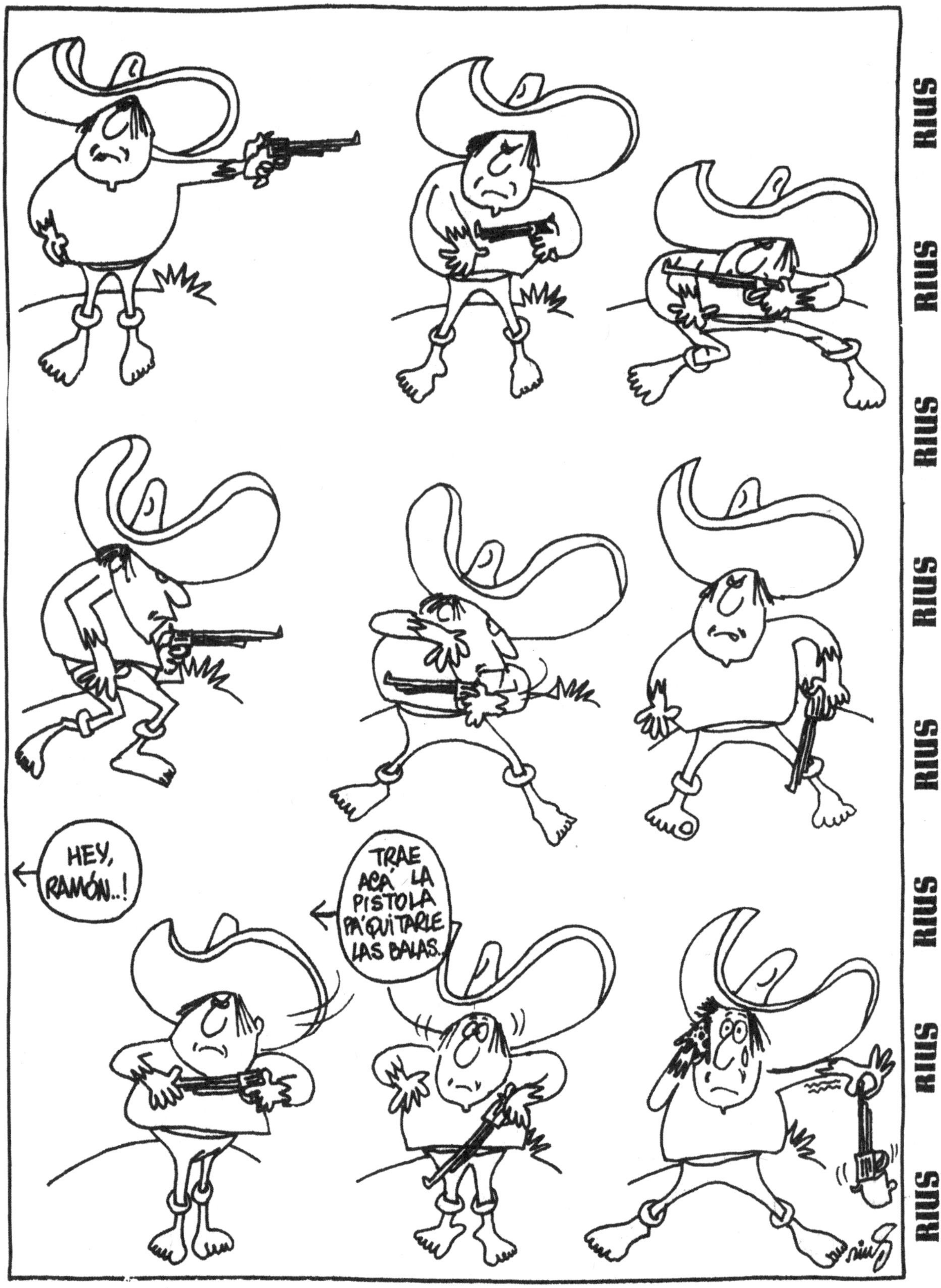
HEY, RAMÓN..!
TRAE ACÁ LA PISTOLA PA'QUITARLE LAS BALAS.

Imágenes tomadas de la revista *Mano*, publicada por Sergio Aragonés, Gustavo Saenz, Nacho Méndez y Héctor Ortega, publicada por editorial Hit. Solo duró un número.

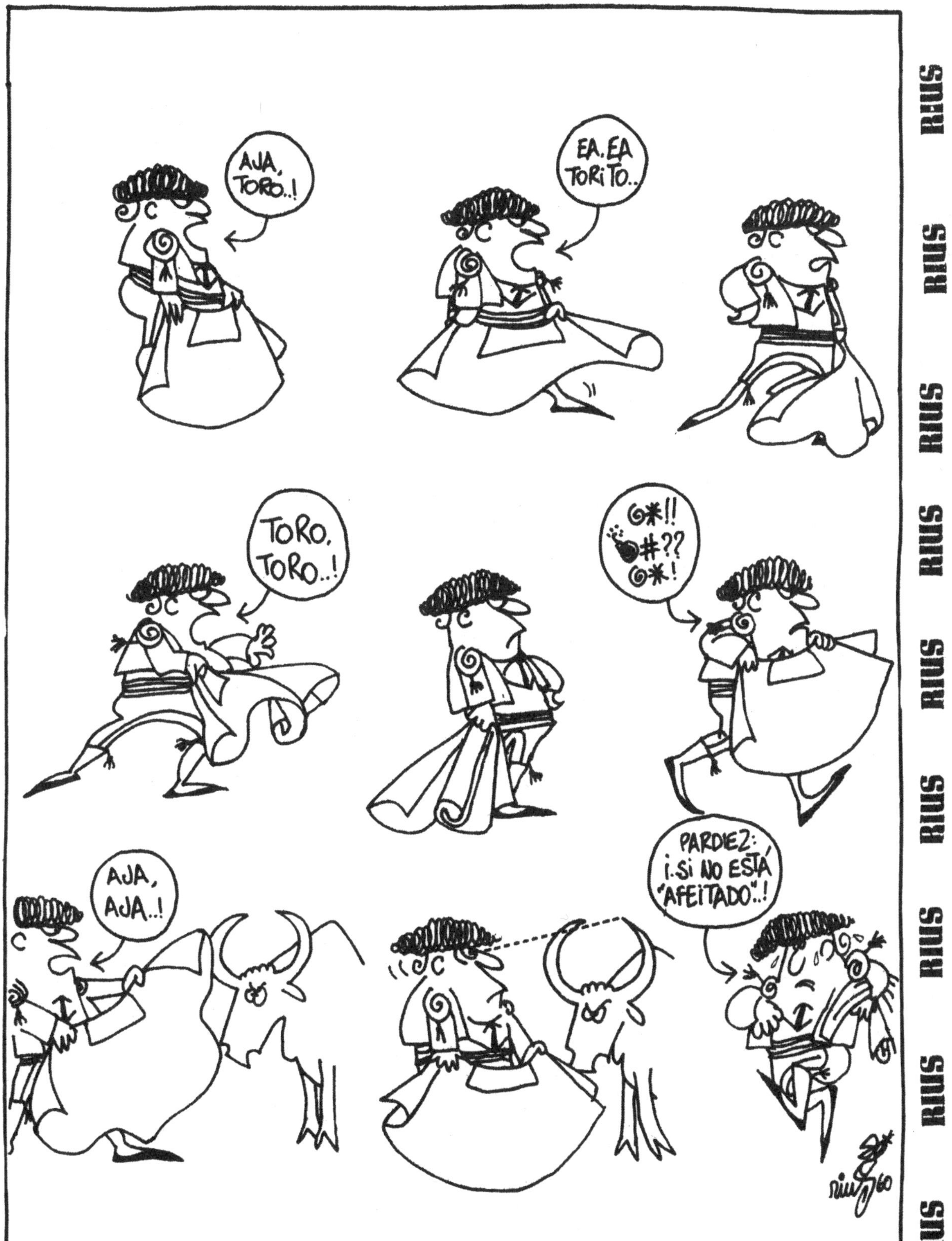
AJA, TORO..!
EA, EA TORITO..
TORO, TORO..!
AJA, AJA..!
PARDIEZ: ¡SI NO ESTÁ "AFEITADO"..!

al través de mi cristal...

AL TRAVÉS DE MI CRISTAL
POR VIC

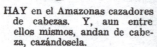

HAY en el Amazonas cazadores de cabezas. Y, aun entre ellos mismos, andan de cabeza, cazándosela.

ESOS cazadores de testas, claro, ¡son detestables!

CUANDO un indio jíbaro cazador de cráneos se enamora, ¿también pierde la cabeza?

EL paraíso de los jíbaros—ni quién lo dude—sería Yucatán.

SON reductores de cabezas por profesión. Y cuantas más reducen, más les aumenta el negocio.

TENER mucha cabeza—ya se ve—puede no ser cosa de sabios, sino de salvajes.

CON los jíbaros han perdido la cabeza muchos exploradores amazónicos. ¡Por cabezotas!

PARA una jaqueca, los jíbaros, que desconocen la aspirina, se aplican un buen machetazo curativo. Y adiós dolor, con todo y cabeza.

LOS feroces jíbaros casi no duermen. Porque al menor cabeceo, amanecen descabezados.

MUCHOS misioneros evangélicos en la cuenca del Amazonas encontraron su peor dolor de cabeza. Pero no les duró mucho.

LAS amazonas eran unas damas guerreras que usaban escudo de media luna, y usaban—para mejor disparar sus arcos—nada más medio pecho.

COMBATIAN tales señoras a los hombres. Eran, así, doblemente despechadas.

LAS amazonas, tan despechaditas, lógicamente sólo amaban por zonas.

ACASO por semidespechugaditas las amazonas, que se sepa, nunca criaron gemelos.

SOLO Hércules, según el mito, pudo derrotar a las amazonas. Un Hércules, por puesto, ya destetado.

DURANTE la Revolución Francesa, por la guillotina, ca(y)eron más cabezas que en toda la historia de los jíbaros. Pero aquello fué, según cue(nt)an, una epopeya de la civiliza(ción).

RODABAN las cabezas en la revolución. Los niños ju(ga)ban a los bolos con ellos. Era algo divertidísimo.

LA Pompadour subió al ca(dal)so—sí subió—como quien va al salón para un corte de (pe)lo. Pero al verdugo se le (pa)só la mano.

TANTOS que perdieron la cabe(zi)lla por María Antoniet(a, que) cuando ella perdió la su(ya, no) sirvió ni para quesadill(as el) seso.

CELEBRE aquel señor que frente a la guillotina (dijo:) "Yo ni ante el verdugo (pier)do la cabeza".

"Al través de mi cristal" era una sección de la revista *Ja-já* escrita por el humorista y caricaturista Vic (Víctor Monjaraz, 1940-1980), que se hizo famoso realizando caricaturas en el noticiero 24 Horas.

La sección era una colección de frases humorísticas acompañadas de chistes gráficos; algunas veces los dibujaba Fa-Cha, otras, el mismo Vic o el monero Heras, pero durante varios años los ilustró Rius, siendo esta su colaboración más continua en la revista.

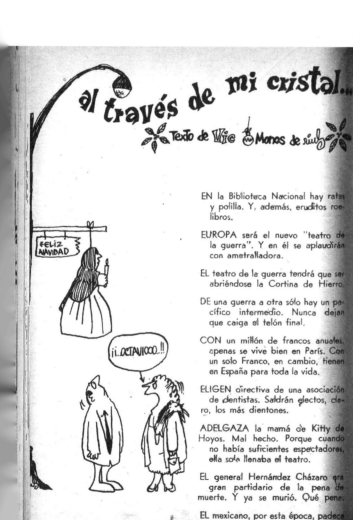

al través de mi cristal...

Texto de Vic Monos de Rius

EN la Biblioteca Nacional hay ratas y polilla. Y, además, eruditos roe-libros.

EUROPA será el nuevo "teatro de la guerra". Y en él se aplaudirán con ametralladora.

EL teatro de la guerra tendrá que ser abriéndose la Cortina de Hierro.

DE una guerra a otra sólo hay un pacífico intermedio. Nunca dejan que caiga el telón final.

CON un millón de francos anuales, apenas se vive bien en París. Con un solo Franco, en cambio, tienen en España para toda la vida.

ELIGEN directiva de una asociación de dentistas. Saldrán electos, claro, los más dientones.

ADELGAZA la mamá de Kitty de Hoyos. Mal hecho. Porque cuando no había suficientes espectadores, ella sola llenaba el teatro.

EL general Hernández Cházaro era gran partidario de la pena de muerte. Y ya se murió. Qué pena.

EL mexicano, por esta época, padece bronquitis crónica. Y en toda época. Pues arma cada bronca que ya, ya.

CANCION nuevamente de moda: "Dicen que la luna tiene amores con un soviet..."

EN un cabaret Las Gotitas de Agua. Servirán para las copas de whiskey.

IRONIA: en pleno invierno, el Tío Sam recomienda a los rusos conservar la sangre fría. ¿Hasta que se congelen?

CUANDO bebía, murió un borracho. ¡Qué cruda regañado por San Pedro!

LOS revendedores de boletos para espectáculos si abusan, serán metidos a la cárcel. Ahí sí darán la "sombra" al precio.

MURIO un escritor tras varios días en estado de coma. Como era buen gramático, de la coma pasó al punto final.

TIROS de un inquilino al dueño que le descongelaba la renta. Así el descongelador, por poco se queda frío.

SOLO lluvia de arena arroja el Popo. Ya debía echar una de cal, por las que van de arena.

MUCHOS festivales para el Día de la Enfermera. Así les pondrán una "inyección" de entusiasmo.

SI una joven pierde el sentido con su novio, posteriormente siempre ha sentido lo que perdió.

35

FELIZ NAVIDAD
¡¡..OCTAVIOOO..!!

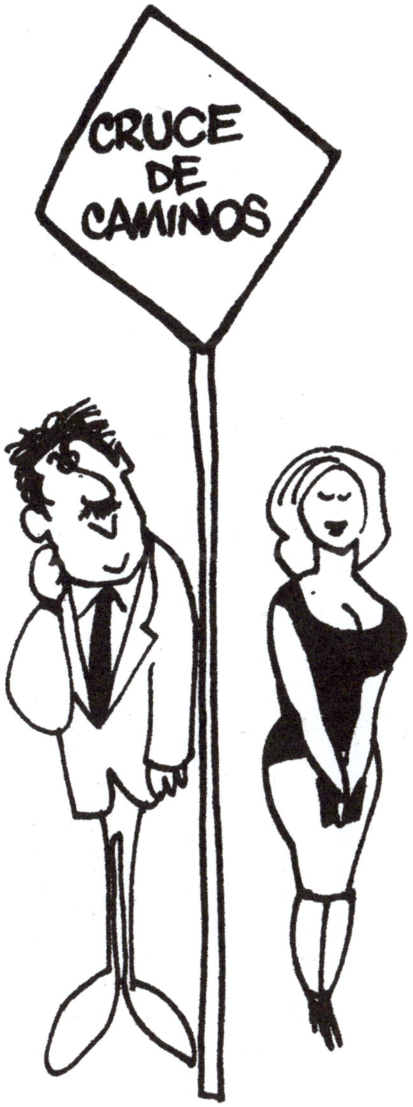
CRUCE
DE
CAMINOS

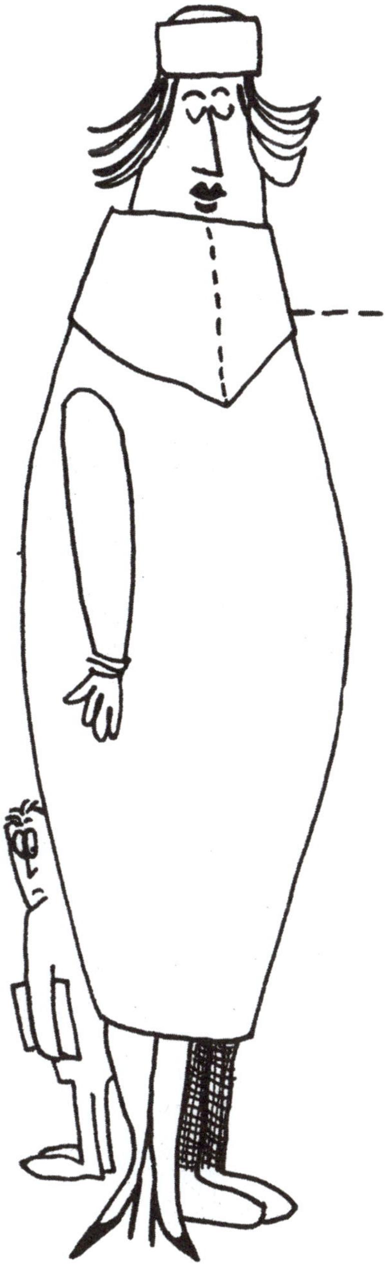

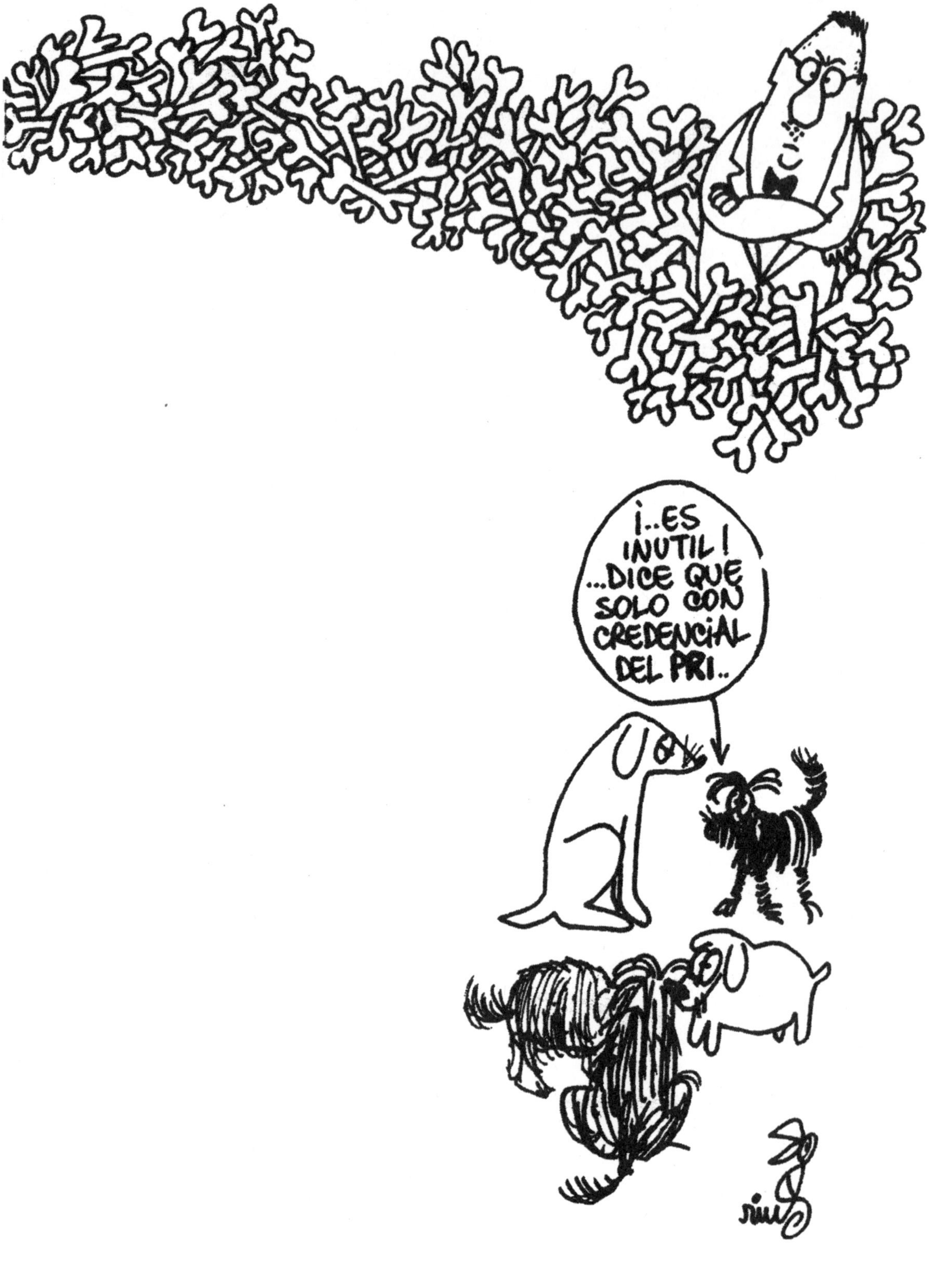
¡..ES INUTIL! ...DICE QUE SOLO CON CREDENCIAL DEL PRI..

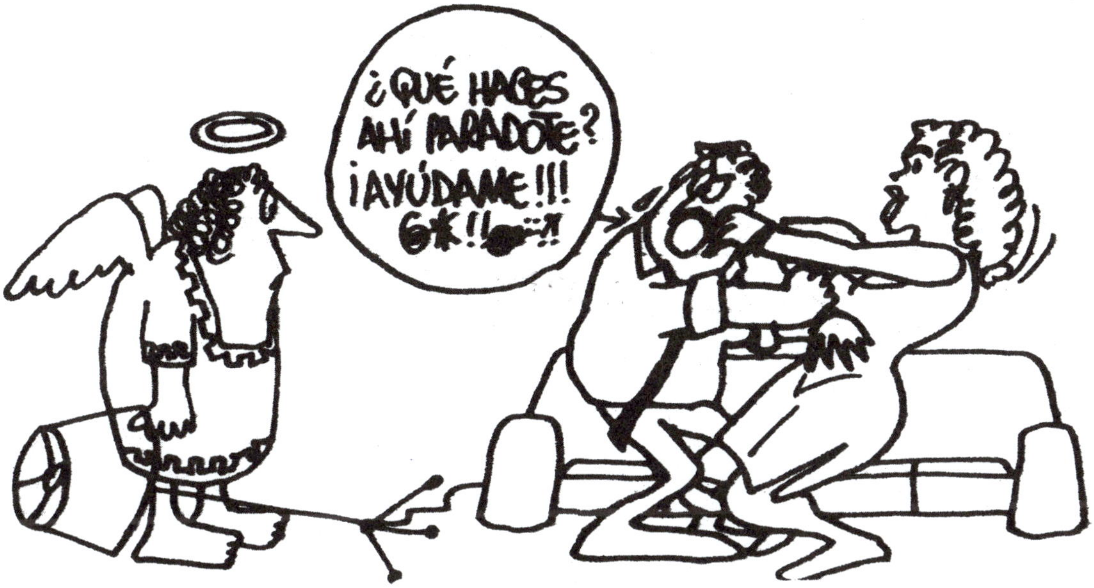
¿QUÉ HACES AHÍ PARADOTE? ¡AYÚDAME!!!

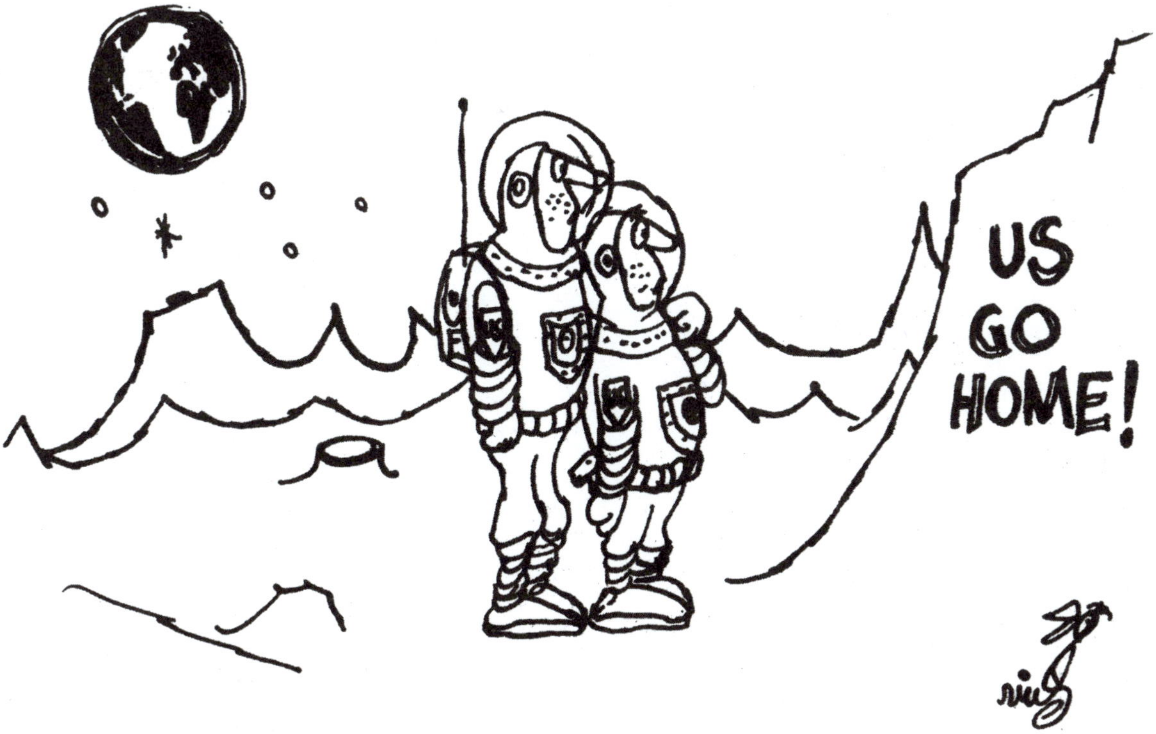
US GO HOME!

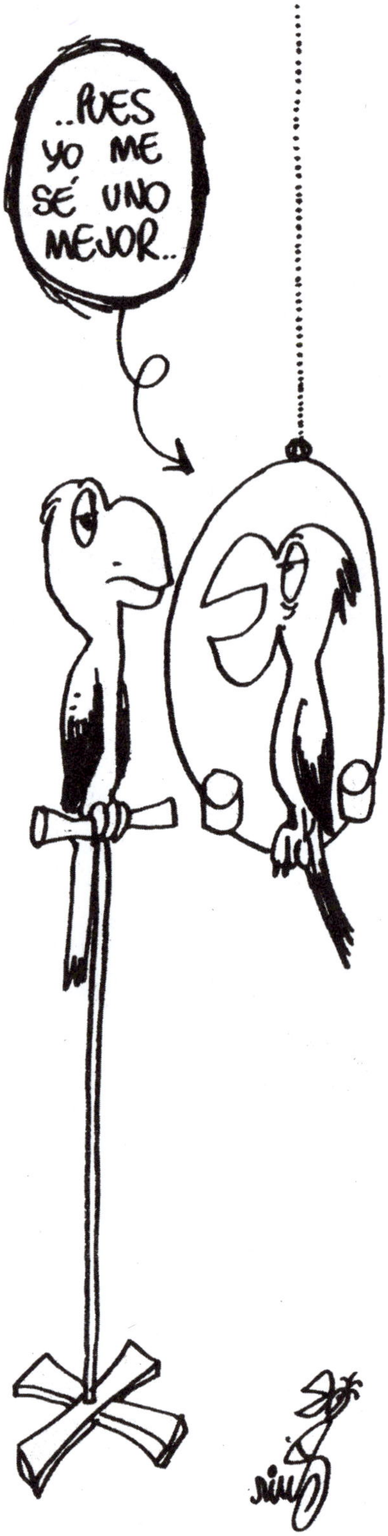
..PUES YO ME SÉ UNO MEJOR..

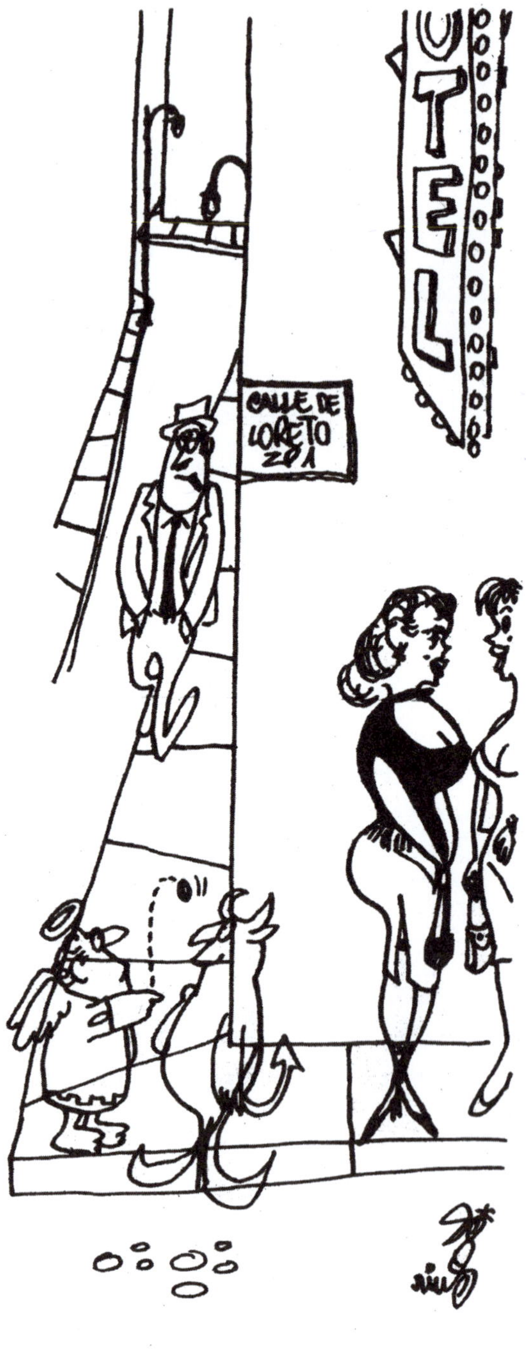
TEL
CALLE DE LORETO 201

U.S.
..NO ME EXPLICO POR QUÉ NO LLEGA A LA LUNA: EN TODAS LAS PELÍCULAS QUE HE VISTO SÍ LLEGA...

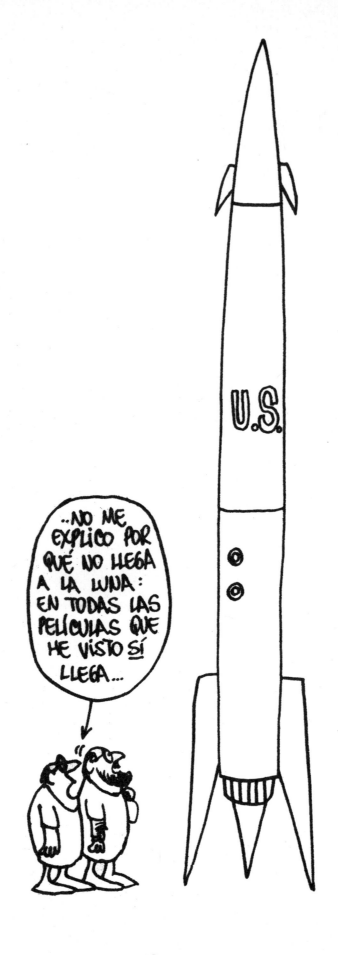

¿Y CÓMO SABEMOS SI NOS ESTÁ INSULTANDO SI NO SE HÁ INVENTADO EL DICCIONARIO?

GRRRR

-44-

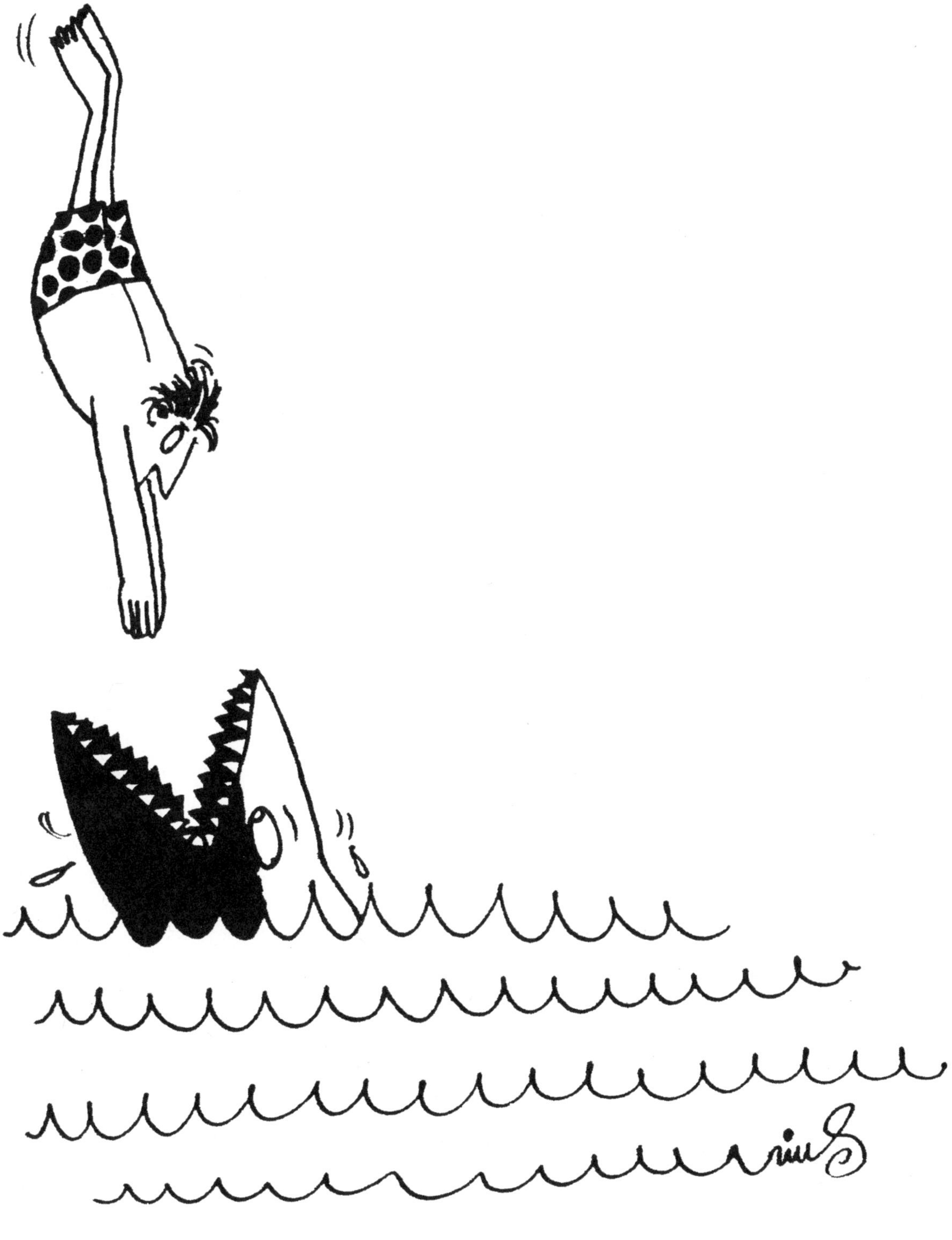

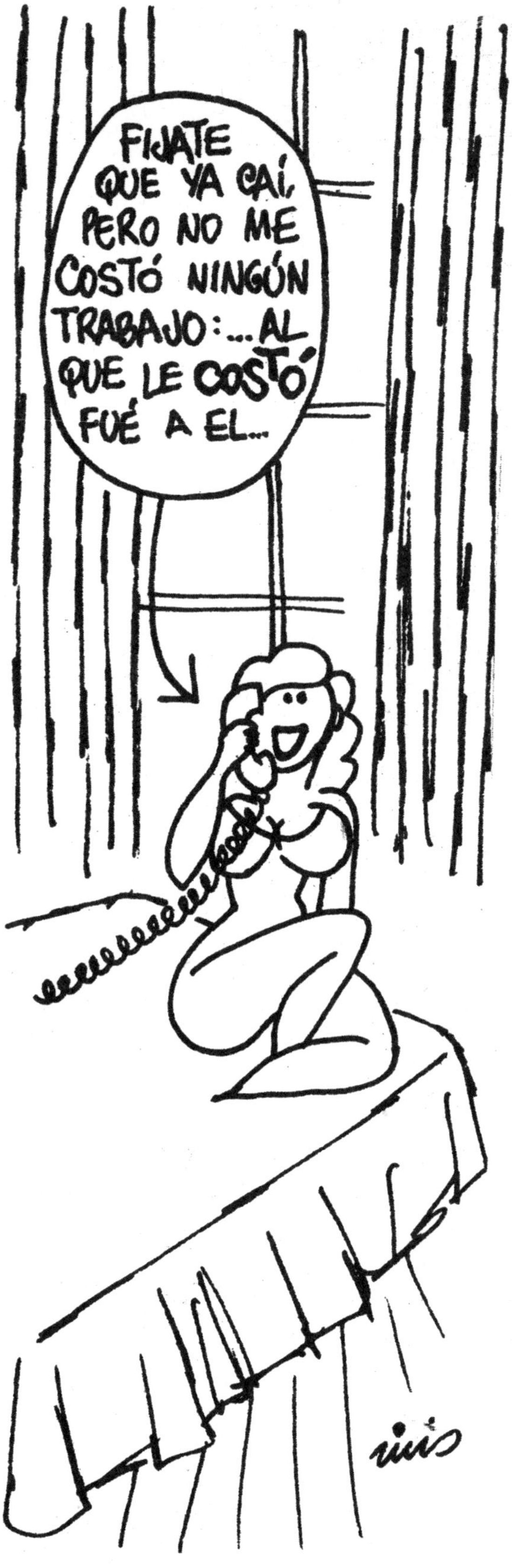
FIJATE QUE YA CAÍ, PERO NO ME COSTÓ NINGÚN TRABAJO:... AL QUE LE COSTÓ FUÉ A EL...

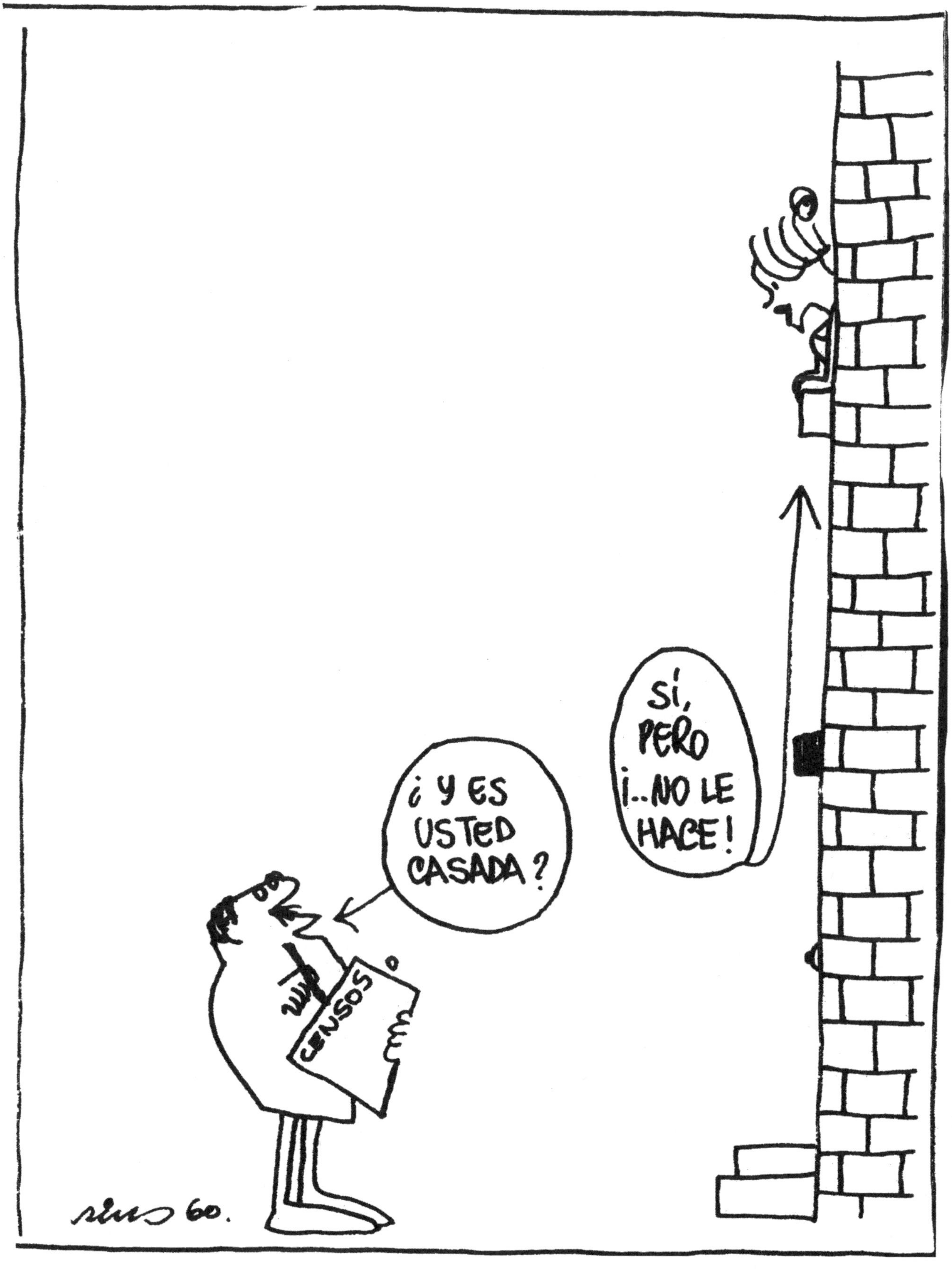
¿Y ES USTED CASADA?
SÍ, PERO ¡..NO LE HACE!
CENSOS
RIUS 60.

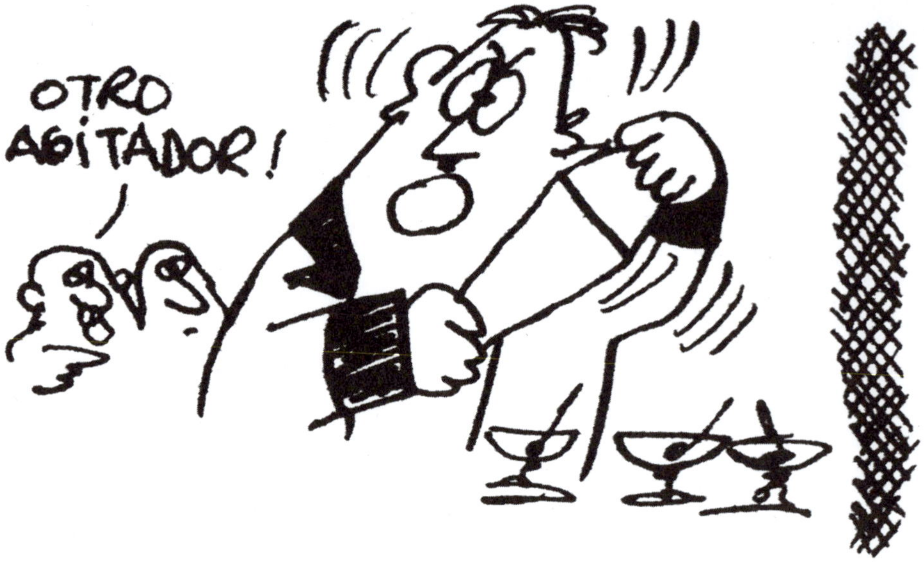
OTRO AGITADOR!

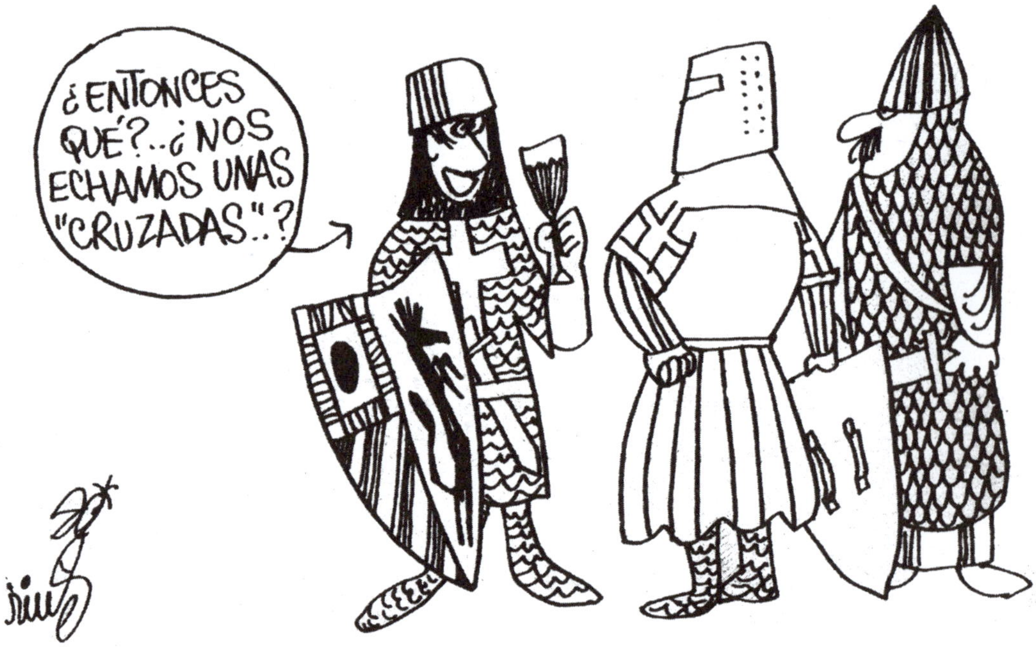
¿ENTONCES QUÉ?..¿NOS ECHAMOS UNAS "CRUZADAS"..?

PAPI... ¿Y NO TE SABES UN CUENTO DE PEPITO...?

QUIENES por todo nos mandan al infierno, dan derecho a mandarles al diablo.

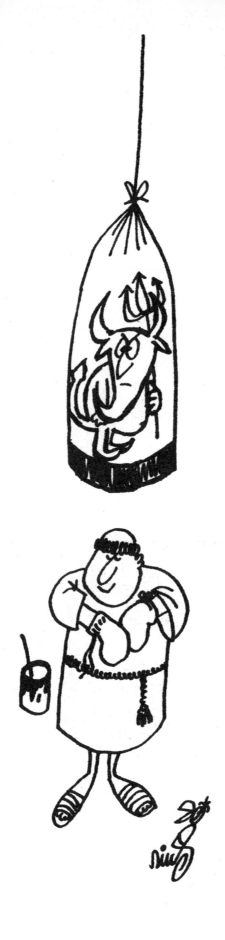

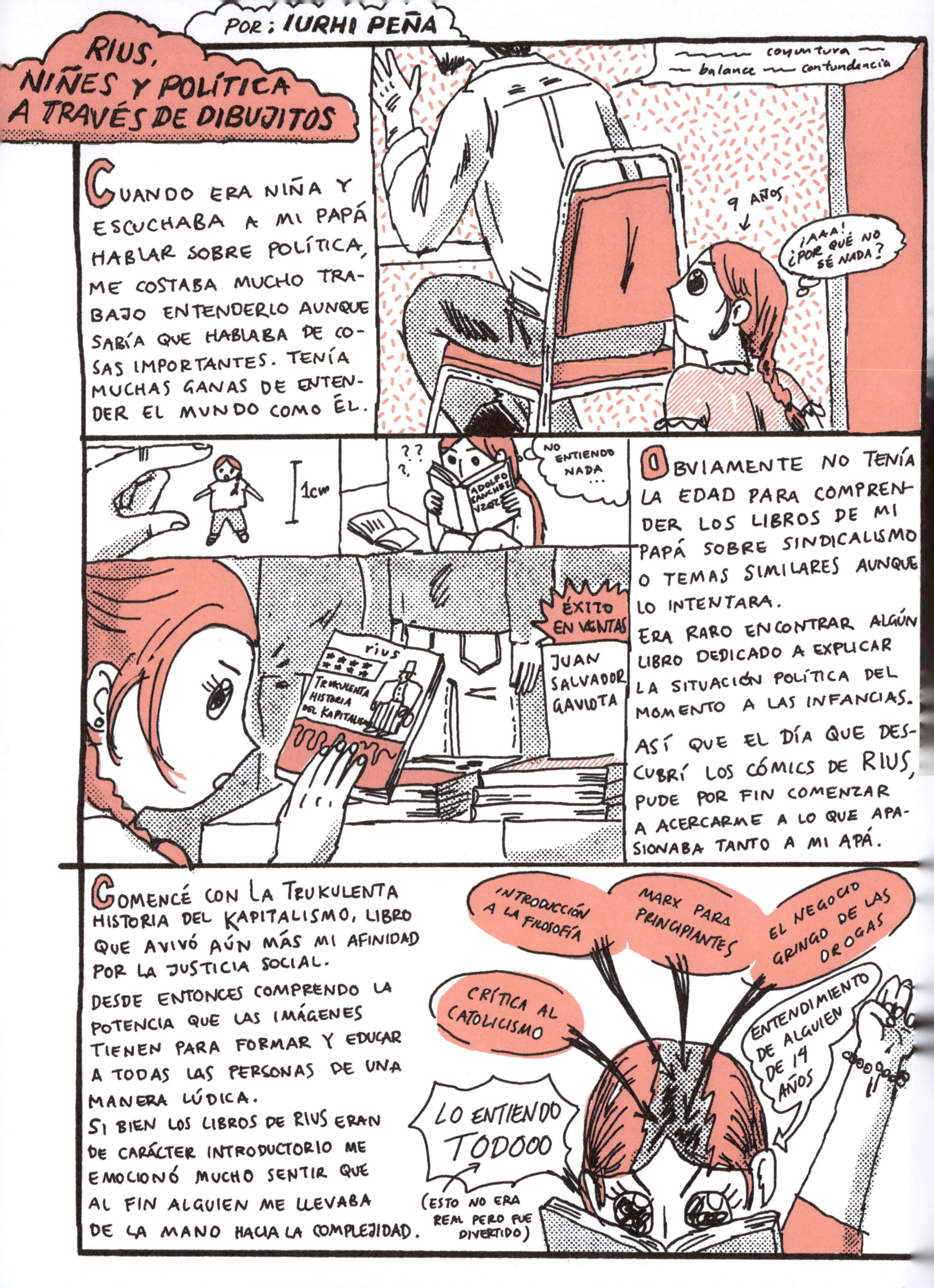
POR: IURHI PEÑA
RIUS, NIÑES Y POLÍTICA A TRAVÉS DE DIBUJITOS
CUANDO ERA NIÑA Y ESCUCHABA A MI PAPÁ HABLAR SOBRE POLÍTICA, ME COSTABA MUCHO TRABAJO ENTENDERLO AUNQUE SABÍA QUE HABLABA DE COSAS IMPORTANTES. TENÍA MUCHAS GANAS DE ENTENDER EL MUNDO COMO ÉL.
coyuntura
balance
contundencia
9 AÑOS
¡AAA! ¿POR QUÉ NO SÉ NADA?
1cm
??
?
ADOLFO SANCHEZ VAZQUEZ
NO ENTIENDO NADA...
OBVIAMENTE NO TENÍA LA EDAD PARA COMPRENDER LOS LIBROS DE MI PAPÁ SOBRE SINDICALISMO O TEMAS SIMILARES AUNQUE LO INTENTARA.
ERA RARO ENCONTRAR ALGÚN LIBRO DEDICADO A EXPLICAR LA SITUACIÓN POLÍTICA DEL MOMENTO A LAS INFANCIAS.
ASÍ QUE EL DÍA QUE DESCUBRÍ LOS CÓMICS DE RIUS, PUDE POR FIN COMENZAR A ACERCARME A LO QUE APASIONABA TANTO A MI APÁ.
ÉXITO EN VENTAS
JUAN SALVADOR GAVIOTA
RIUS
TRUKULENTA HISTORIA DEL KAPITALISMO
COMENCÉ CON LA TRUKULENTA HISTORIA DEL KAPITALISMO, LIBRO QUE AVIVÓ AÚN MÁS MI AFINIDAD POR LA JUSTICIA SOCIAL.
DESDE ENTONCES COMPRENDO LA POTENCIA QUE LAS IMÁGENES TIENEN PARA FORMAR Y EDUCAR A TODAS LAS PERSONAS DE UNA MANERA LÚDICA.
SI BIEN LOS LIBROS DE RIUS ERAN DE CARÁCTER INTRODUCTORIO ME EMOCIONÓ MUCHO SENTIR QUE AL FIN ALGUIEN ME LLEVABA DE LA MANO HACIA LA COMPLEJIDAD.
INTRODUCCIÓN A LA FILOSOFÍA
MARX PARA PRINCIPIANTES
EL NEGOCIO GRINGO DE LAS DROGAS
CRÍTICA AL CATOLICISMO
ENTENDIMIENTO DE ALGUIEN DE 14 AÑOS
LO ENTIENDO TODOOO
(ESTO NO ERA REAL PERO FUE DIVERTIDO)

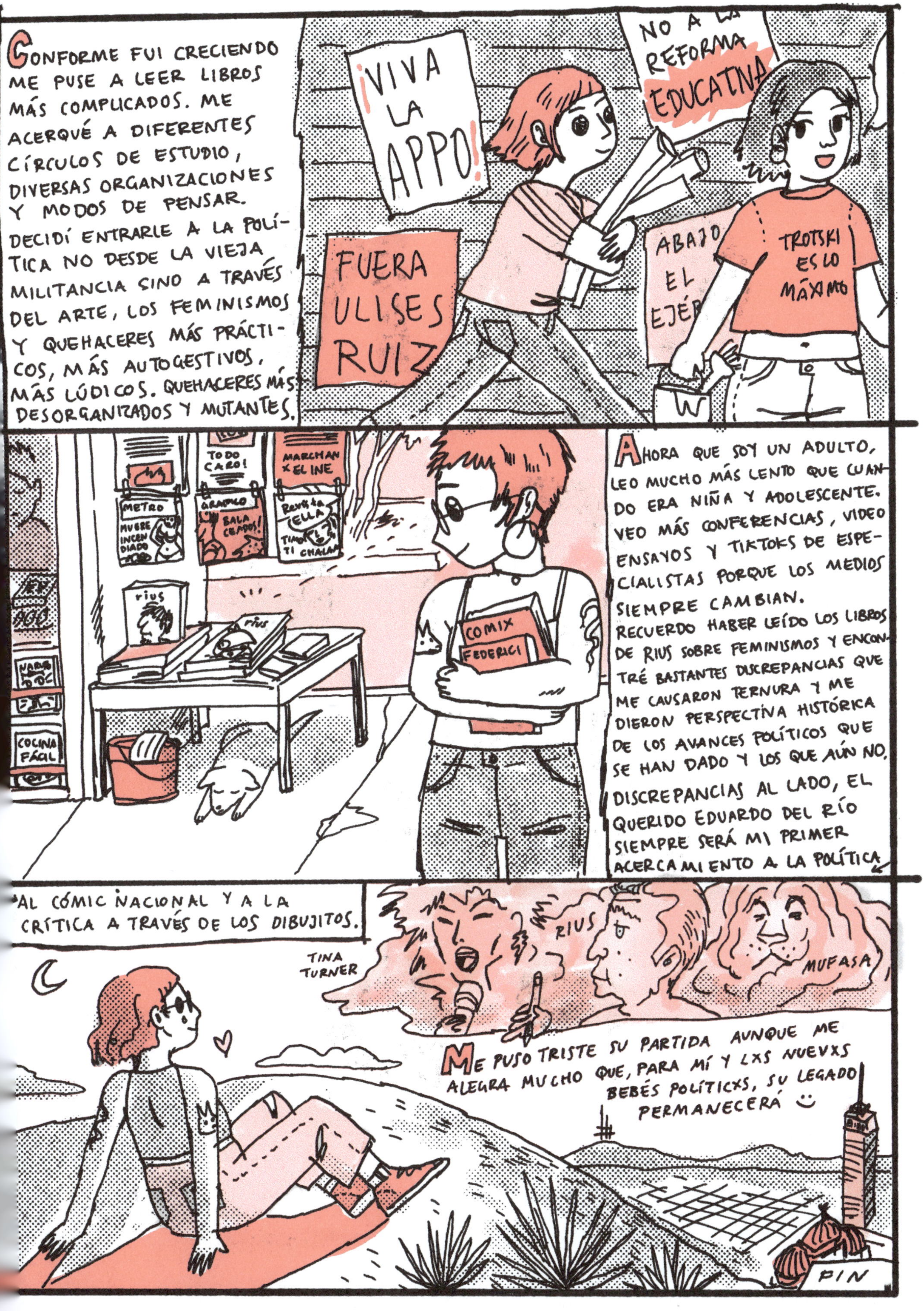
Conforme fui creciendo me puse a leer libros más complicados. Me acerqué a diferentes círculos de estudio, diversas organizaciones y modos de pensar. Decidí entrarle a la política no desde la vieja militancia sino a través del arte, los feminismos y quehaceres más prácticos, más autogestivos, más lúdicos. Quehaceres más desorganizados y mutantes.
¡VIVA LA APPO!
NO A LA REFORMA EDUCATIVA
FUERA ULISES RUIZ
ABAJO EL EJÉR
TROTSKI ES LO MÁXIMO
TODO CARO!
MARCHAN X EL INE
METRO
MUERE INCENDIADO
GRÁFICO
BALACEADOS!
rius
COMIX
FEDERICI
COCINA FÁCIL
Ahora que soy un adulto, leo mucho más lento que cuando era niña y adolescente. Veo más conferencias, videoensayos y TikToks de especialistas porque los medios siempre cambian. Recuerdo haber leído los libros de Rius sobre feminismos y encontré bastantes discrepancias que me causaron ternura y me dieron perspectiva histórica de los avances políticos que se han dado y los que aún no. Discrepancias al lado, el querido Eduardo del Río siempre será mi primer acercamiento a la política
al cómic nacional y a la crítica a través de los dibujitos.
TINA TURNER
RIUS
MUFASA
Me puso triste su partida aunque me alegra mucho que, para mí y lxs nuevxs bebés políticxs, su legado permanecerá :)
FIN

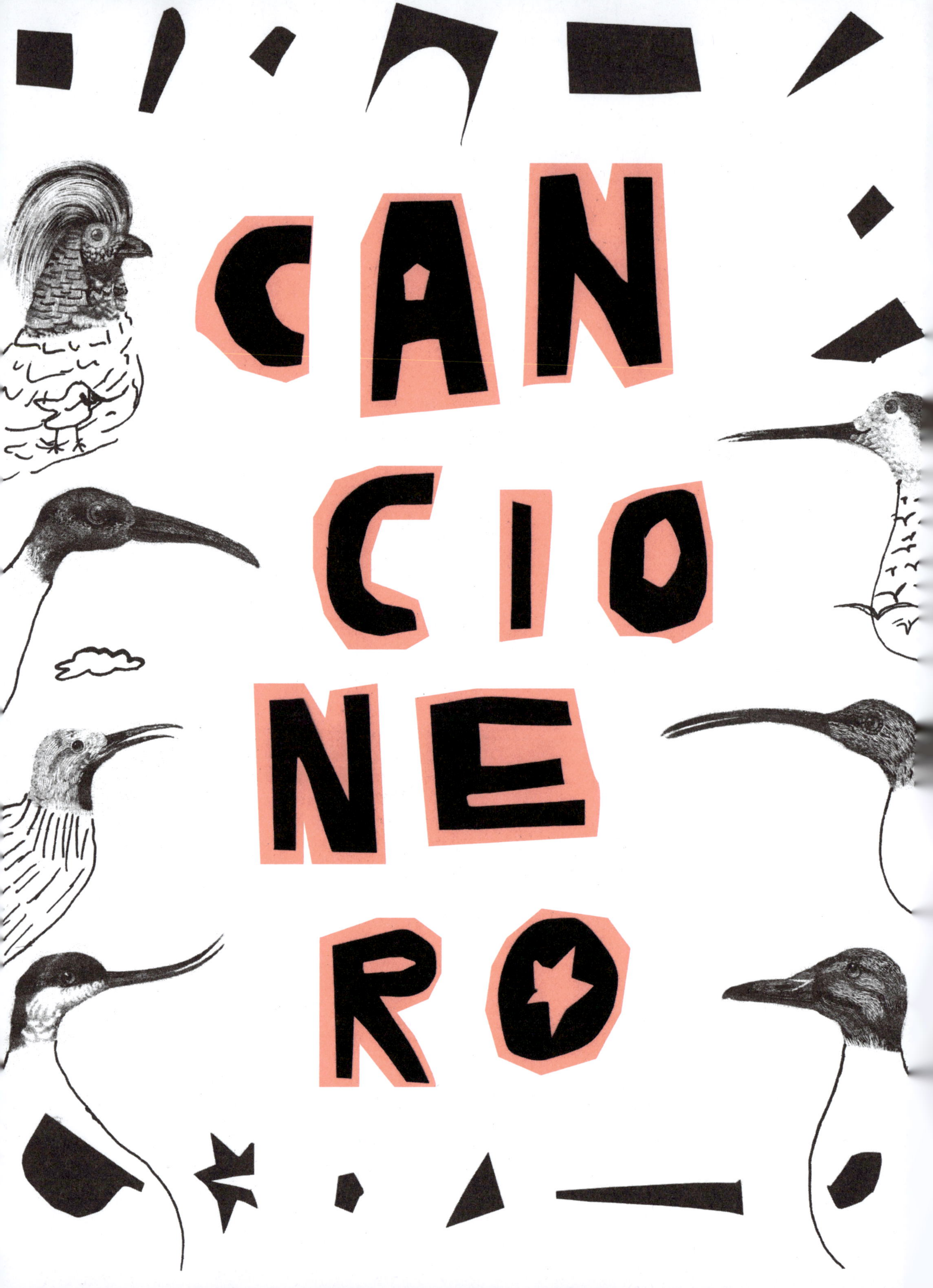
CAN
CIO
NE
RO

En *Ja-já* descubrimos una faceta de Rius que luego sería una constante en sus libros e historietas: el uso de fotografías. Durante todo su trabajo artístico siempre se apoyó en fotos o recortes de ilustraciones, un recurso que le permitía transmitir de mejor forma la idea que tenía en la cabeza o bien le ayudaba a simplificar sus trazos.

Es posible que este recurso fuera influencia de la revista norteamericana *MAD*, que algunas veces usaba fotos para hacer humor. Rius, que era un lector y consumidor voraz, además de gran amigo de Sergio Aragonés (quien es fanático de esa revista, donde acabó siendo publicado regularmente), se inspiró en ella y la llevó un paso más allá al mezclarla con canciones, logrando un toque de humor original y muy diferente para la época.

¿Qué será será...?

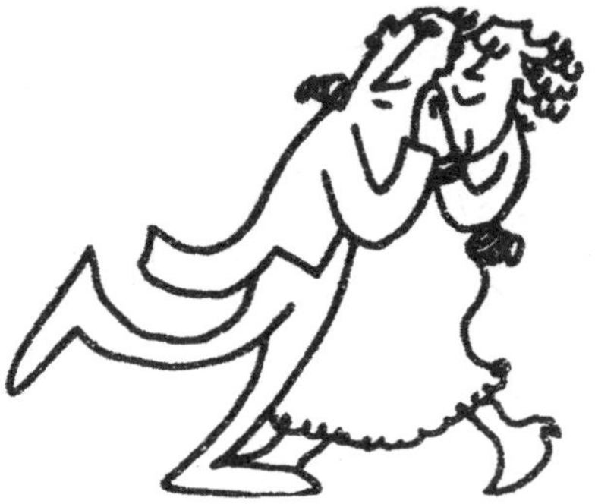

VALS EN ARREGLO DEL FILARMÚSICA JOVEN RIUS

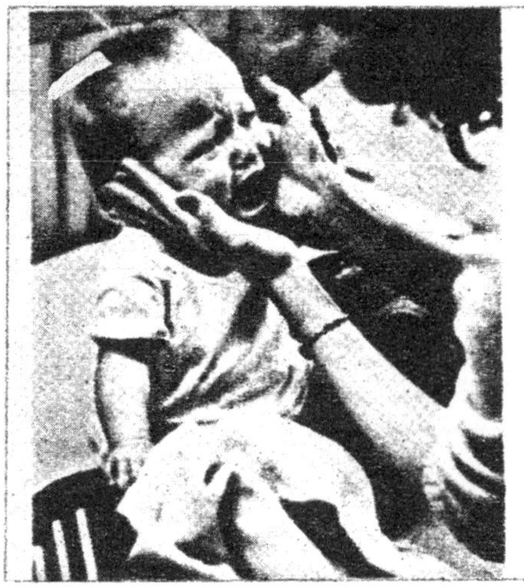

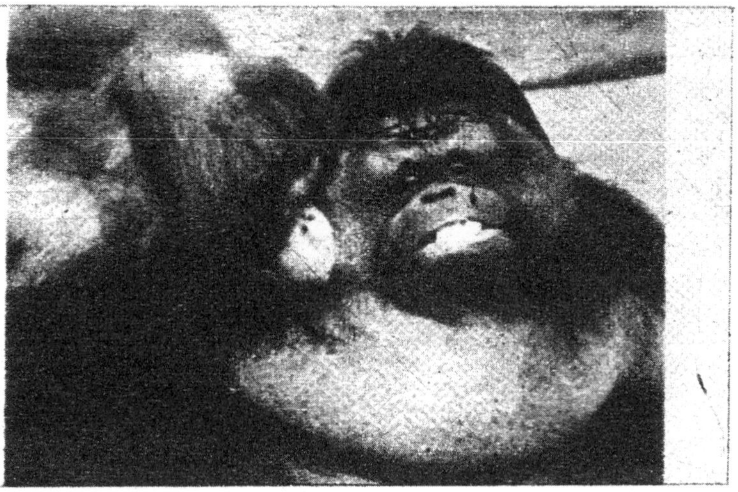

CUANDO YO ERA CHIQUITITO..... ...A MI MAMITA LE PREGUNTÉ...

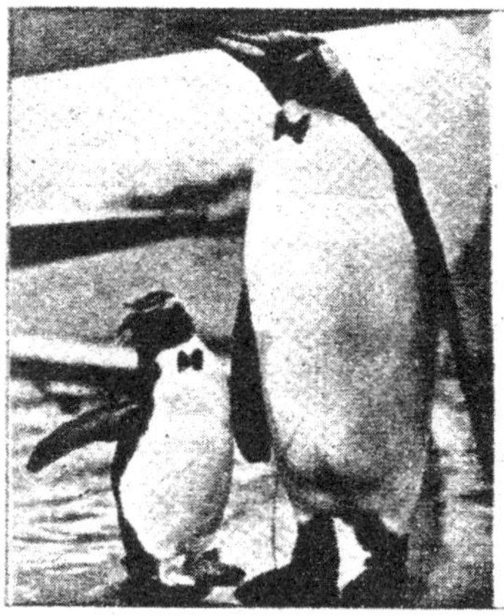

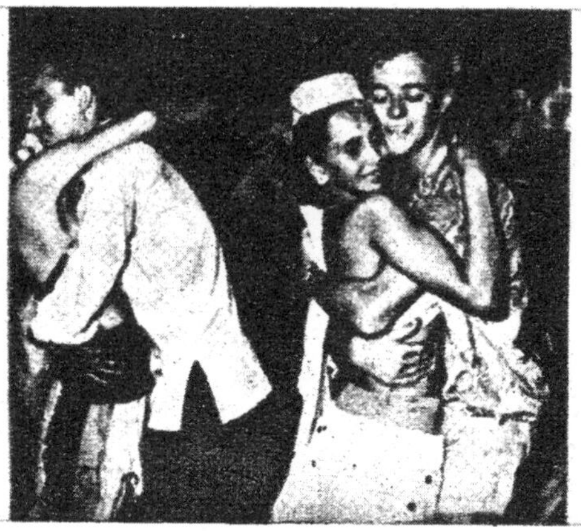

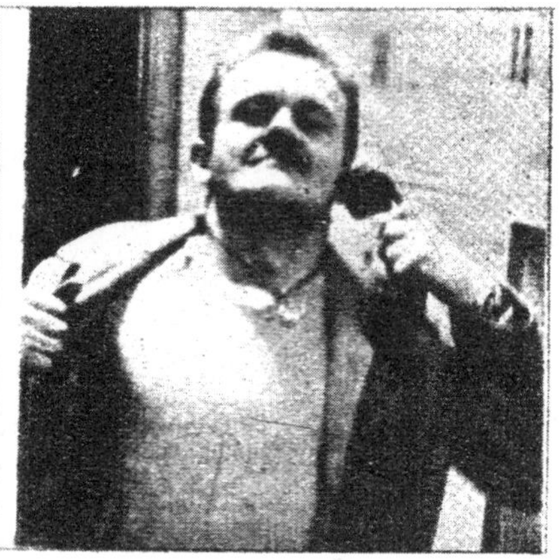

¿SERÉ MUY RICO..? ....¿SERÉ FELIZ...? ..Y ELLA ME CONTESTÓ:

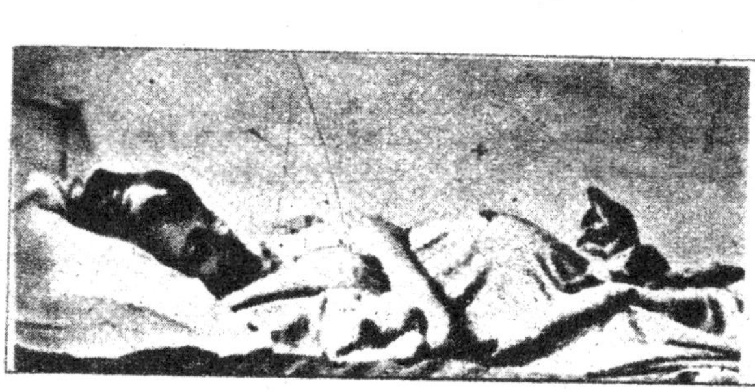

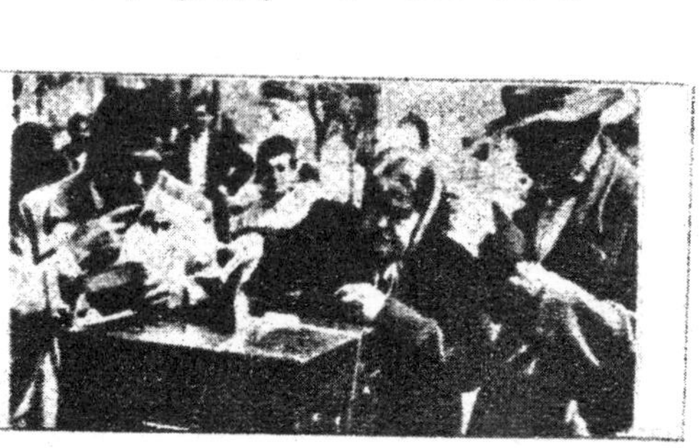

¿...QUÉ SERÁ..SERÁ? ...SERÁ LO QUE DEBA SER..

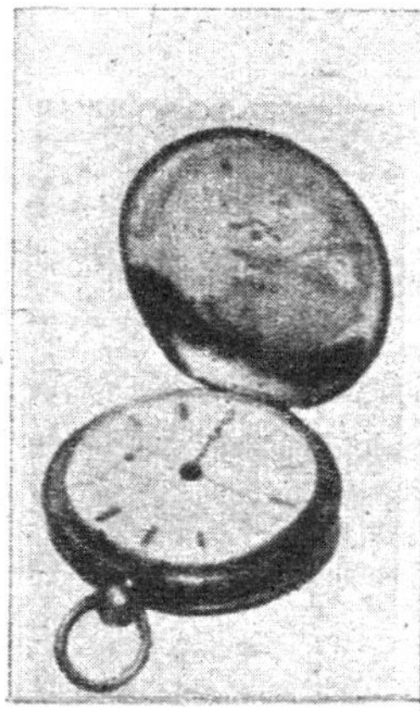

..EL TIEMPO TE LO DIRÁ...

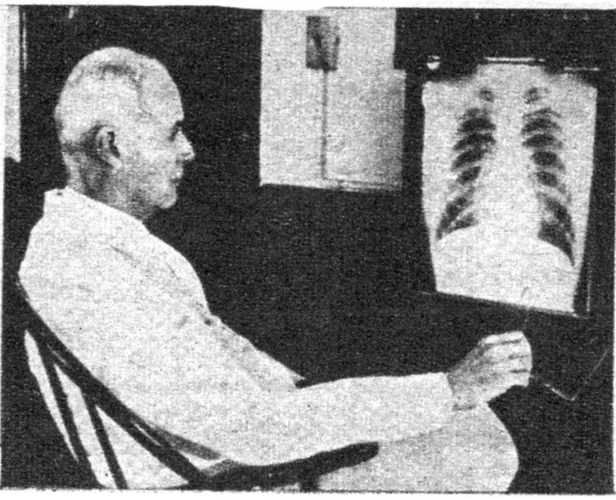

...¿QUÉ SERÁ, SERÁ...?

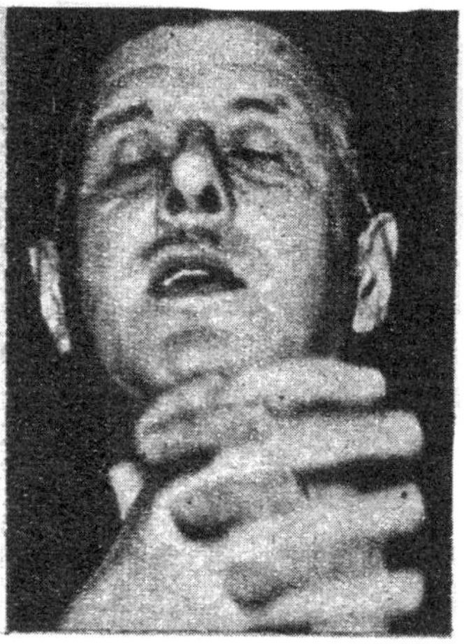

..SÓLO DIOS SABRÁ..

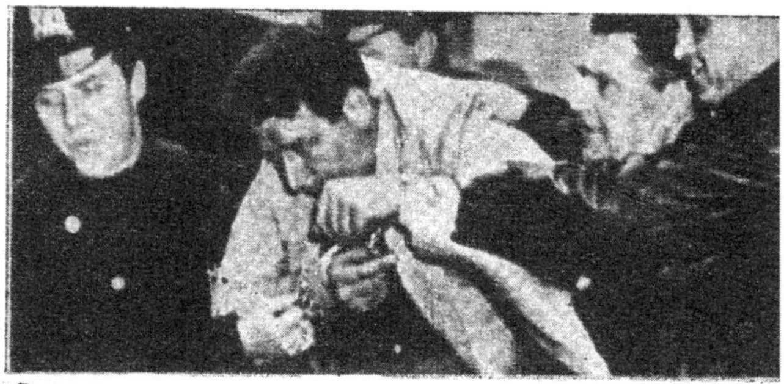

CUANDO LLEGÓ MI JUVENTUD...

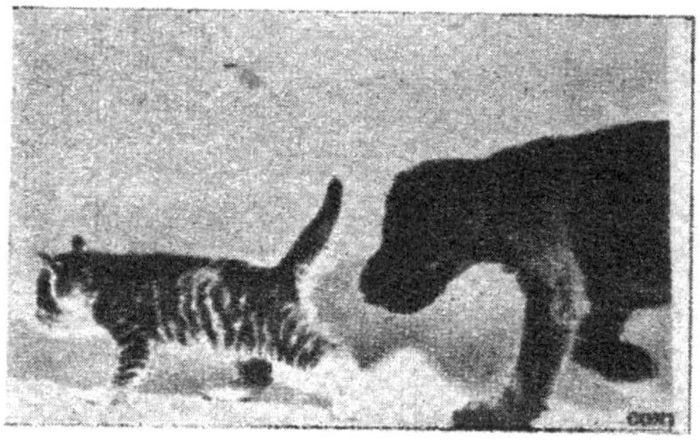

..NACIÓ DE PRONTO UNA ILUSIÓN...

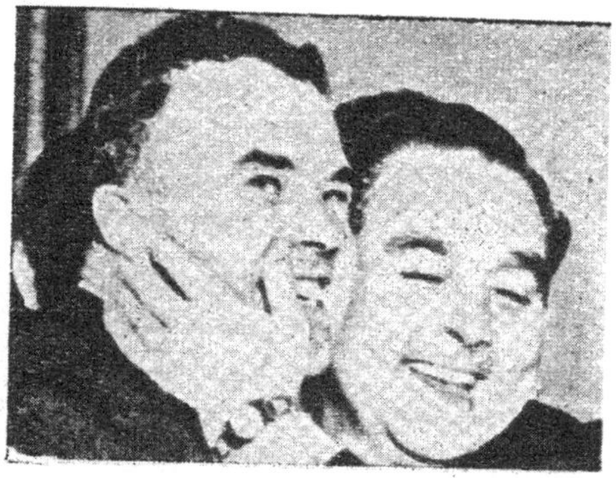

¿..SERÁ UN ROMANCE..?

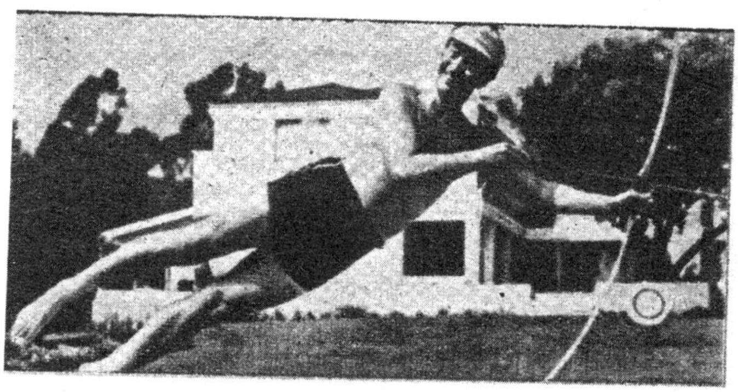

... ¿SERÁ EL AMOR...?

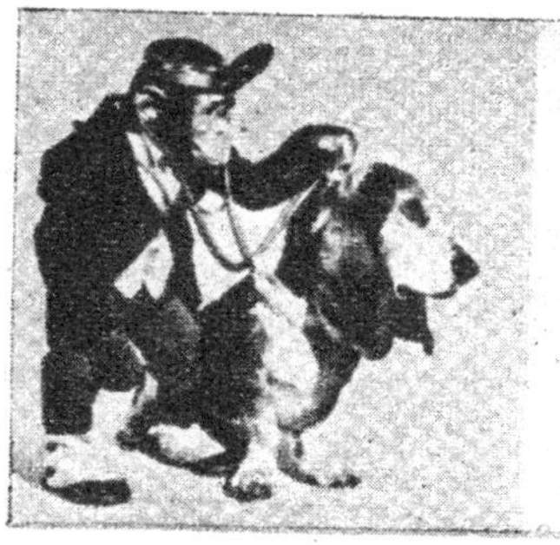

..Y EL CORAZÓN HABLÓ:

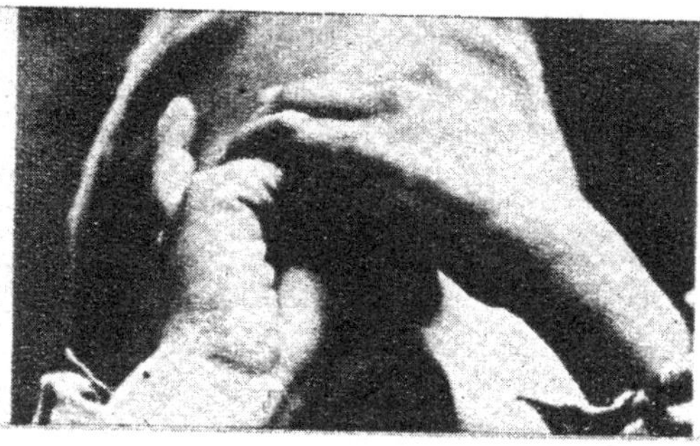

..¿QUÉ SERÁ, SERÁ..?

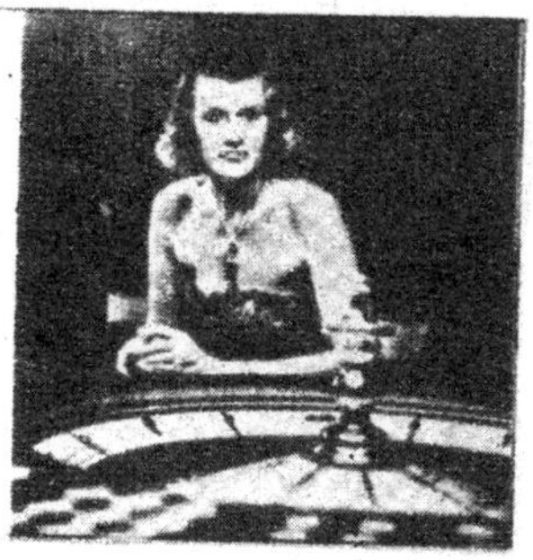

..SERÁ LO QUE DEBA SER.

 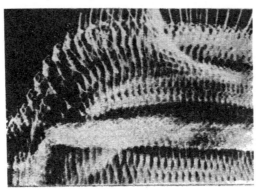 

..LA VIDA TE LO DIRÁ... ¿QUÉ SERÁ, SERÁ..? ...SOLO DIOS SABRÁ...

..Y AL ESCUCHARLO EN SU LATIR... ..MI ALMA Y VIDA YO TE OFRECÍ... ..Y DE MI MADRE SE OYÓ LA VOZ...

 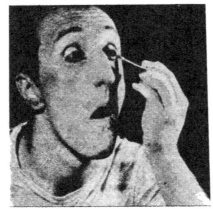 

..QUE REPETÍA ASÍ: ....¿QUÉ SERÁ?¿SERÁ? ..SERÁ LO QUE DEBA SER...

..LA VIDA TE LO DIRÁ... ¿QUÉ SERÁ, SERÁ?... ¡SÓLO DIOS SABRÁ! FIN
TRA...

和汉族的农、牧民联合组织了生产合作社。过去从内蒙分裂出去的地区，现在都按原内蒙人民意愿重划了回来。

目前全区牲畜总数已达到二千四百万头，十年来增加了两倍多。组织起来的牧民得到国家贷款的扶助，已有一部

ADIOS, MUCHACHOS!...

tango en
arreglo (O LO QUE SEA.)
de rius

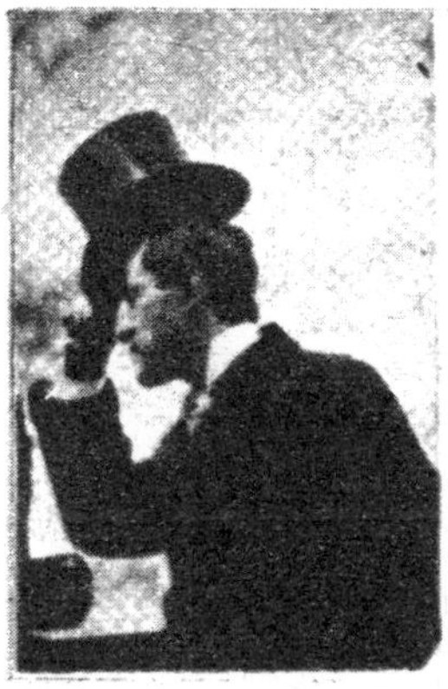

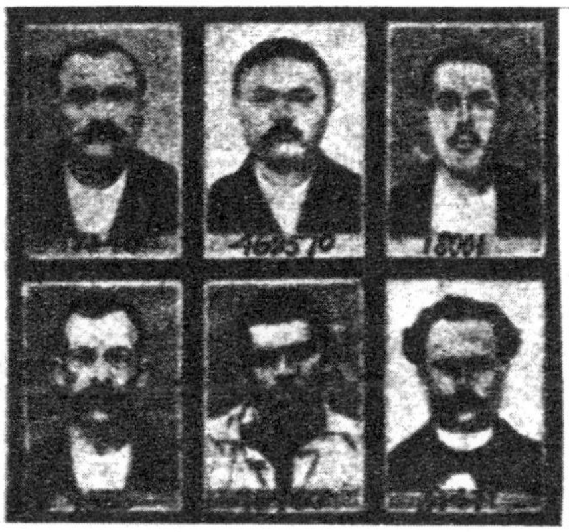

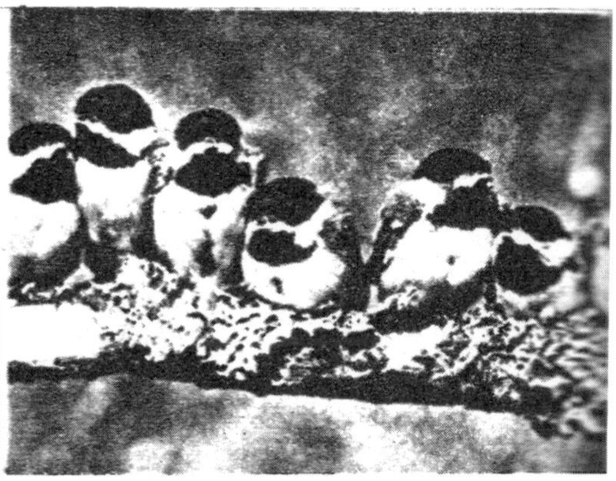

ADIÓS MUCHACHOS.. COMPAÑEROS DE MI VIDA... BARRA QUERIDA DE AQUELLOS TIEMPOS

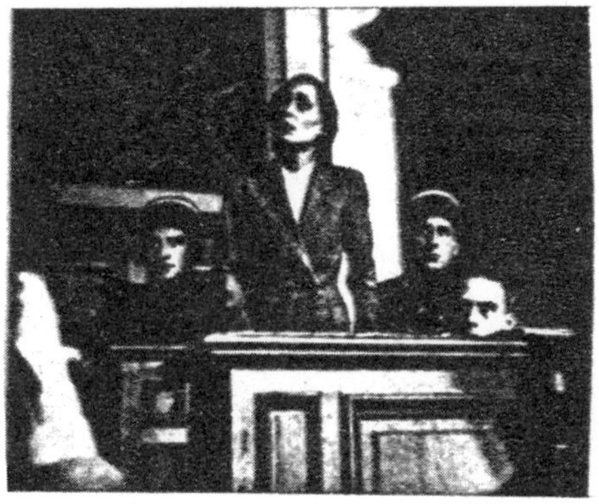

..ME TOCA A MÍ HOY..

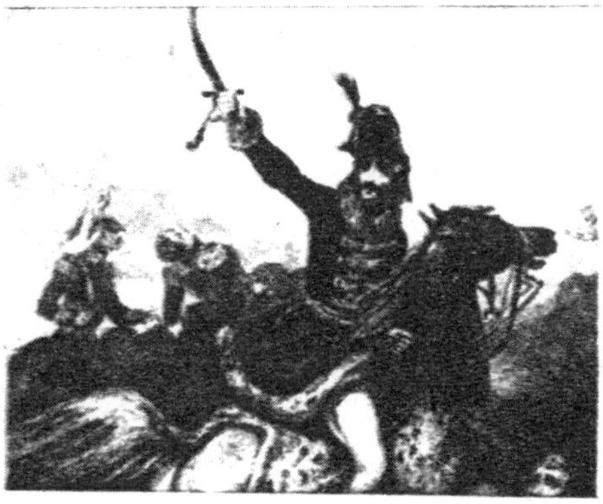

..EMPRENDER LA RETIRADA...

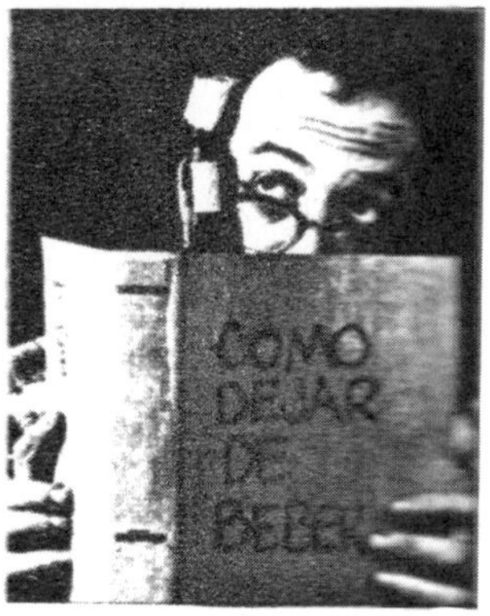
COMO
DEJAR
DE

..DEBO ALEJARME...

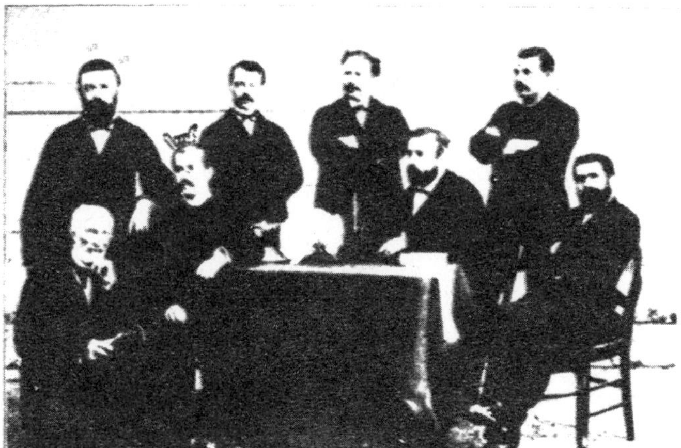

...DE MI BUENA MUCHACHADA...

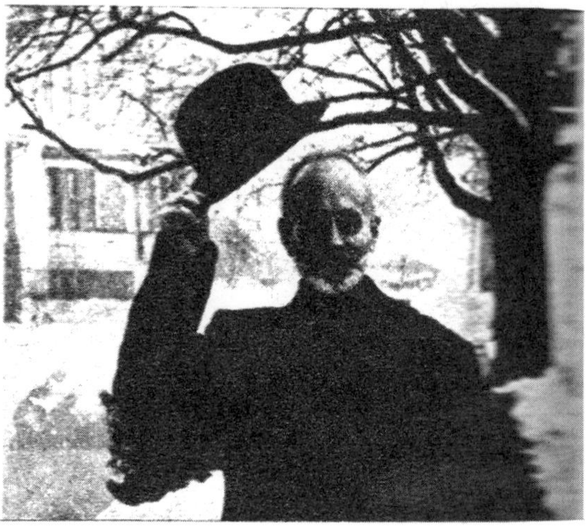

¡..ADIÓS MUCHACHOS—

YA ME VOY...!!! ...Y ME RESIGNO... CONTRA EL DESTINO NADIE LA TAL

  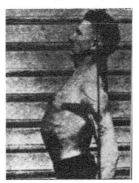

...SE TERMINARON PARA MÍ... TODAS LAS FARRAS... MI CUERPO ENFER

¡..NO RESISTE MÁS... ACUDEN A MI MENTE... RECUERDOS DE OTROS TIEMPOS

DE LOS BELLOS MOMENTOS QUE ANTAÑO DISFRUTÉ... CERQUITA DE MI MADRE

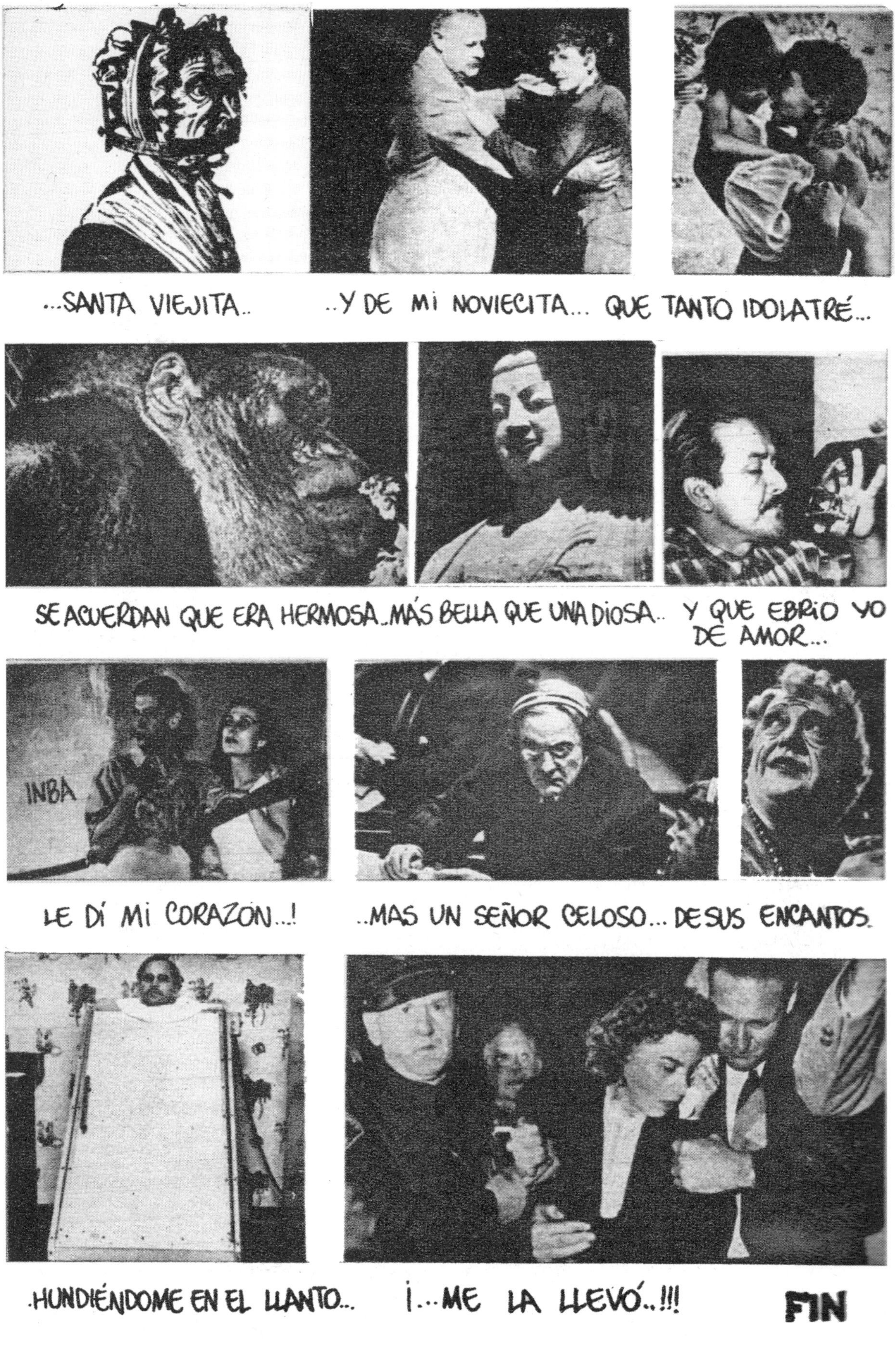
...SANTA VIEJITA..
..Y DE MI NOVIECITA...
QUE TANTO IDOLATRÉ...
SE ACUERDAN QUE ERA HERMOSA..
MÁS BELLA QUE UNA DIOSA..
Y QUE EBRIO YO DE AMOR...
INBA
LE DÍ MI CORAZON...!
..MAS UN SEÑOR CELOSO...
DE SUS ENCANTOS.
.HUNDIÉNDOME EN EL LLANTO...
¡...ME LA LLEVÓ..!!!
FIN

cobardía

* un bello poemita de AMADO NERVO, echado a perder por RIUS.

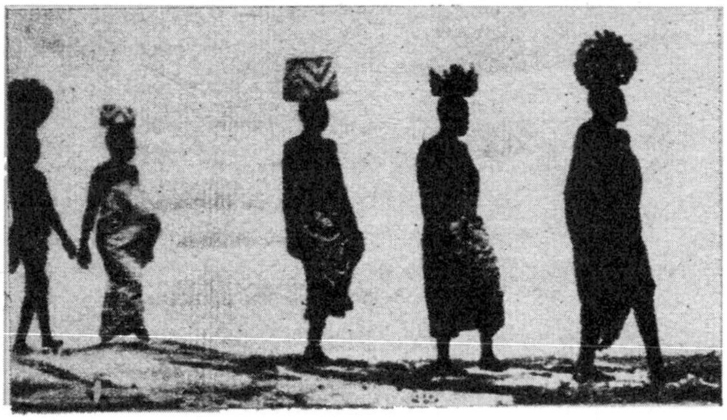

¡...PASÓ CON SU MADRE...

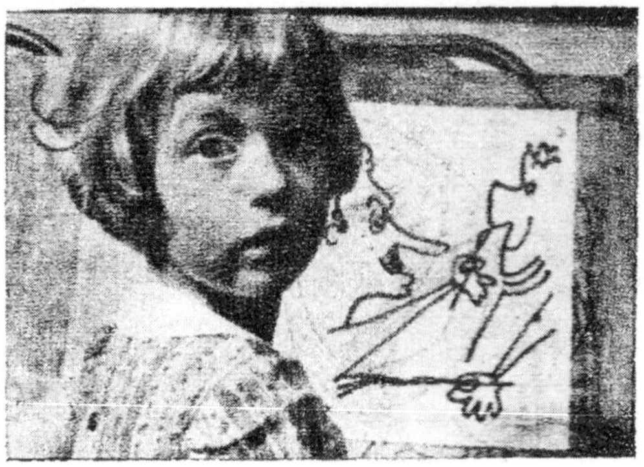

...VOLVIÓ LA CABEZA...

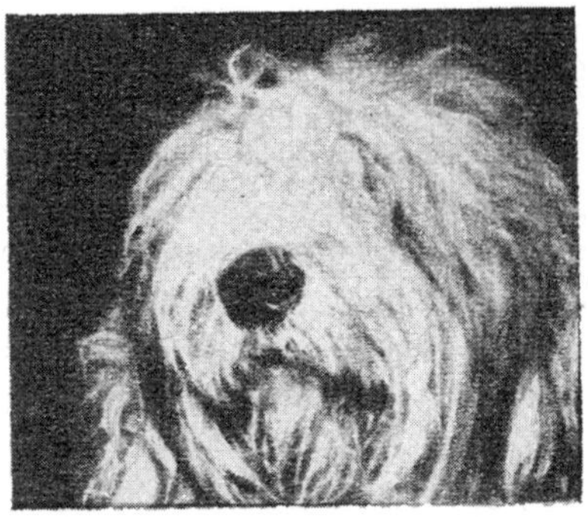

¡QUÉ RUBIOS CABELLOS...

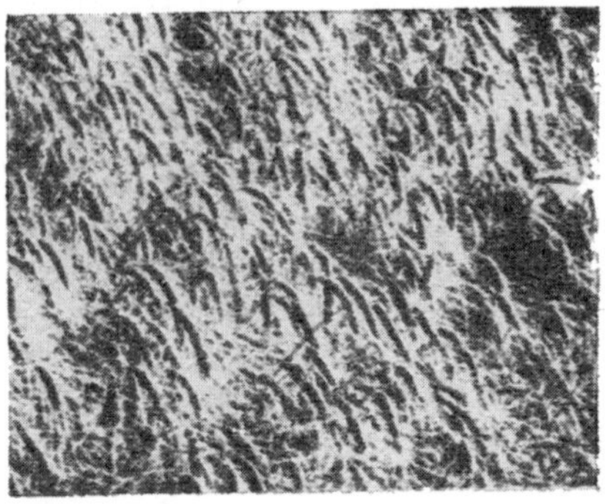

DE TRIGO GARZUL...

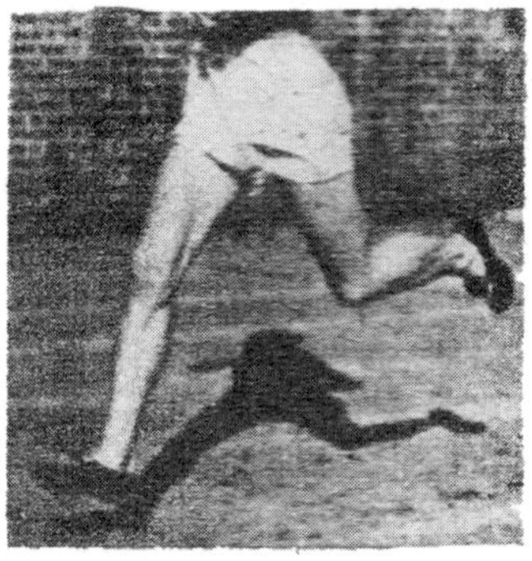

¡QUÉ RITMO EN EL PASO

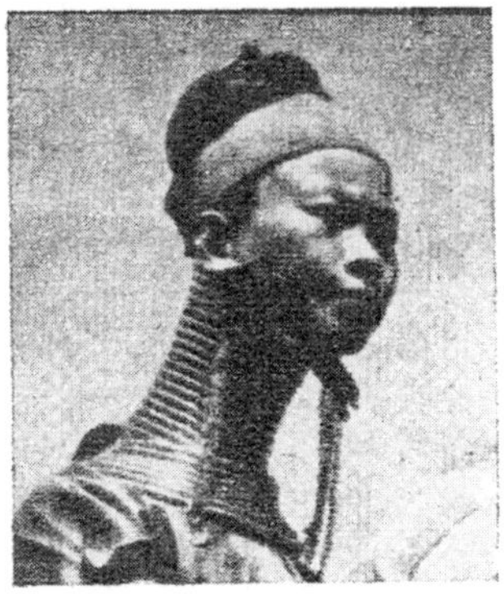

¡QUE INNATA REALEZA...

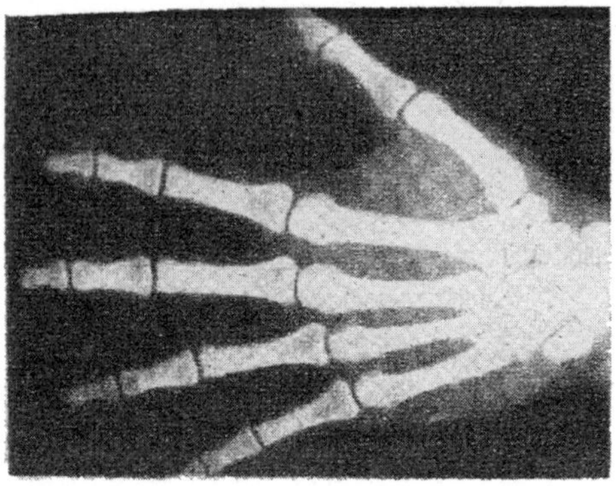

¡QUÉ FORMAS...

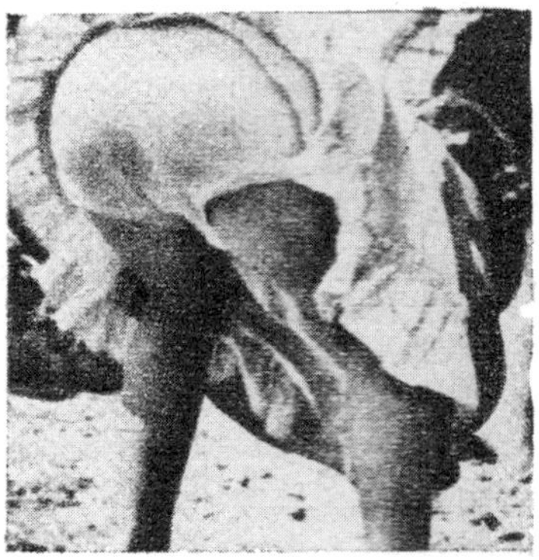

...BAJO EL FINO TUL...!!

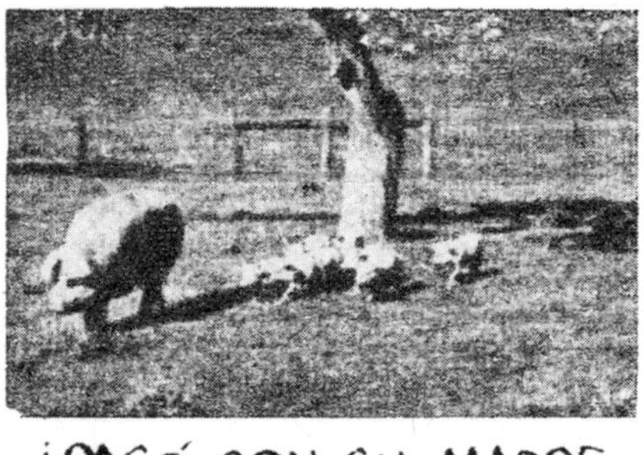

¡PASÓ CON SU MADRE...

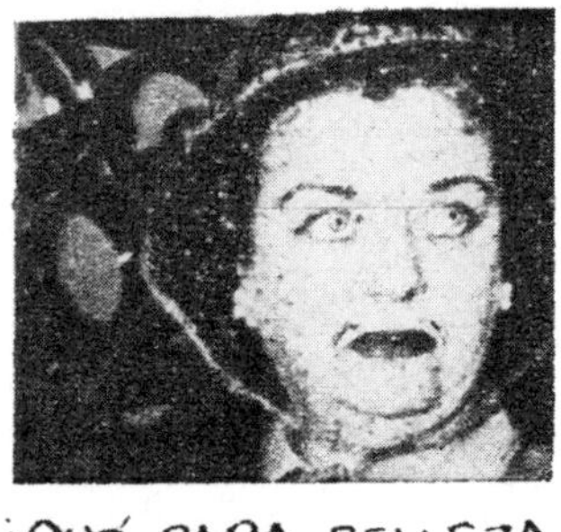

¡QUÉ RARA BELLEZA!...

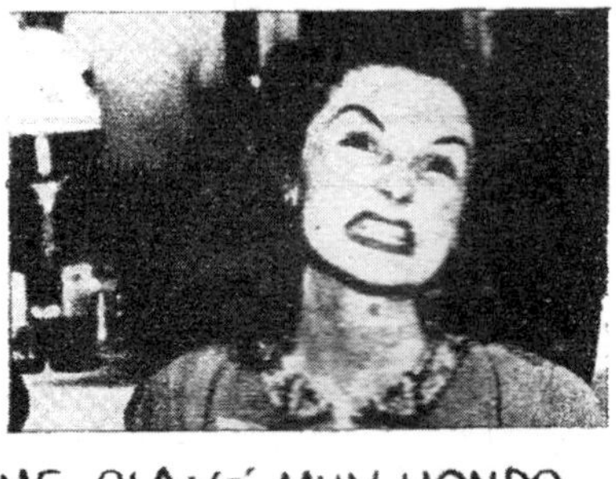

ME CLAVÓ MUY HONDO.

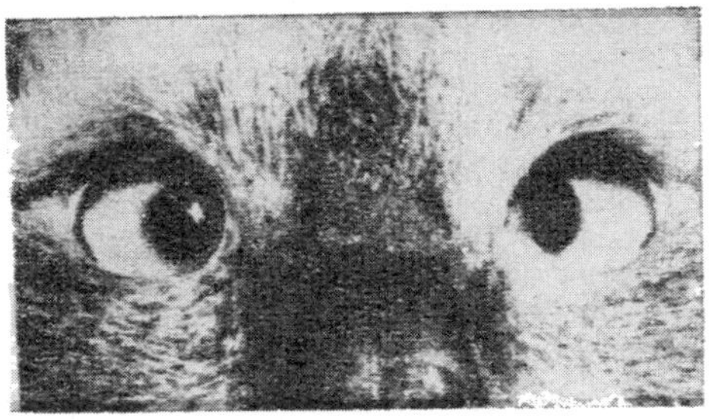
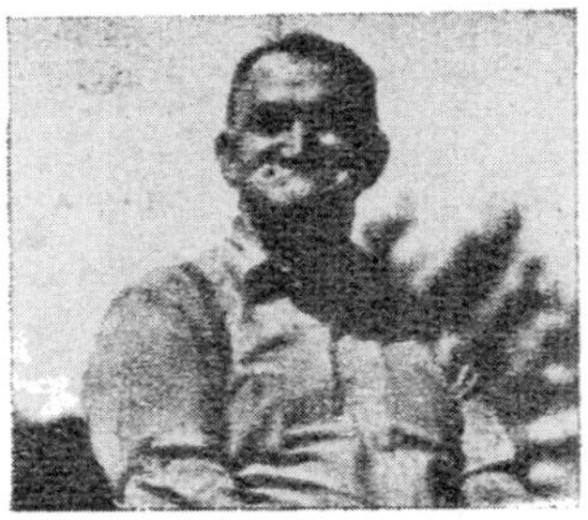
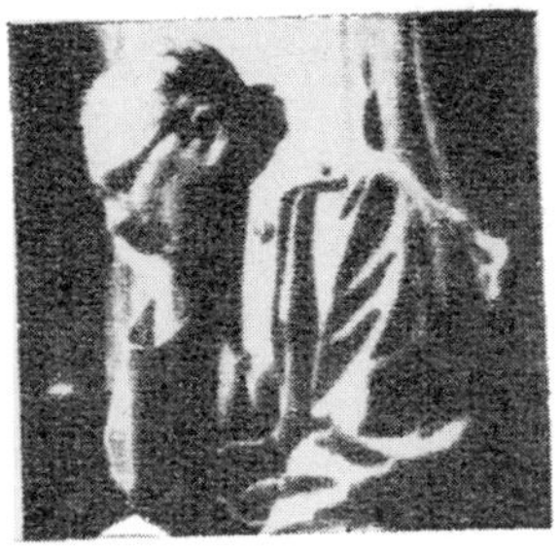

..SU MIRADA AZUL..! QUEDÉ COMO EN EXTASIS..CON FEBRIL PREMURA

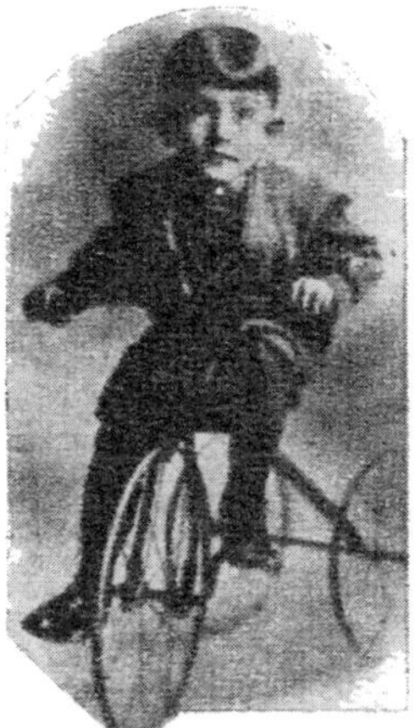
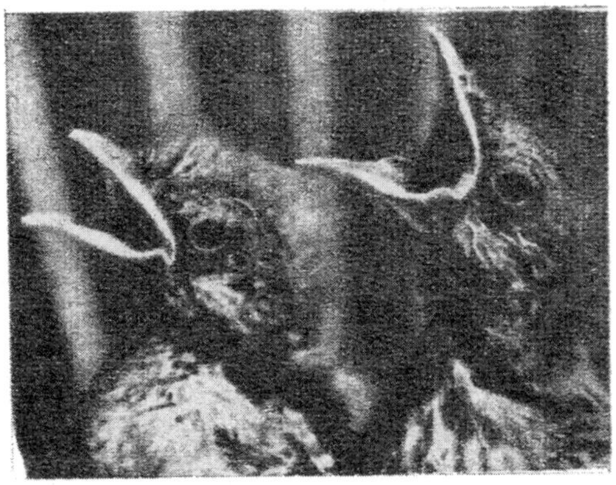
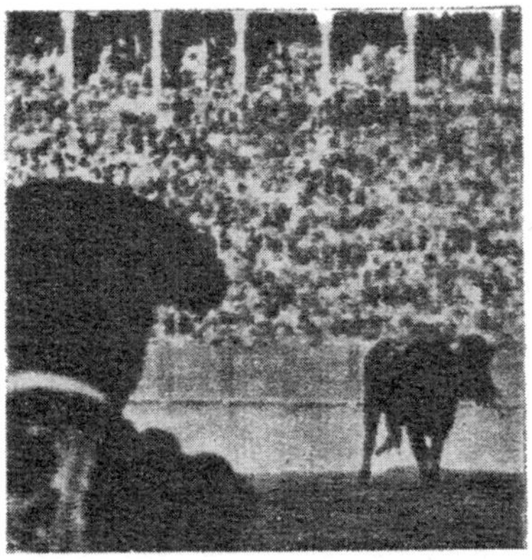

"¡..SÍGUELA", GRITARON CUERPO Y ALMA AL PAR.. PERO..¡TUVE MIEDO...

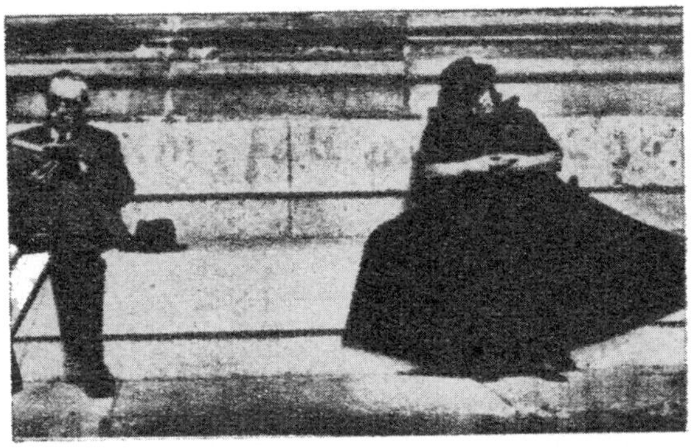
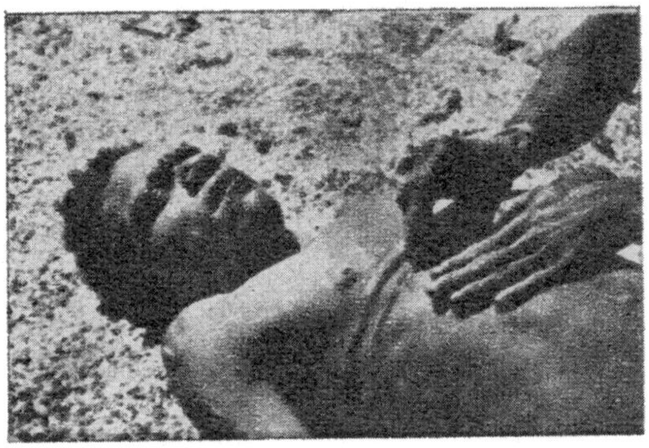

..DE AMAR CON LOCURA... DE ABRIR MIS HERIDAS, QUE SUELEN SANGRAR

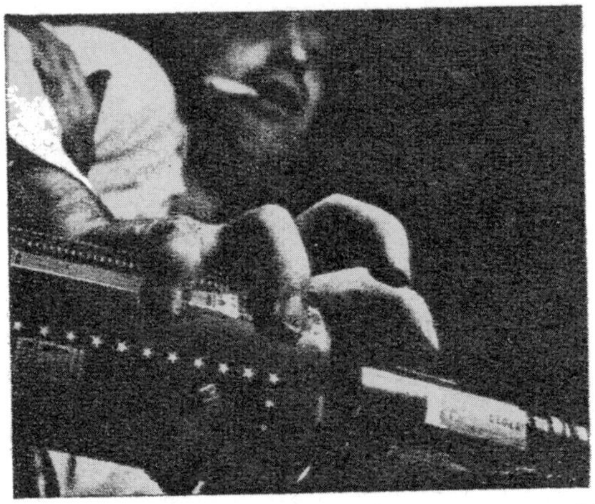
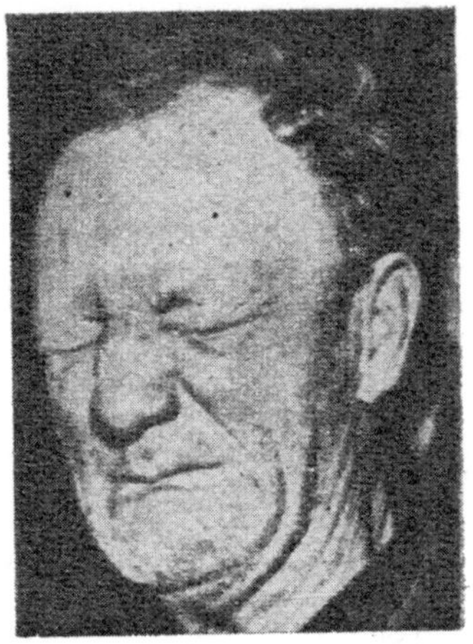
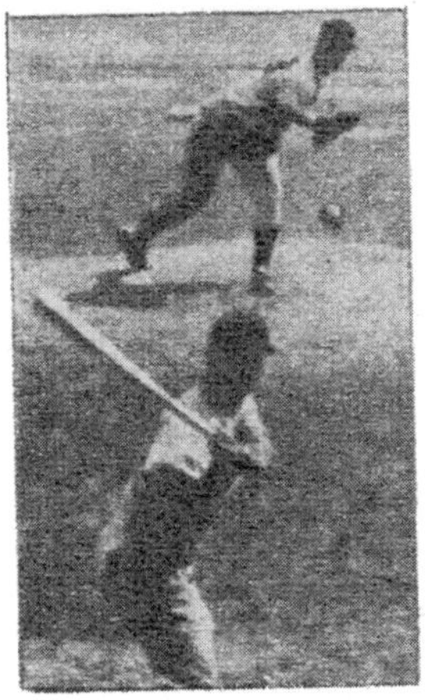

Y NO OBSTANTE TODA MI SED DE TERNURA..CERRANDO LOS OJOS..¡LA DEJÉ PASAR!

Dios no lo quiera...

Cancioncita dedicada al estilo Huici, a mi hija de confesión, la hermosa Ana Heidí...

RIUS XIII

DIOS NO LO QUIERA... PERO PRESIENTO... QUE HAS DEJADO DE QUERERME

..EN ESTOS DÍAS.. SE TE NOTA DIFERENTE...SE HAN VUELTO FRÍAS...

..TUS CARICIAS DE REPENTE.. ¡DIOS NO LO QUIERA.. PORQUE MI VIDA..

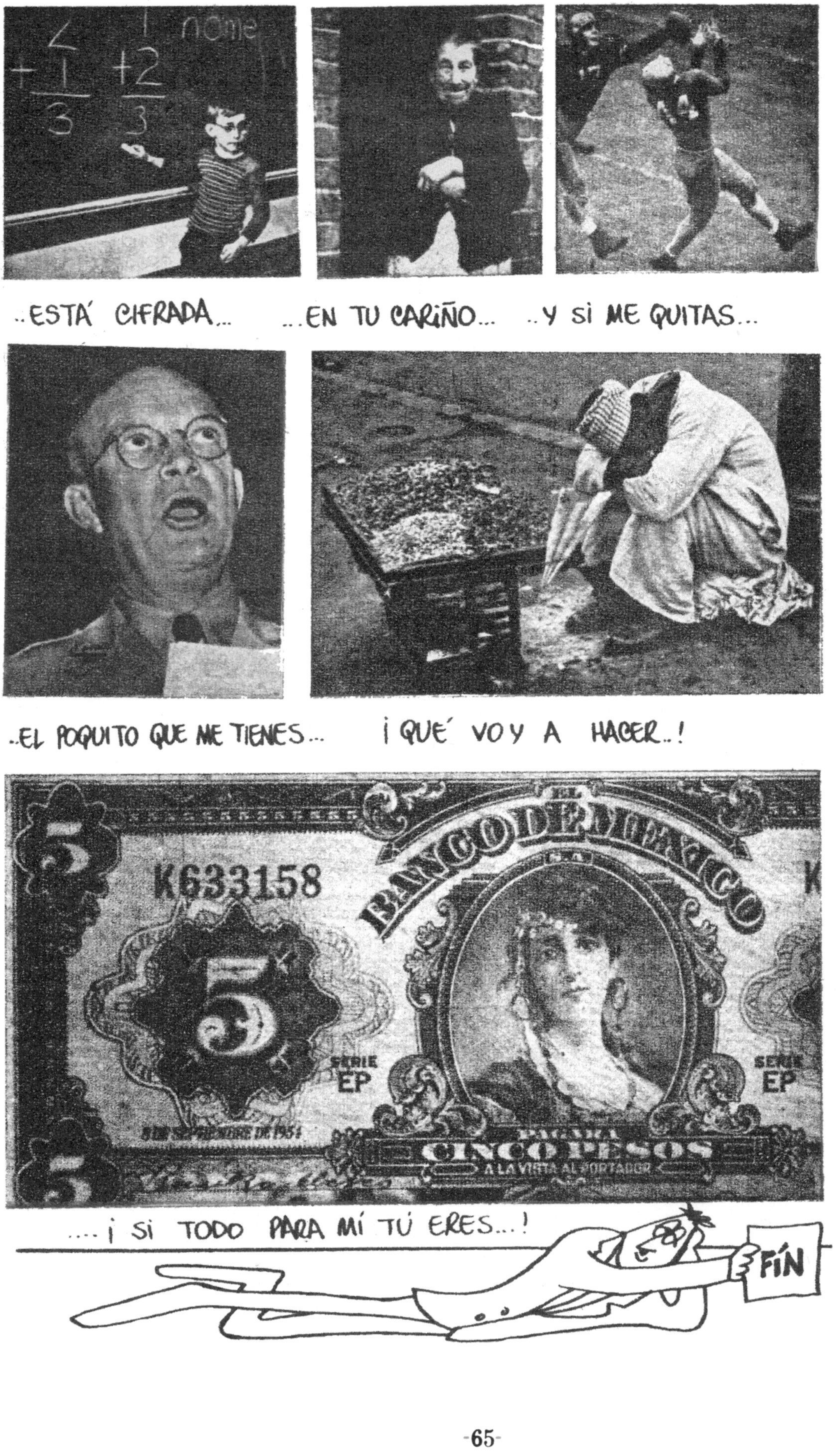
..ESTÁ CIFRADA...
...EN TU CARIÑO...
..Y SI ME QUITAS...
..EL POQUITO QUE ME TIENES...
¡QUÉ VOY A HACER..!
K633158
BANCO DE MEXICO
SERIE EP
SERIE EP
PAGARA
CINCO PESOS
A LA VISTA AL PORTADOR
....¡SI TODO PARA MÍ TÚ ERES...!
FÍN

"ella"

RANCHERA ECHADA A
PERDER POR RIUS

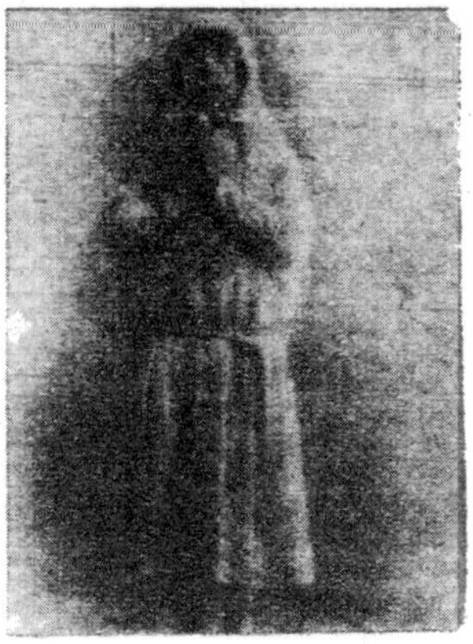

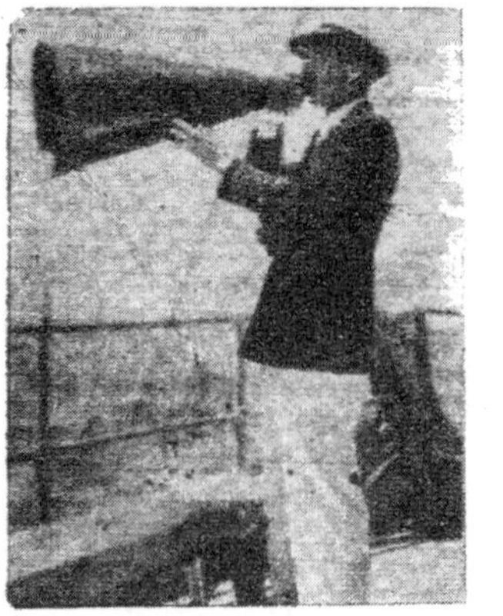

ME CANSE DE ROGARLE.. ME CANSÉ DE DECIRLE

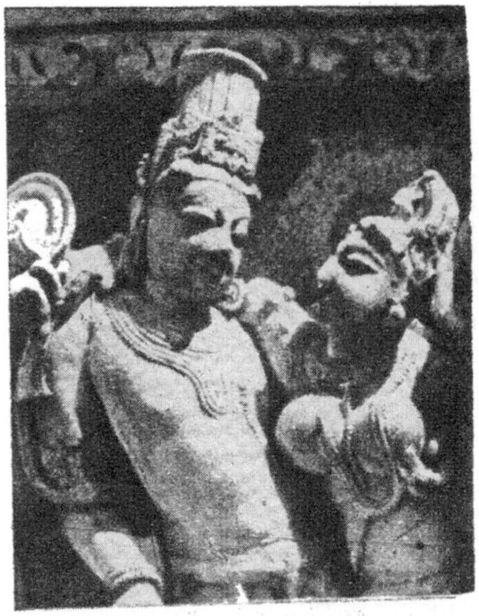

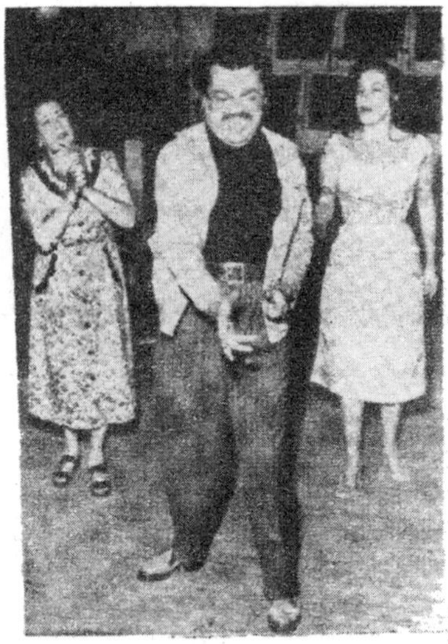

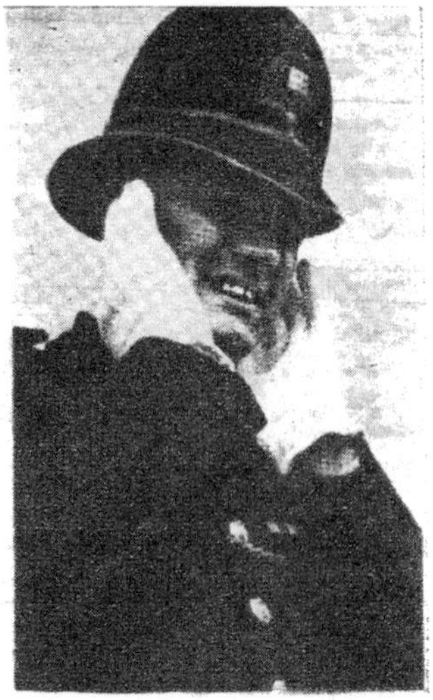

..QUE YO SIN ELLA... ..DE PENA MUERO.. YA NO QUISO ESCUCHARME

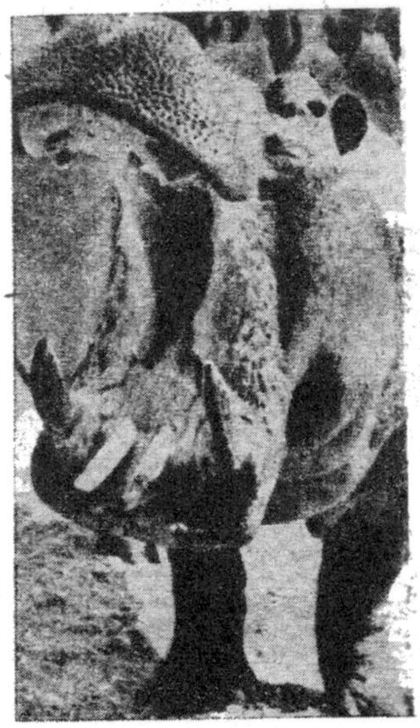

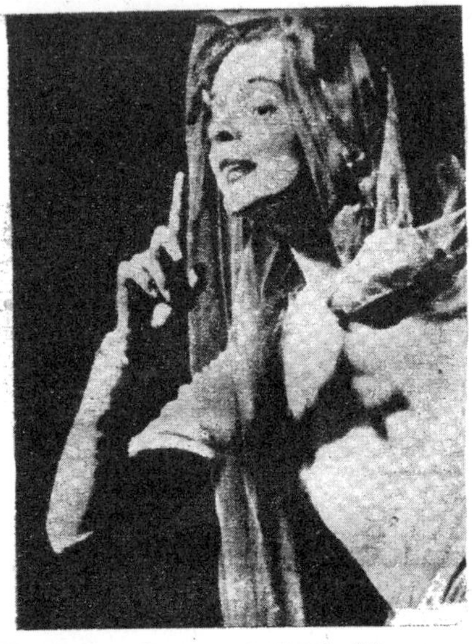

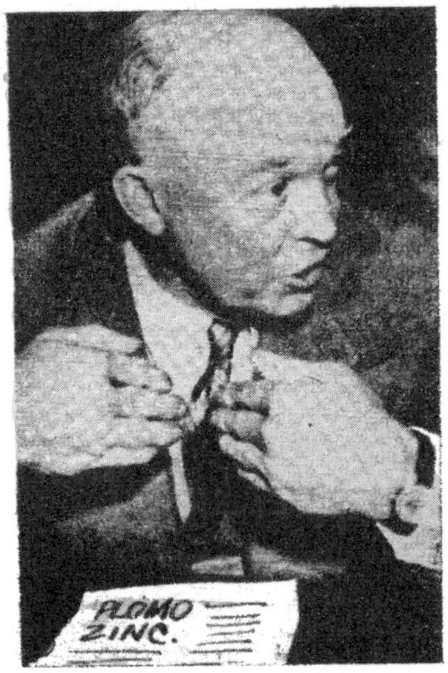
PLOMO
ZINC.

..SI SUS LABIOS SE ABRIERON.. FUE PA'DECIRME : ¡YA NO TE QUIERO!

  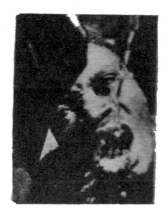

..YO SENTÍ QUE MI VIDA.. SE PERDIA EN UN ABISMO.. PROFUNDO Y NEGRO...

... COMO MI SUERTE... QUISE HALLAR EL OLVIDO... AL ESTILO JALISCO...

..PERO AQUELLOS MARIACHIS.. Y AQUEL TEQUILA ... ¡ME HICIERON LLORAR..!

fumando espero...

TANGO LACRIMÓGENO ARREGLADO POR RIUS

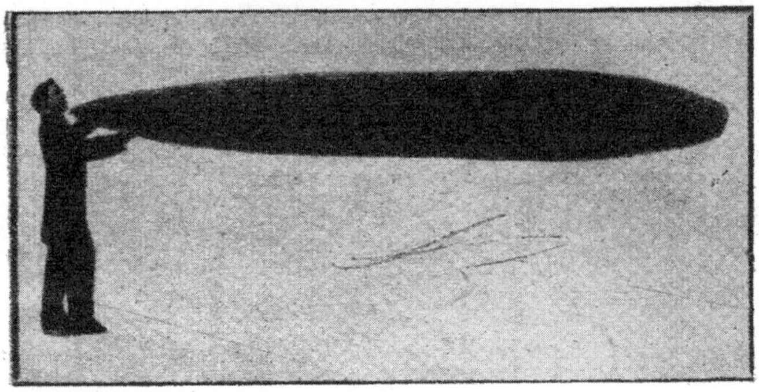

FUMAR ES UN PLACER... GENIAL... 2

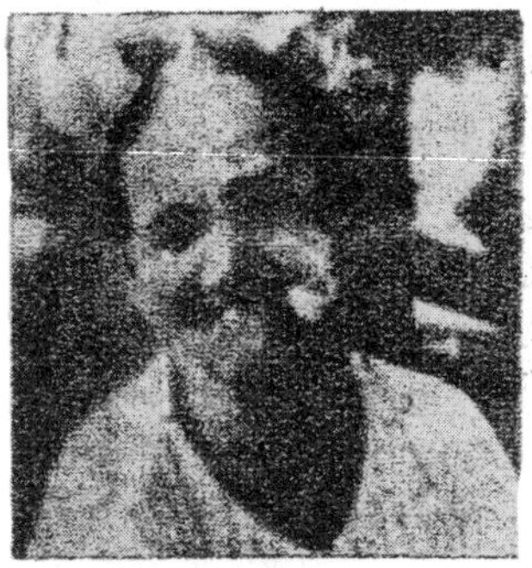

..SENSUAL...

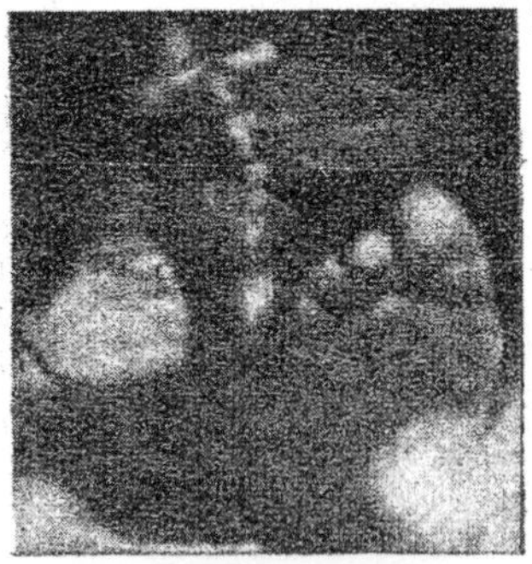

..FUMANDO ESPERO...

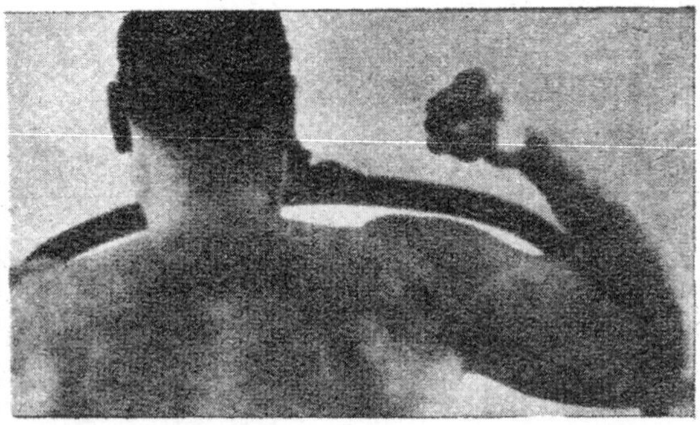

..AL HOMBRE QUE YO QUIERO...

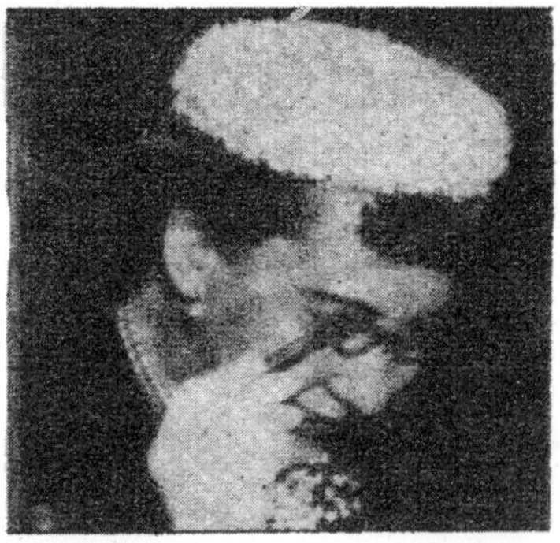

..TRAS LOS CRISTALES...

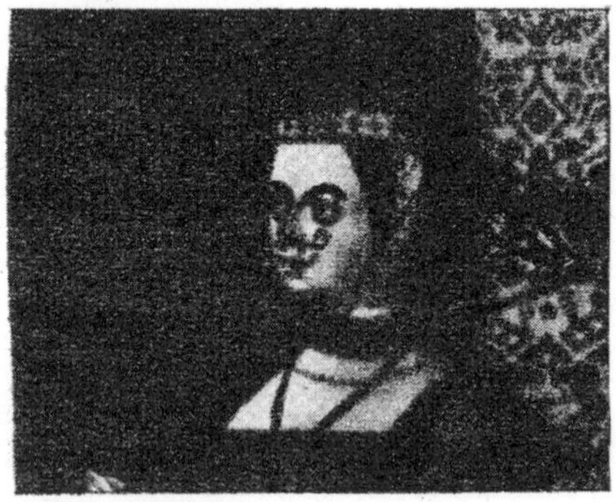

DE ALEGRES VENTANALES...

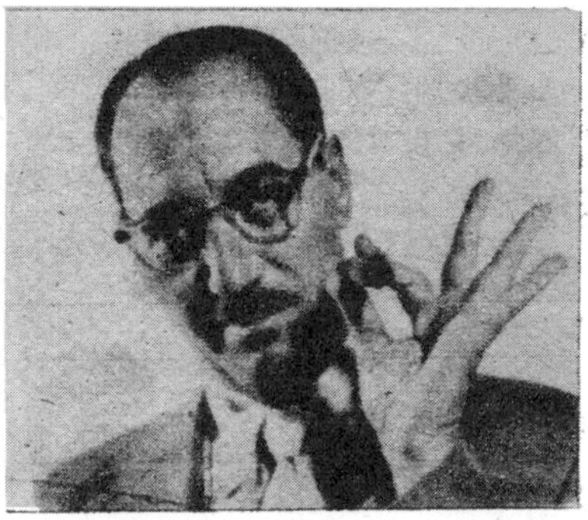

..Y MIENTRAS FUMO...

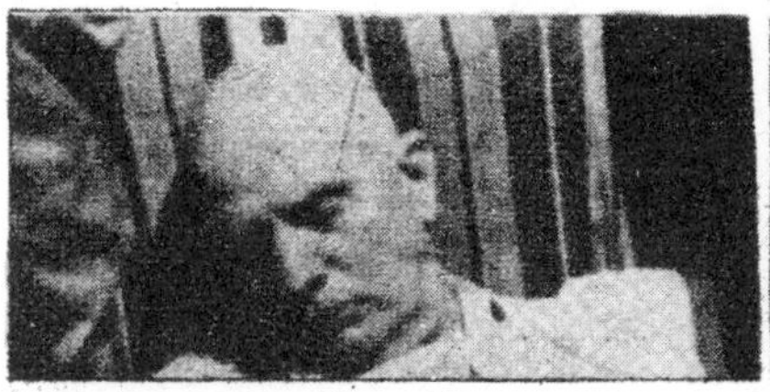

MI VIDA NO CONSUMO.. PORQUE..

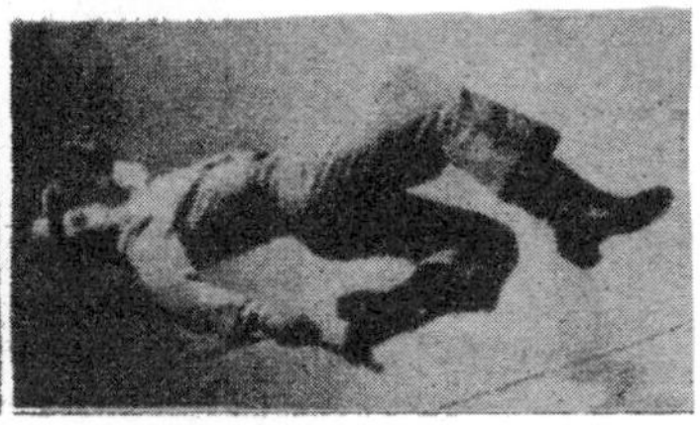

FLOTANDO EL HUMO..

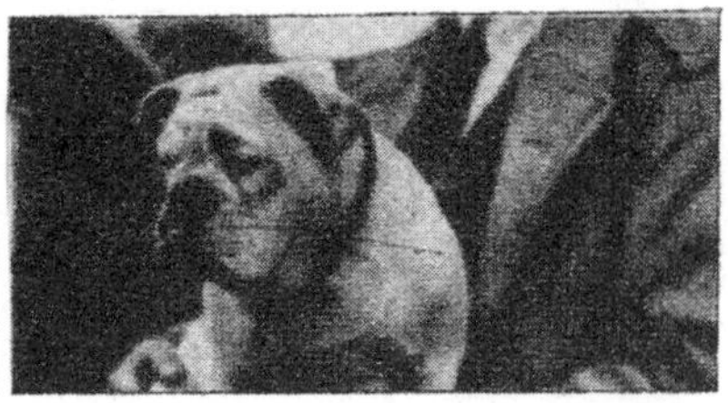

ME SUELO ADORMECER...

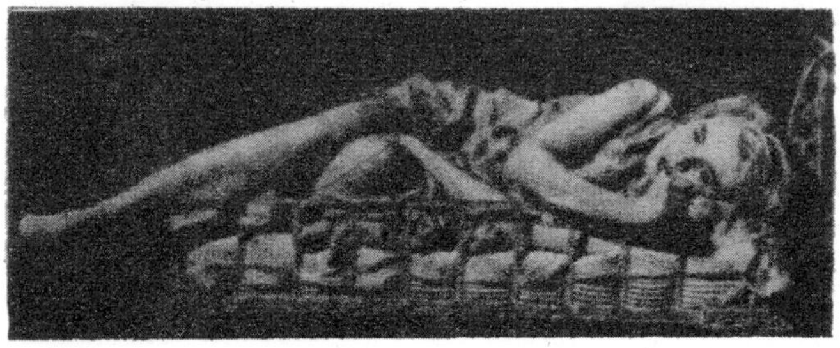

TENDIDA EN MI SOFÁ.. FUMAR Y AMAR...

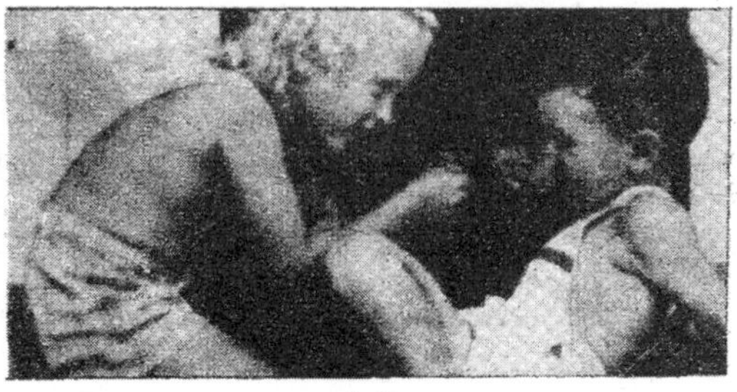

VER A MI AMADO...

FELIZ Y ENAMORADO... ...SENTIR SUS LABIOS... BESAR CON BESOS SABIOS

 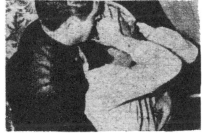 

..Y EL DEVANEO... ...SENTIR CON MÁS DESEO... CUANDO SUS OJOS VEO.

SEDIENTOS DE PASIÓN.. POR ESO, ESTANDO MI BIEN... ES MI FUMAR UN EDÉN..

 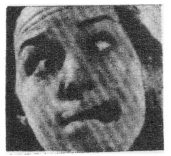 

DAME EL HUMO DE TU BOCA... ANDA, QUE ASÍ ME VUELVES LOCA... CORRE, QUE QUIER ENLOQUECER DE PLACER

SINTIENDO ESE CALOR, DEL HUMO EMBRIAGADOR... QUE ACABA POR PRENDER.. LA LLAMA ARDIENTE DEL AMOR. FIN

marchita el alma..

UN HIT DEL AÑO DEL CALDO...!!!

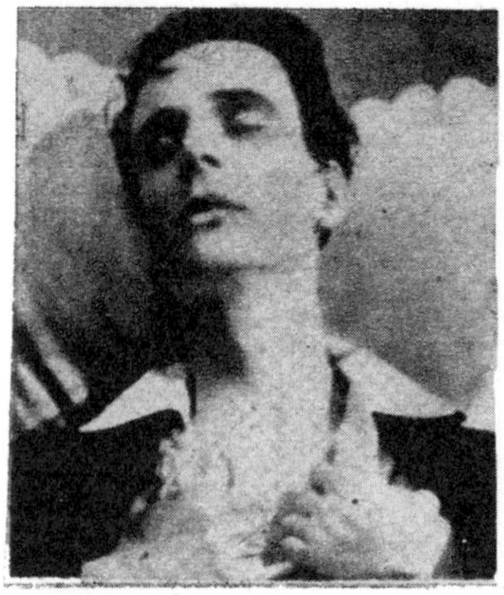

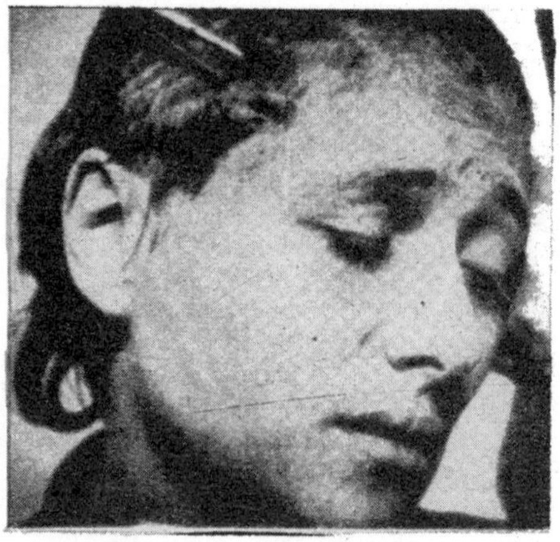

MARCHITA EL ALMA... TRISTE EL PENSAMIENTO..

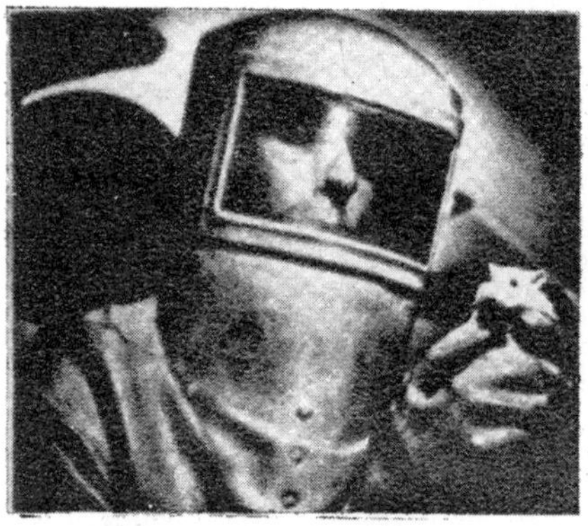

..MUSTIA LA FAZ...

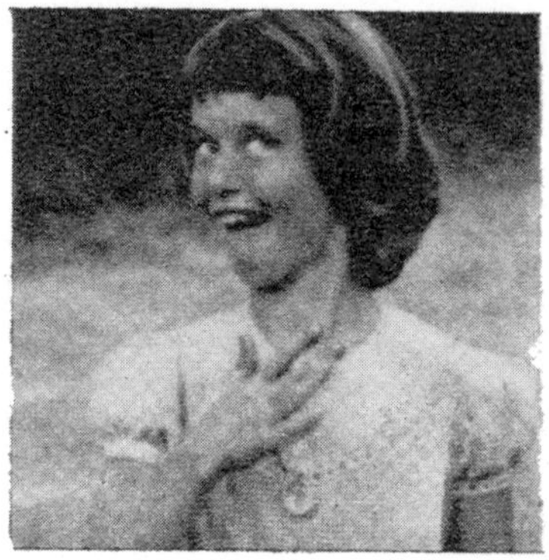

..Y HERIDO EL CORAZÓN..

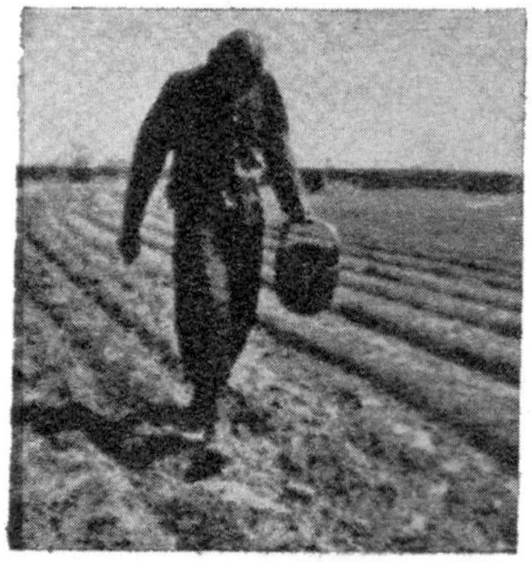

ATRAVESANDO... LA

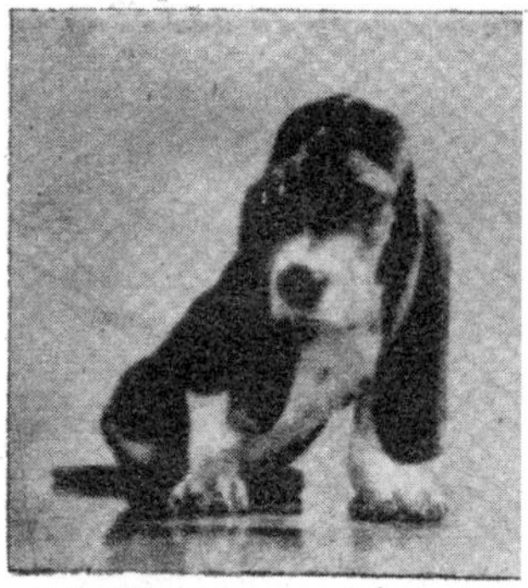

EXISTENCIA MÍSERA..

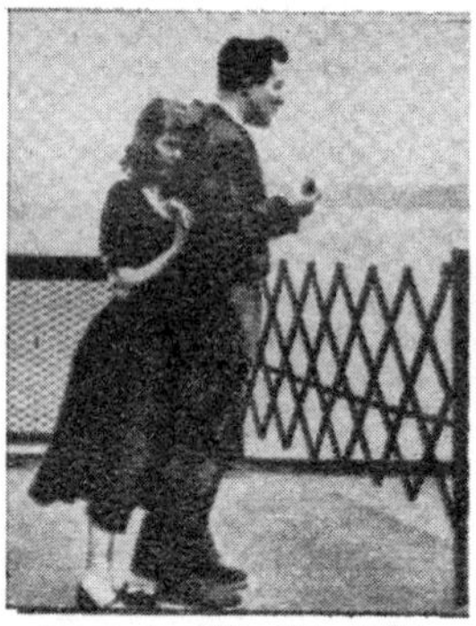

SIN ESPERANZA..

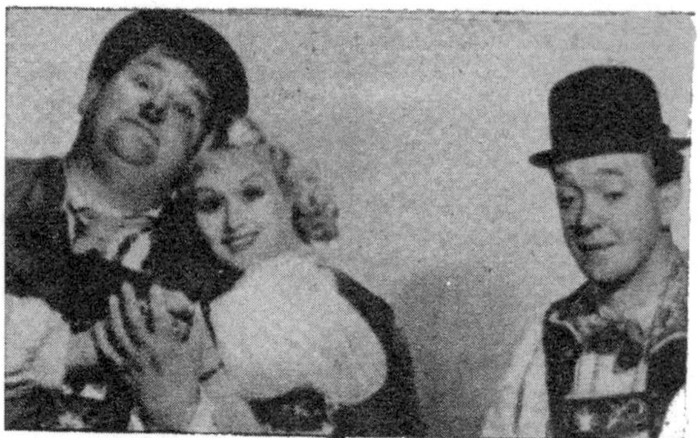

SIN ESPERANZA DE ALCANZAR SU AMOR...

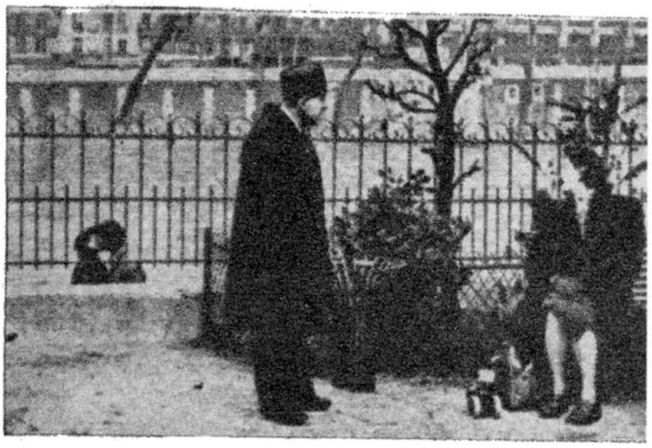

..YO QUISE HABLARLE...

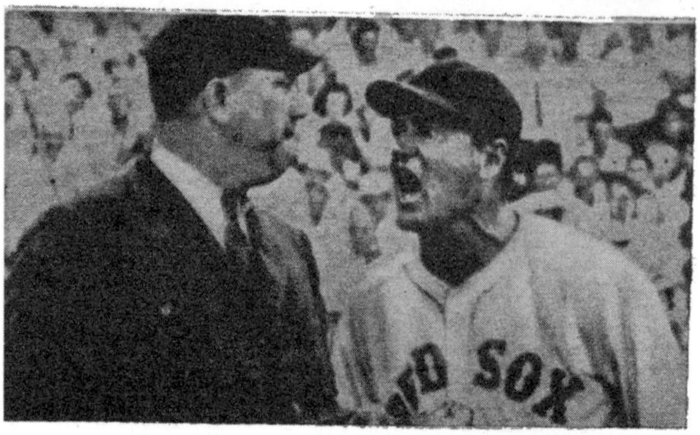

..Y DECIRLE MUCHO, MUCHO...

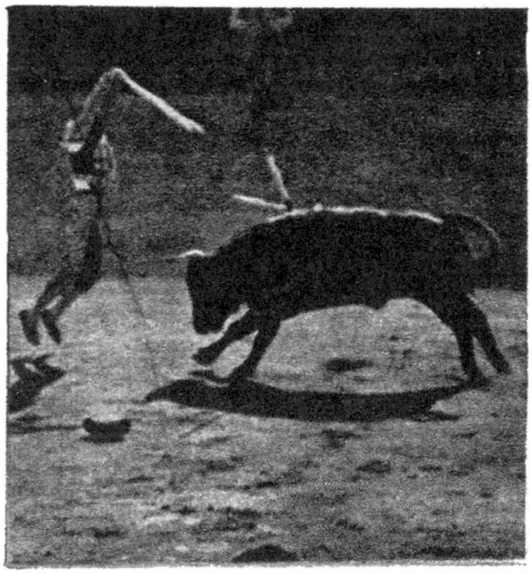

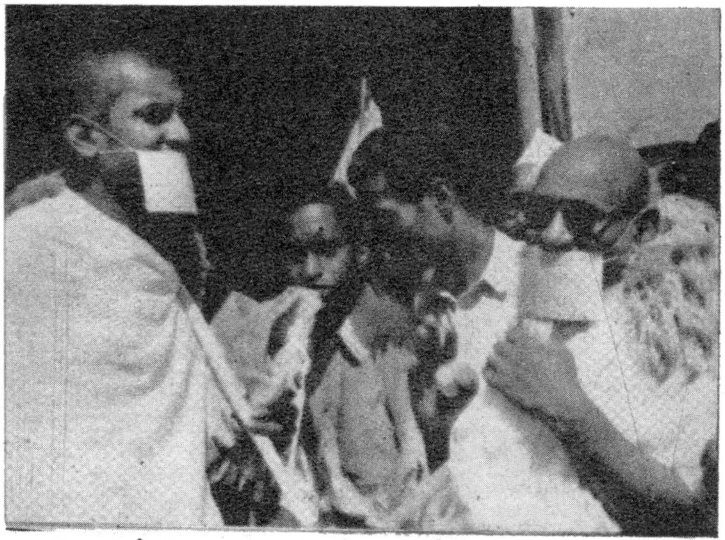

..Y AL INTENTARLO... ..MI LABIO ENMUDECIÓ...

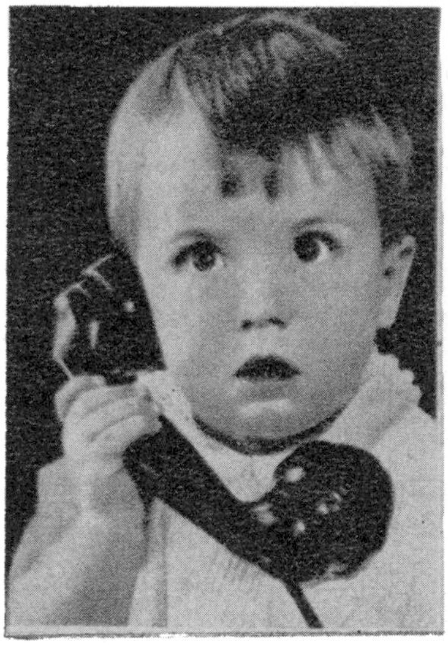

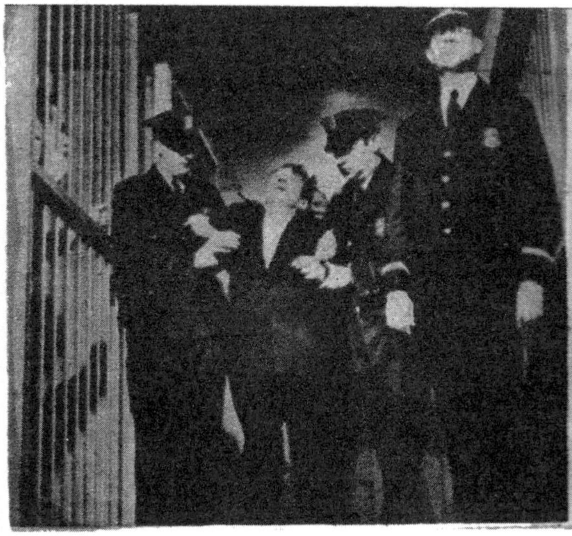

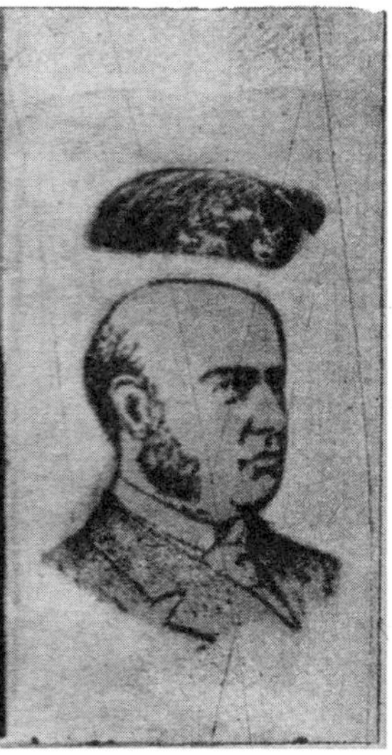

..NADA LE DIJE... ...PORQUE NADA PUDE... PUES..iERA DE OTRO..

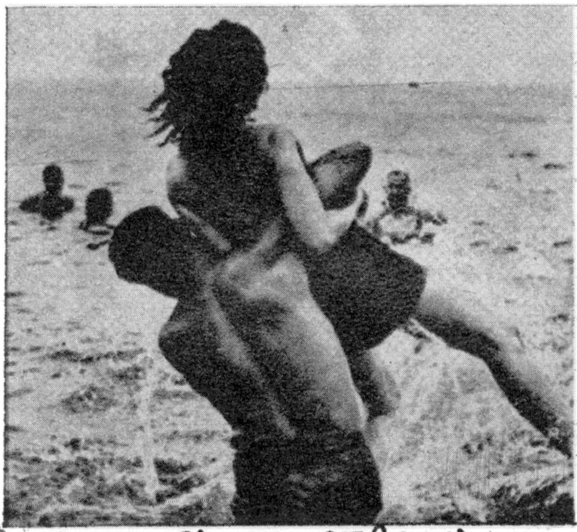

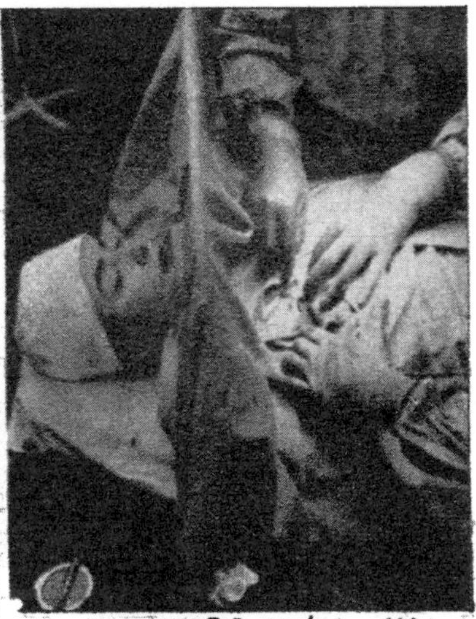

..PUES ERA DE OTRO YA... .. SU CORAZÓN..!!!

*

MUSICA DE **MANUEL M. PONCE.**

*

ARREGLO GRÁFICO DE **RIUS**

*

piensa en mí...

(CANCIÓN del "FLACO".)

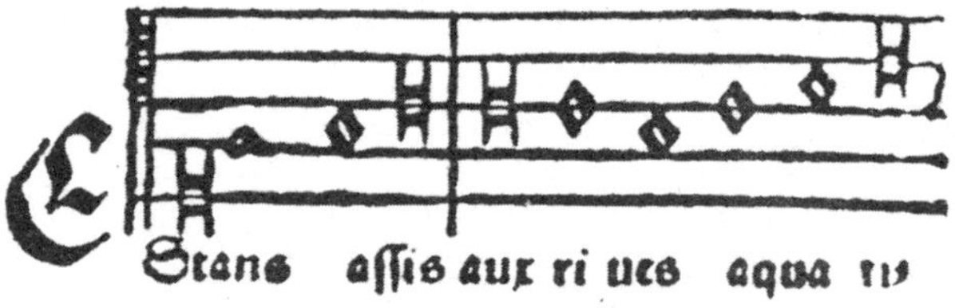

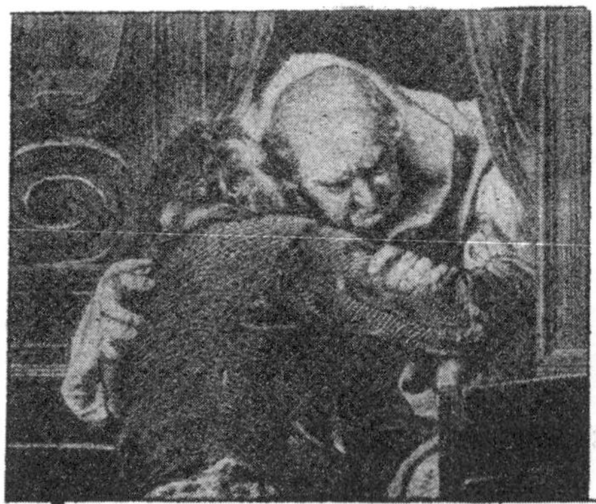

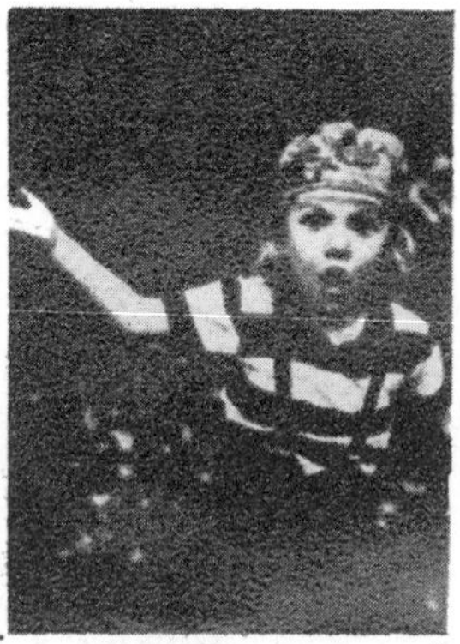

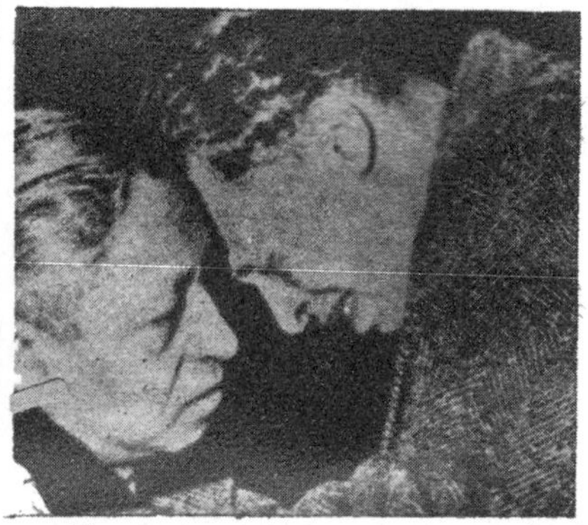

SI TIENES UN HONDO PESAR... PIENSA EN MÍ... SI TIENES GANAS DE LLORAR

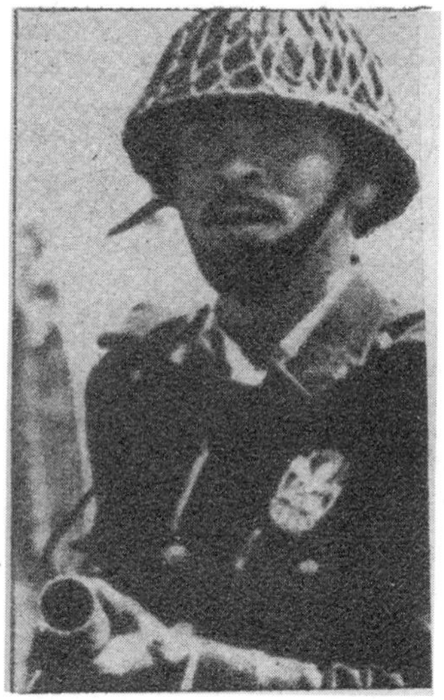

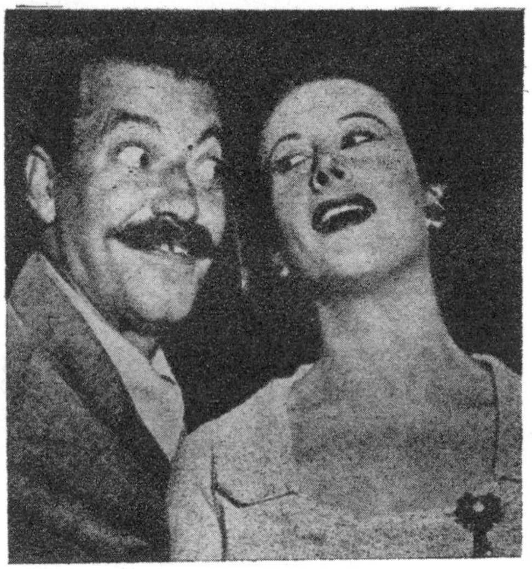

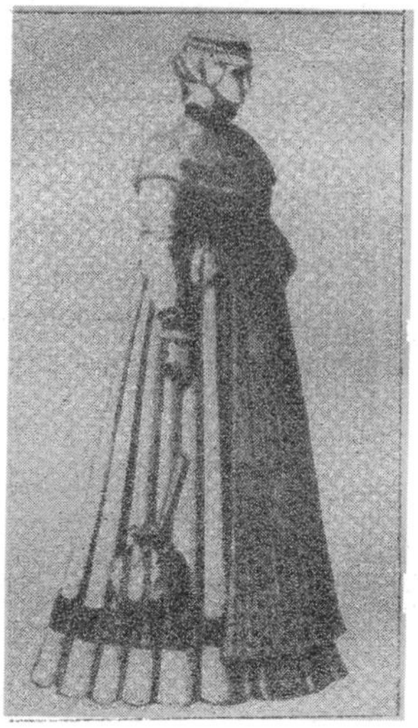

..PIENSA EN MÍ... ..YA VES QUE VENERO... TU IMAGEN DIVINA..

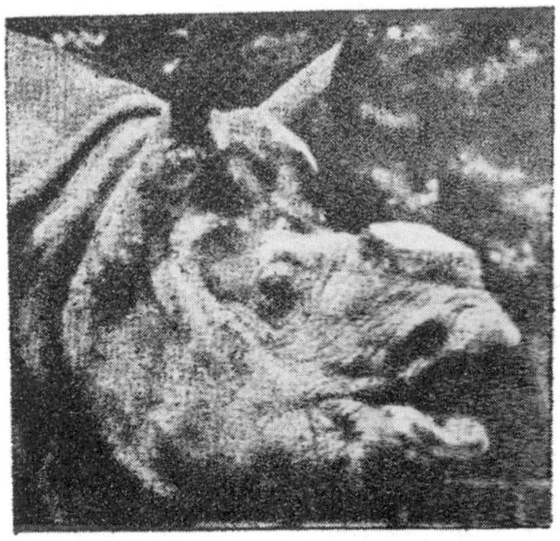

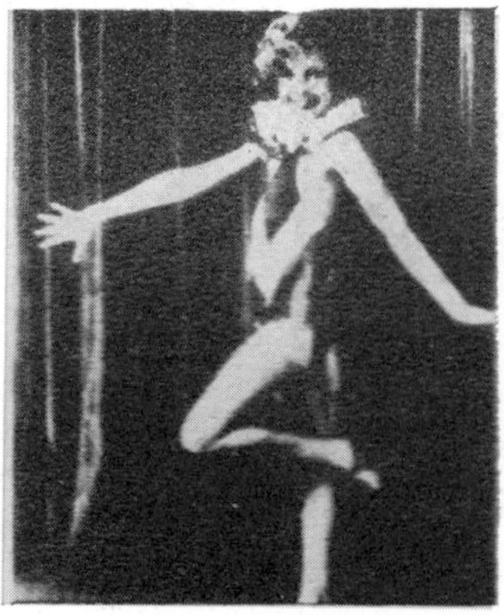

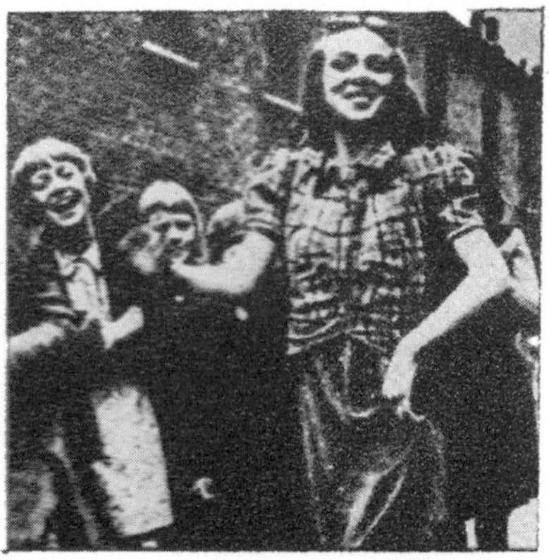

..TU PÁRVULA BOCA... ..QUE SIENDO TAN NIÑA..ME ENSEÑÓ A PECAR...

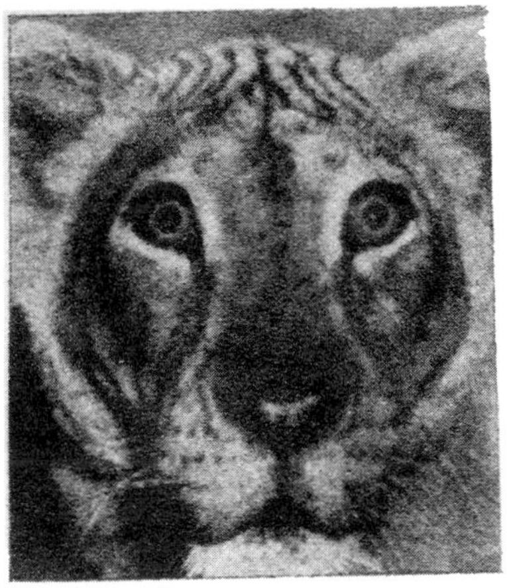

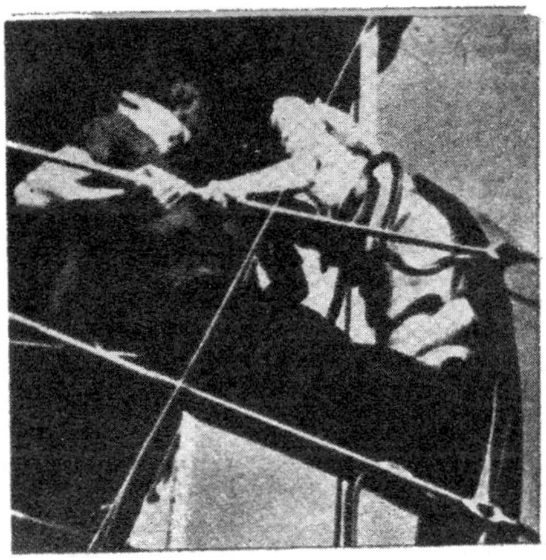

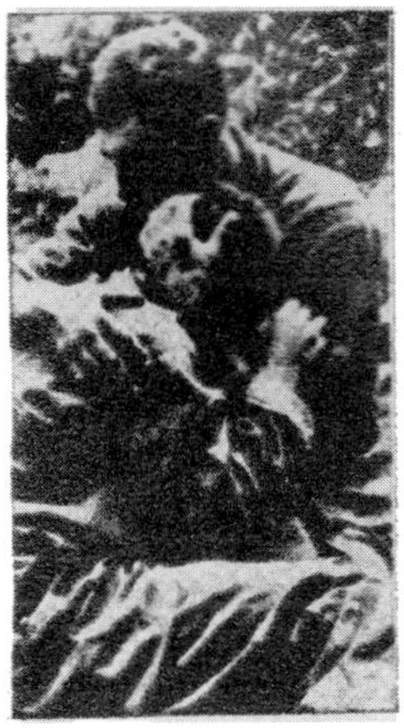

PIENSA EN MÍ... ...CUANDO BESES.. ..CUANDO LLORES

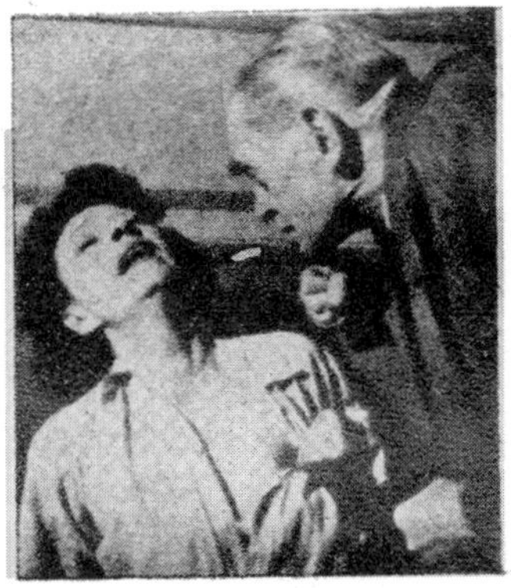

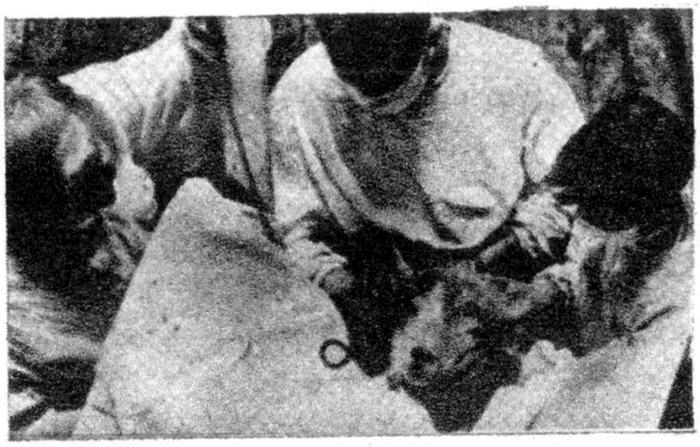

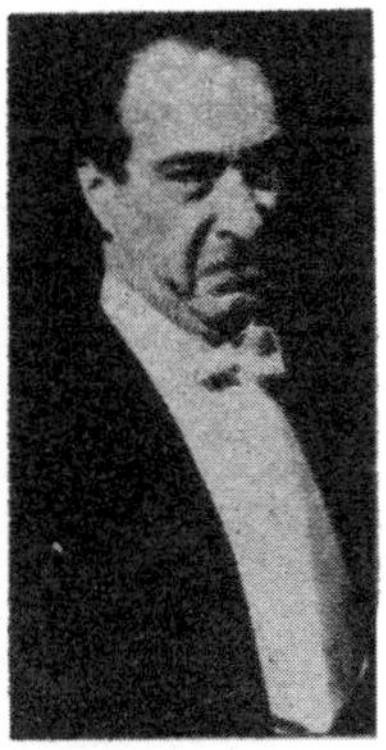

TAMBIÉN PIENSA EN MÍ.. CUANDO QUIERAS QUITARME LA VIDA.. ¡NO LA QUIERO.

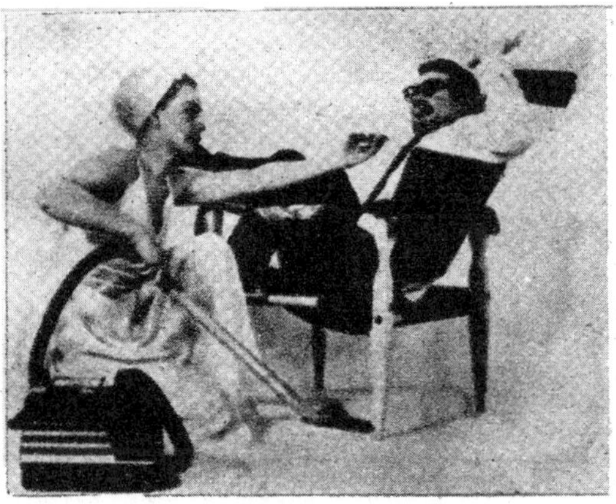

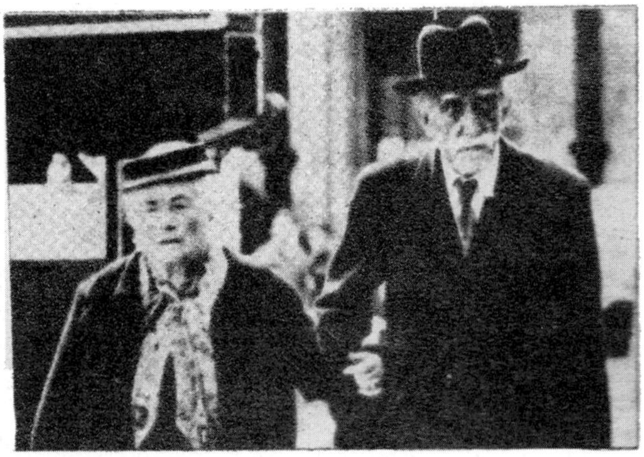

¡.. PARA NADA... ... PARA NADA ME SIRVE..

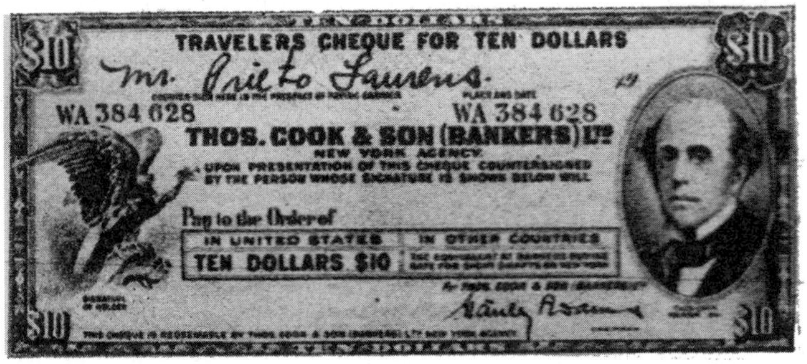
TRAVELERS CHEQUE FOR TEN DOLLARS
Mr. Prieto Laurens
WA 384 628
WA 384 628
THOS. COOK & SON (BANKERS) LTD
NEW YORK AGENCY
Pay to the Order of
IN UNITED STATES
IN OTHER COUNTRIES
TEN DOLLARS $10
$10
$10
$10
$10

ARREGLO GRÁFICO
DE RIUS.

rius

_"¿rius?" ¿de dónde sacó lo de firmarse "rius"?

Eduardo del Río (Rius)
*Siempre y Política
*Alberto Huici

¿DE DÓNDE SACÓ FIRMARSE "RIUS"?
(Fragmento del libro *Mis primeras porquerías*)

Buenos días. Cabe aquí la aclaración primera y pertinaz sobre mi pseudónimo o nombre de balín, falso o de escondidas.

Para ello —para aclararlo, pues— convendrá mencionar previamente otras cosas que lo expliquen mejor: por ejemplo, que antes de ser caricaturista, fui seminarista por bastantes años (¡y demasiados!) y empleado en una funeraria por otros tantos.

Pero, primero que nada, antes de meternos en honduras, van las generales de rigor. Lugar de nacimiento: Zamora, Michoacán, ciudad mocha por excelencia, con docenas de conventos y escuelas de monjas, docenas de iglesias y miles de "doñasemes". ¿Fecha de nacimiento? 20 de junio de 1934, en la madrugada. "Llovía a cántaros", recuerda mi mamá, que estaba presente ese día.

A los seis meses de edad, cuando todavía ni gateaba debidamente, mi padre sufrió una angina de pecho o algo por el estilo y murió el **8** de diciembre de **1934**. No lo conocí y doy el dato para que los psicólogos saquen sus freudianas conclusiones. La familia, en vez de ayudarnos —éramos tres hermanos bien escuincles—, le quitó a mi mamá una pequeña tienda de pueblo y nos obligó a buscar mejores horizontes.

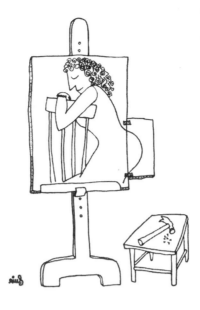

Parientes medio retirados de Don Lázaro Cárdenas —su mamá era prima hermana de la mamá de mi papá—, buscamos protección bajo sus amplias y ya presidenciales alas, y recordando mi jefa que en alguna ocasión mi padre había prestado un servicio importante a Efraín Buenrostro, recurrió a él, que le consiguió un trabajo como burócrata en la Secretaría de Hacienda, en pleno Zócalo. ¡Y ahí te vamos, canija capital! Agarró sus triques mi mamá, en otra mano a sus tres güerejos hijos, y casi sin saber leer ni escribir llegamos a la capital que en aquel **1935** todavía aguantaba para vivir. Aunque fuera en vecindades, varias de las cuales recorrimos durante aquellos años: las calles de Guatemala, de Loreto, de Manuel Doblado y Nacional. Peleas con los judíos (a la mejor en uno de esos agarrones en la Plaza de Loreto me desconté a Zabludovsky, o viceversa). Prosiguiendo la tradición provinciana, cada sábado nos mandaba mamá a la doctrina, a aprender como pericos los dogmas católicos y a fajar

LOS GRIEGOS TENÍAN EN SUS BUENOS TIEMPOS, UNA DIVINIDAD CON 2 CARAS. LA LLAMABAN JANO
..MAGNÍFICO BUSTO DE MI ESPOSA Y MI SUEGRA..!.. LUEGO ME PASA SUS HONORARIOS, MR. POLICLETO...
INFLUYENTE DE SU EPOCA (XV A.C)
AHORA RESULTA QUE JANO SE HA NACIONALIZADO MEXICANA... SOMOS UN PUEBLO DE DOS CARAS....
EN WASHINGTON, LONDRES, PARIS Y NEW YORK SOMOS "EL PAIS QUE RESURGE Y MARCHA A LA CABEZA EN HISPANO-AMÉRICA..."
¡JAUJA..!
EN EL MEZQUITAL, CHURINTZIO, BABÍCORA Y ANEXAS SOMOS:
"SUBEN LOS PRECIOS"
"FRAUDE A LOS EJIDATARIOS..."
"CACIQUE ATERRORIZA LA REGIÓN"
"MEDIO MILLÓN DE BRACEROS A E.U..."
DE PLANO TENEMOS QUE PONERNOS YA DE ACUERDO...!
..O SOMOS LOS RICOS MÁS POBRES DEL MUNDO...
...O SOMOS LOS POBRES MÁS RICOS DEL MUNDO..!
CLUB DE BANQUEROS
COMER O NO COMER
¡THAT IS THE QUESTION!
rius

STEINBERG

STEINBERG, dibujante rumano, representó después de la Guerra Mundial, la revolución en la caricatura. La línea sencilla y nada complicada, sin sombras ni rayitas sobrantes, vino a cambiar todo el concepto de la caricatura. A mí me trastornó, más que nada, porque ví la posibilidad de dibujar caricaturas "sin saber dibujar", lo cual desde luego no es cierto, pero éso creí entonces. . .

—los que tenían la edad—a las catequistas. Con eso que eran tiempos de guerra, las horas se nos iban haciendo colas: cola para la tractolina, para el pan, para la masa o las tortillas, para comer en los restaurantes "populares" donde por una miseria le daban a uno de comer otra miseria, y así por el estilo. Hasta que,

agobiados por la canija miseria, como diría Balzac, mamá optó por meternos a los tres hermanos a sendos seminarios para agarrar carrera de curas y contar así con nuestro santísimo negocio.

Así fue como a los 11 años ingresé al "Aspirantado Salesiano de Venta de Cruz", situado en la vieja hacienda de San José Tetecuintla, estado (desastroso) de Hidalgo; cerquita de Irolo, que después llamóse Ciudad Sahagún, feudo de Renault.

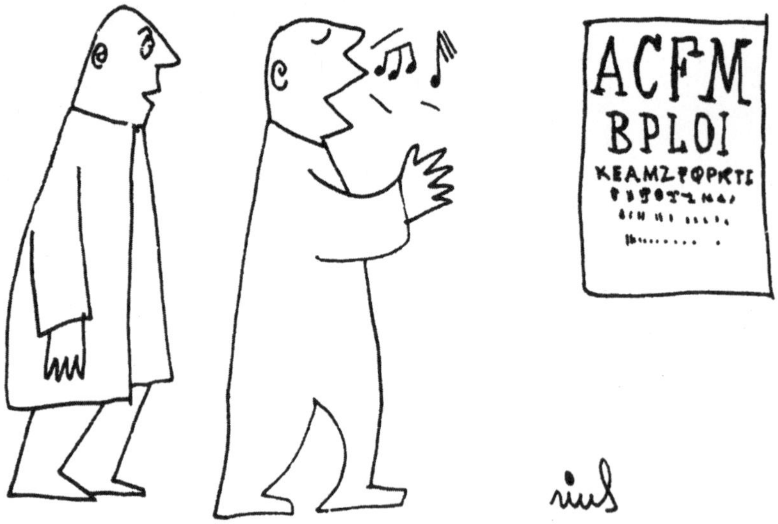
ACFM
BPLOI

De los 11 a los 16 años estuve estudiando para cura, metiéndome en la cabeza declinaciones de latín y griego, normas inmorales de la moral, filosofías trasnochadas, historia antimexicana contra Hidalgo, Juárez y anexas. (Parte de los estudios los hice en San Pedro Tlaquepaque, Jalisco, pues llegó un momento en que Hidalgo no ofrecía agua...)

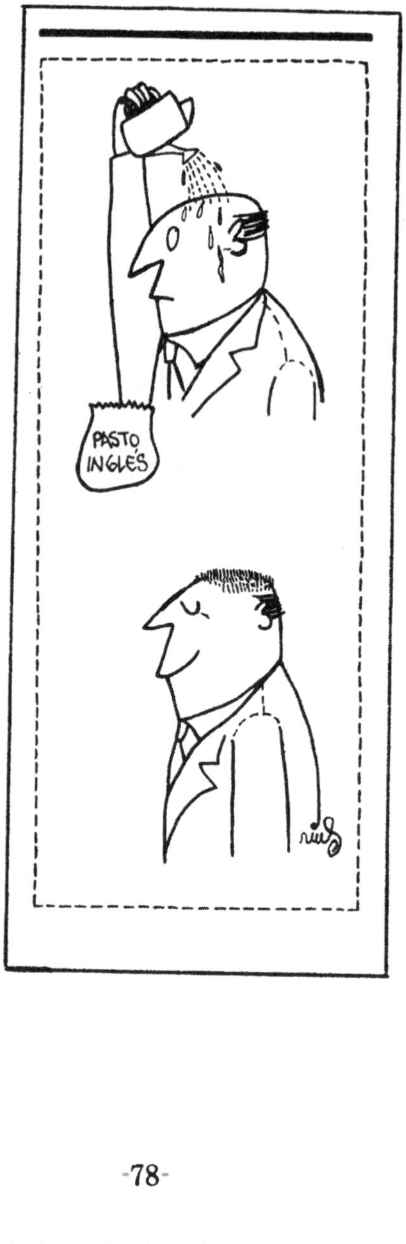
PASTO
INGLÉS

Para 1951 ya estaba yo fuera de la congregación salesiana, lavando botellas en una embotelladora clandestina. Después trabajé como encuadernador, office-boy, ayudante de piquera, vendedor de jabones y marcos, burócrata en Estadística, cuidador de feria (un día) y al fin me establecí en Gayosso, el trabajo más padre que tuve antes de dedicarme al mono.

En la funeraria Gayosso –ubicada entonces atrás de la Alameda– tenía tiempo de sobra para leer y dibujar. Prácticamente Gayosso fue para mí la universidad. Atendía yo el teléfono y el servicio de ambulancias para enfermos no contagiosos, y, aislado de todo mundo, tenía "mi" escritorio donde me la pasaba devorando libros de los que no podía leer en el seminario. Tocóme la suerte de tener por vecino a Polo Duarte, librero de segundo cachete establecido en plena Avenida Hidalgo, que generosamente me prestaba libros para devorar.

Gracias a él conocí a mis tutores espirituales: John Steinbeck, Nikos Kazantzakis, José Rubén Romero, Panait Istrati, John Dos Passos, Iliá Ehrenburg, Erskine Caldwell y William Saroyan. Y paro de contar o nunca acabo. ¿No los ha leído? Ah, pues gracias a ellos me volví semirojillo y se apoderó de mí la inquietud por la sociedad. Después de vivir un idílico y ciego romance con la vida irreal del seminario, estos camaradas plumíferos me abrieron los ojos hacia un mundo real de pobres y ricos, un mundo sin Dios ni santitos y virgencitas, donde la gente lucha por comer y vivir y que la dejen vivir.

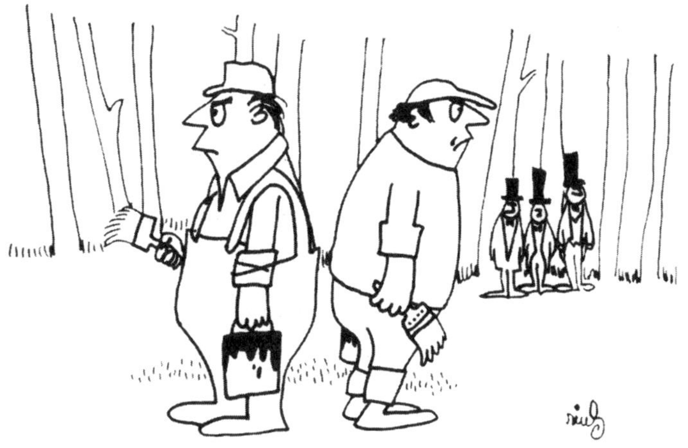

También tuve tiempo para dibujar: desde el seminario contaba yo con inquietudes "plásticas" y en Gayosso pude ensayar y ensayar caricaturas. De Polo Duarte me vino también un formidable libro de un caricaturista rumano llamado Saul

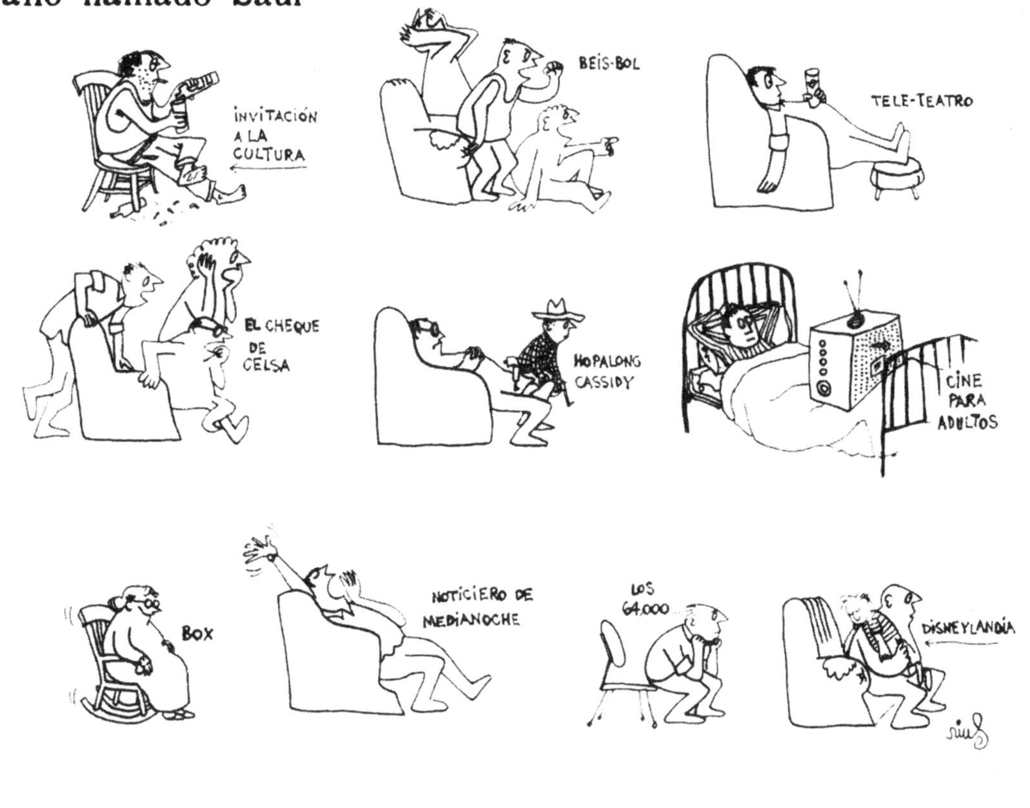
INVITACIÓN A LA CULTURA
BEIS-BOL
TELE-TEATRO
EL CHEQUE DE CELSA
HOPALONG CASSIDY
CINE PARA ADULTOS
BOX
NOTICIERO DE MEDIANOCHE
LOS 64,000
DISNEYLANDIA

Steinberg, titulado *Todo en línea*, a quien empecé a fusilar descaradamente. Steinberg el dibujante y Steinbeck el novelista fueron, curiosamente, mis primeros ídolos de la vida racional (de la irracional eran beatíficos muchachos reprimidos que luego acabaron siendo santos, como Domingo Savio y gente así).

En 1954 había yo decidido ser caricaturista "como Steinberg". Y empecé a inventar chistes dentro de ese estilo. Un día llegó un empleado de la revista *Ja-já* a arreglar un entierro o a pedir unos informes —ya no recuerdo— y vio por casualidad algunos de esos chistes, dibujados en pedacitos de facturas de entierros, con tinta café. Le gustaron y me sugirió que se los llevara al señor Patiño, director de la revista o algo así, a ver si me los publicaban.

Y llegamos al principio: ¿por qué lo de "Rius"? Mi nombre, como ustedes sabrán, es Eduardo del Río. ¿Por qué no firmé "del Río"? Ah, pues porque cuando expuse mi problema en familia y decidí delante de mi mamá y mi hermano mayor (que me lleva diez años) hacerme caricaturista y dedicarme al periodismo, pusieron el grito en el cielo: —¿Cómo crees que vas a vivir de eso? —¡Es un ambiente de lo peor! —¿Qué porvenir te espera? —Estudia algo decente.

Total: decidí hacerme caricaturista a escondidas. Para lo cual necesitaba un nombre de batalla y, con reminiscencias del latín, latinizar mi apellido, que quedó convertido en Rius. Todas estas caricaturas corresponden al año 1955 (alguna debe de ser de 1956) la mayoría publicadas.

Mi técnica de trabajo era la siguiente: ver libros o revistas de caricatura y hacer "variaciones" sobre un chiste o una situación que ya hubiera hecho otro caricaturista. ¿Chistes de suicidas? Pues a hacer chistes de suicidas como loco: en un día con la musa al lado producía 15 o 20 caricaturas. En *Ja-já*, don Pancho Patiño decía que yo les vendía "por kilo" (lo malo, como verán, es que la cantidad no correspondía a la calidad...)

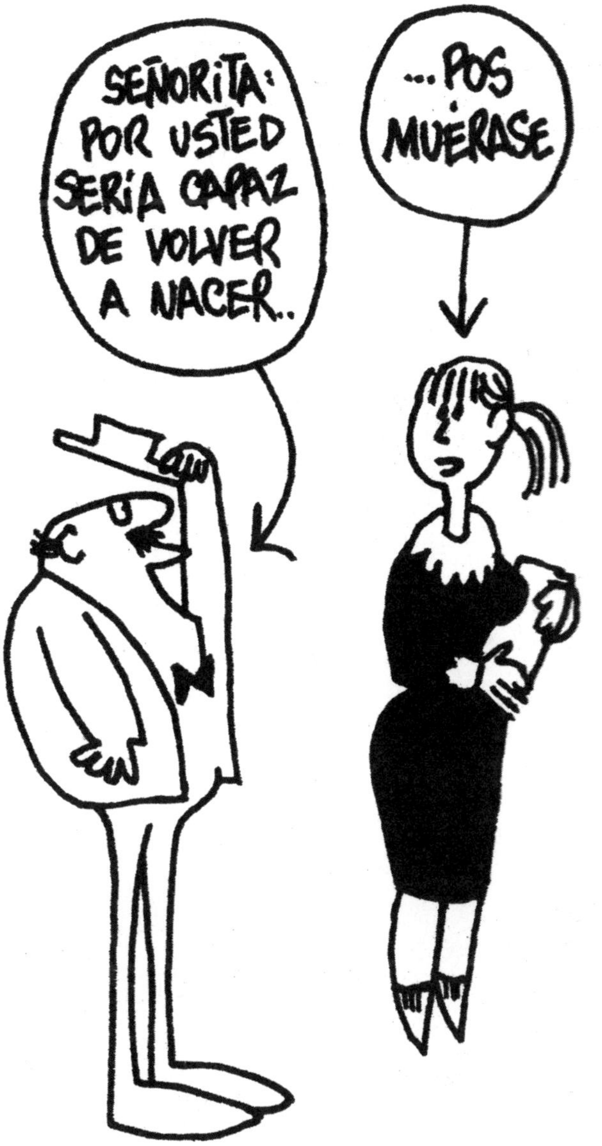
SEÑORITA: POR USTED SERÍA CAPAZ DE VOLVER A NACER..
...POS MUÉRASE

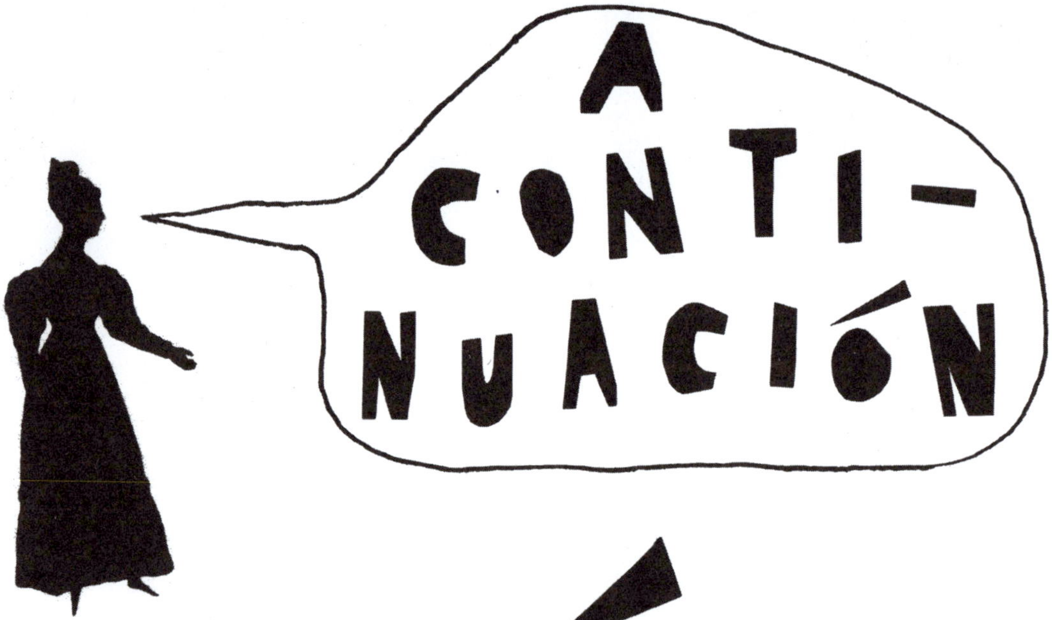
A CONTI-
NUACIÓN

MÁS JA-JÁ

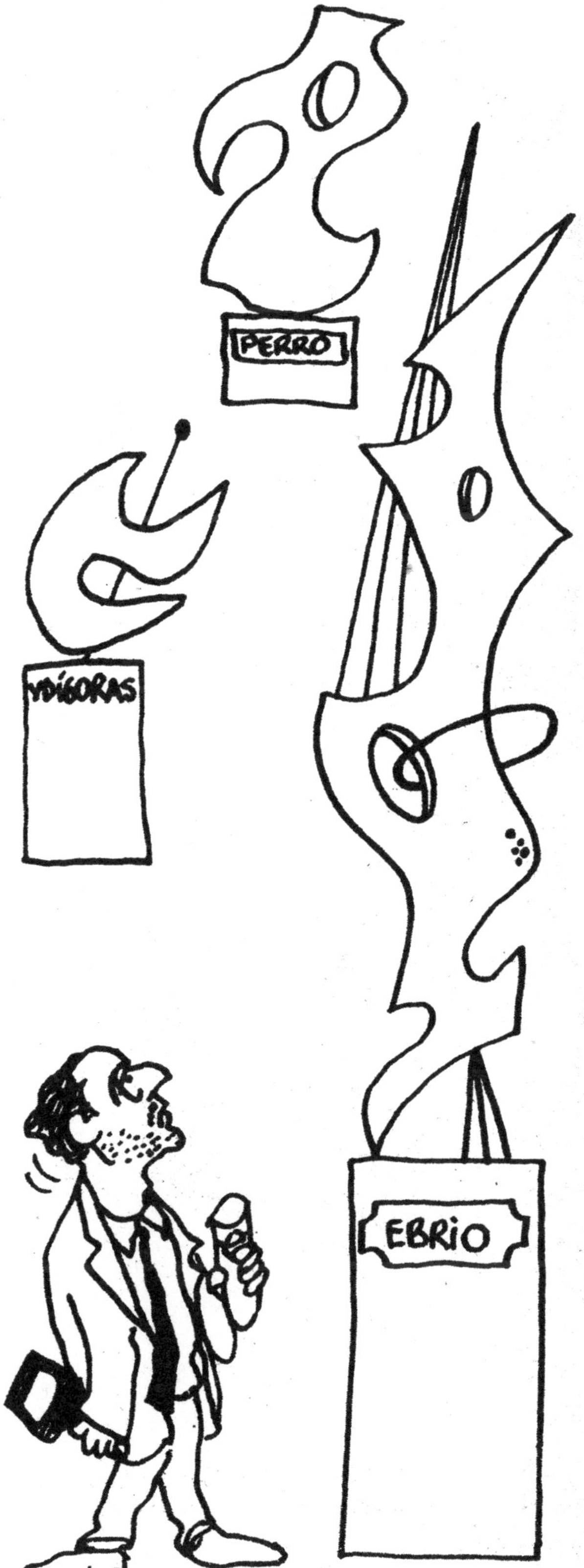
PERRO
YDÍGORAS
EBRIO

MENÚ
Ríus

Ríus

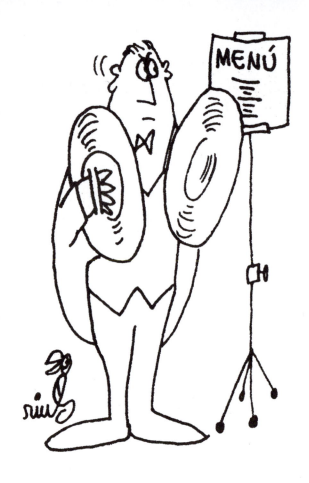

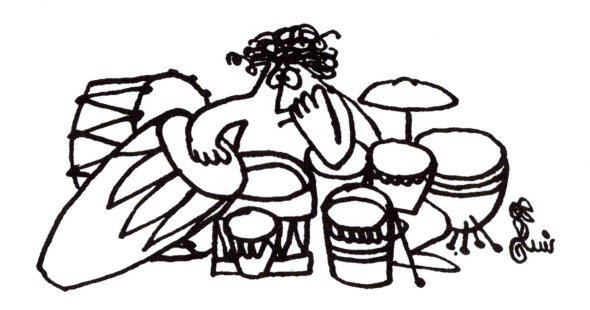

* * * * * * * * * * * * * * * * * * * *

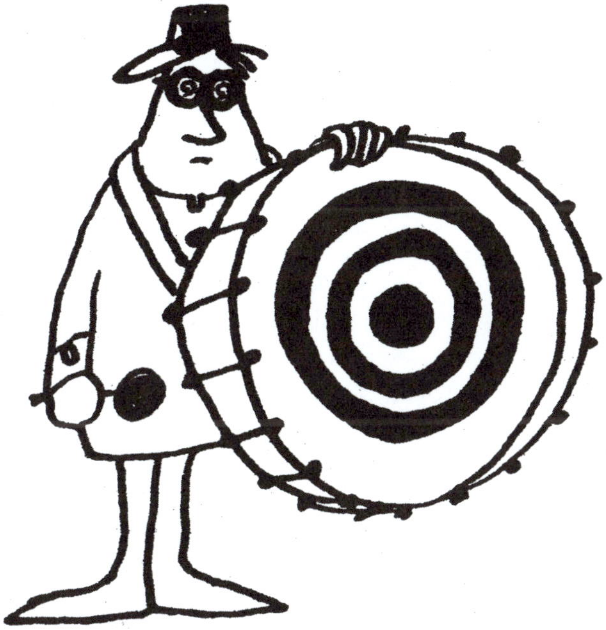

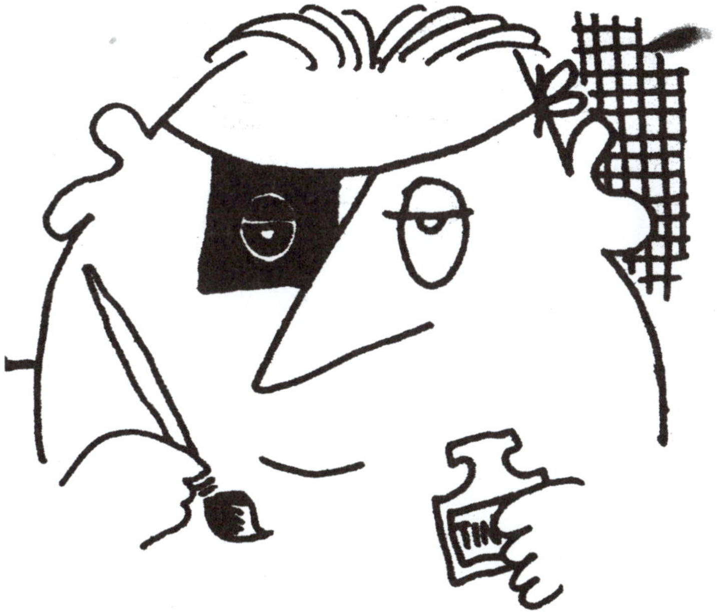
TIN

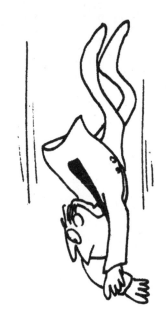

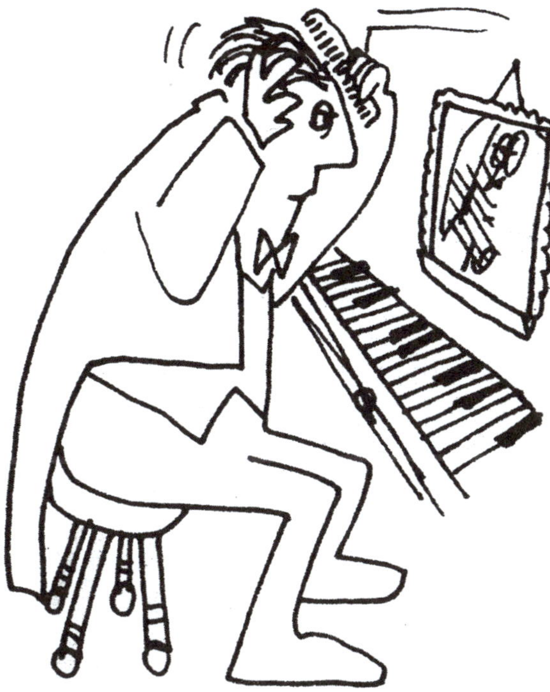

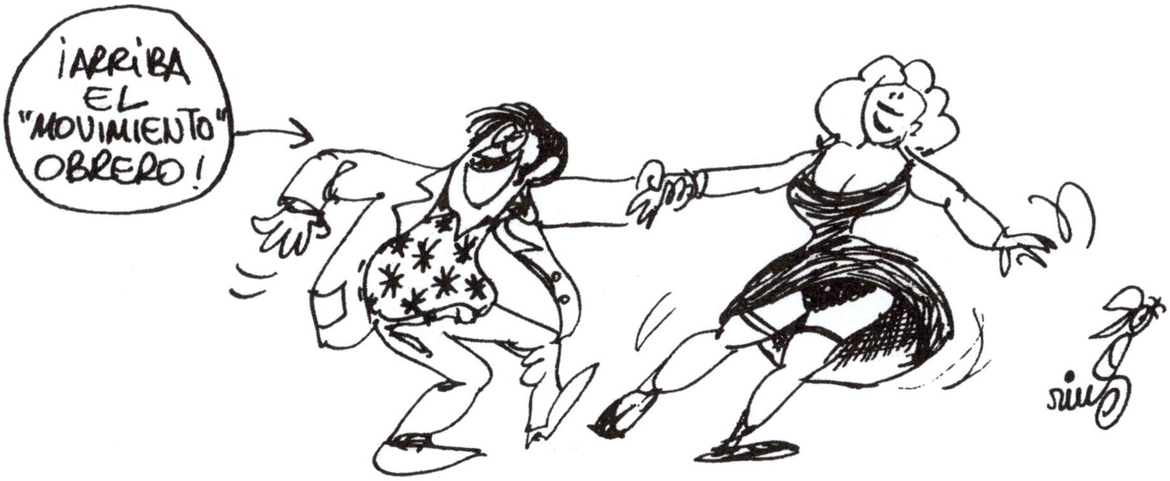
¡ARRIBA EL "MOVIMIENTO" OBRERO!

"LA PANCHITA" TIENE QUE CANTARLA EN INGLES: ¿NO VE QUE ES UNA CO-PRODUCCIÓN MEXICO-NORTE-AMERICANA?
RECTOR
rius

FELICIDADES: ES UD. PADRE DE UN EQUIPO DE BASQUET-BOL...!!!
rius

TEXTO de
VIC
MONOS de

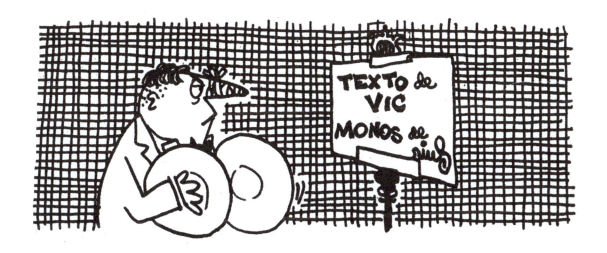

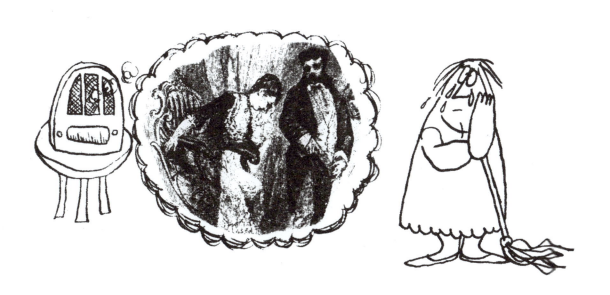

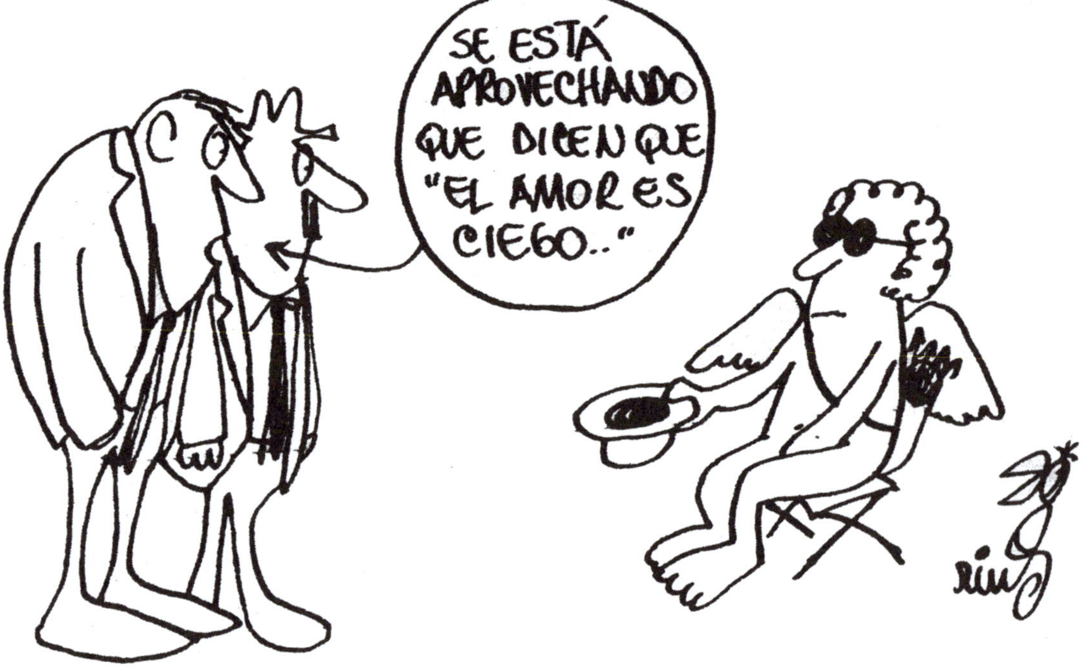
SE ESTÁ APROVECHANDO QUE DICEN QUE "EL AMOR ES CIEGO.."

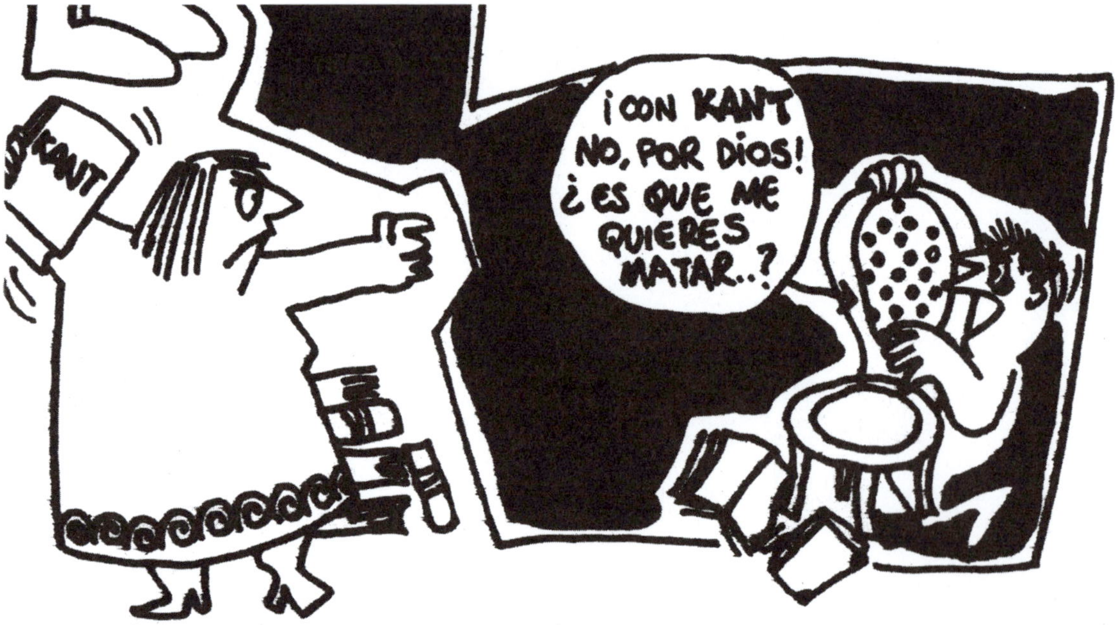
KANT
¡CON KANT NO, POR DIOS! ¿ES QUE ME QUIERES MATAR..?

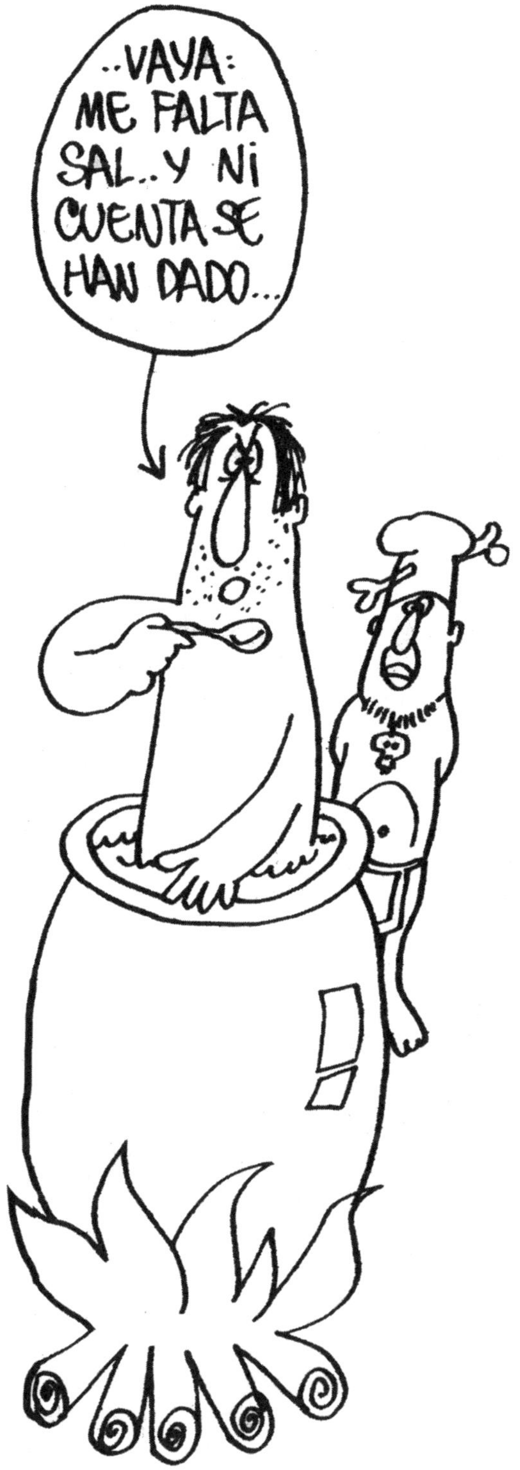
..VAYA.. ME FALTA SAL..Y NI CUENTA SE HAN DADO...

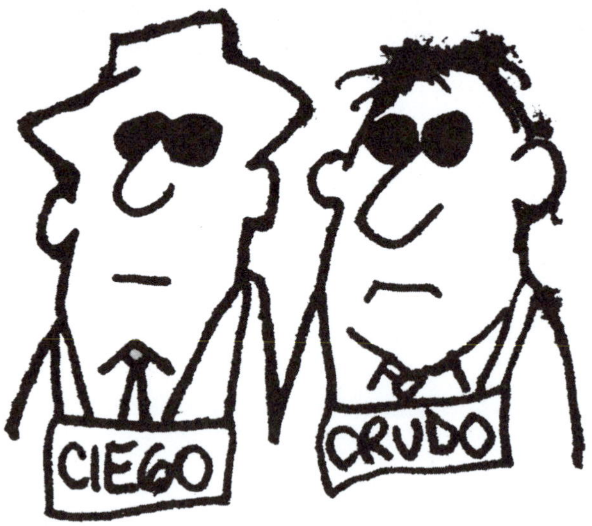
CIEGO
CRUDO

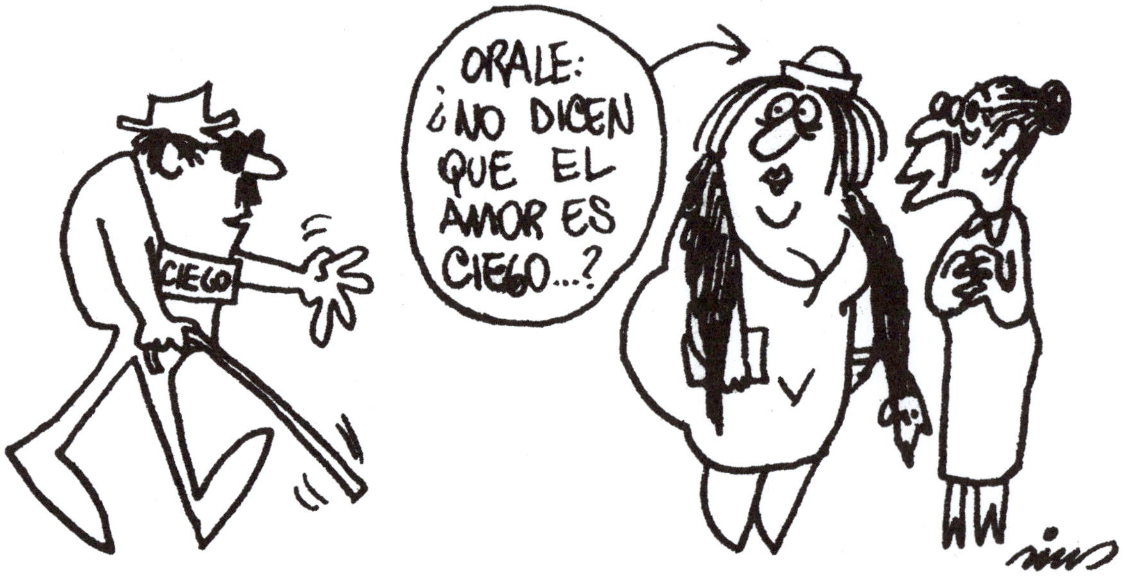
ORALE: ¿NO DICEN QUE EL AMOR ES CIEGO...?
CIEGO

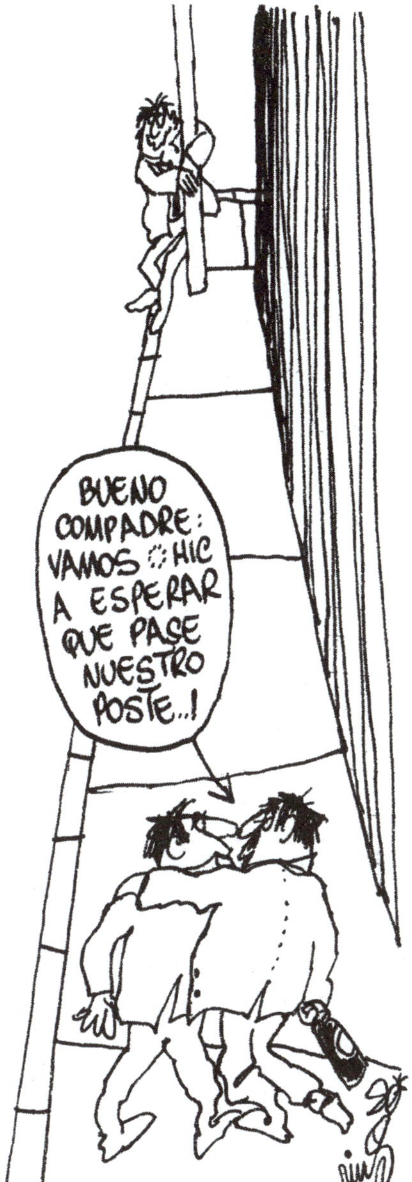
BUENO COMPADRE: VAMOS HIC A ESPERAR QUE PASE NUESTRO POSTE..!

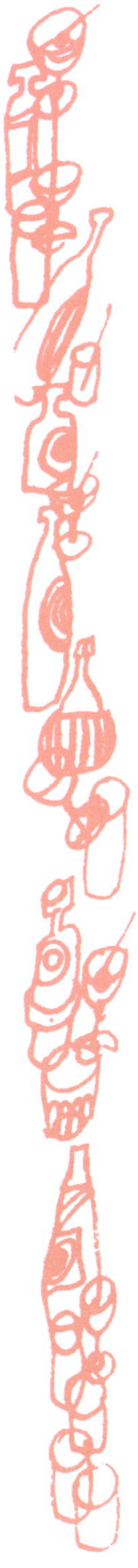

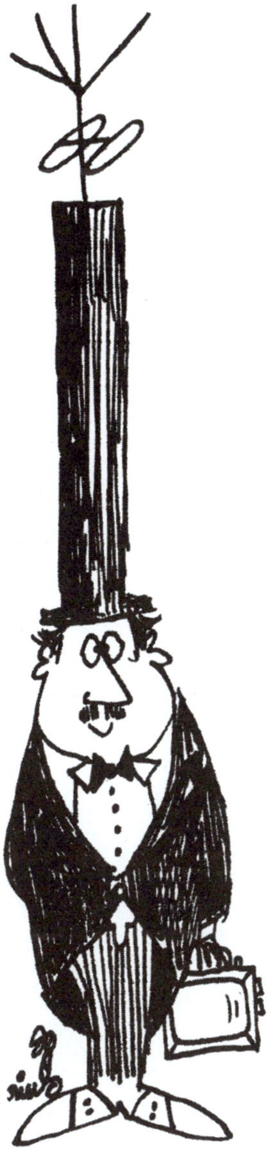

1

2

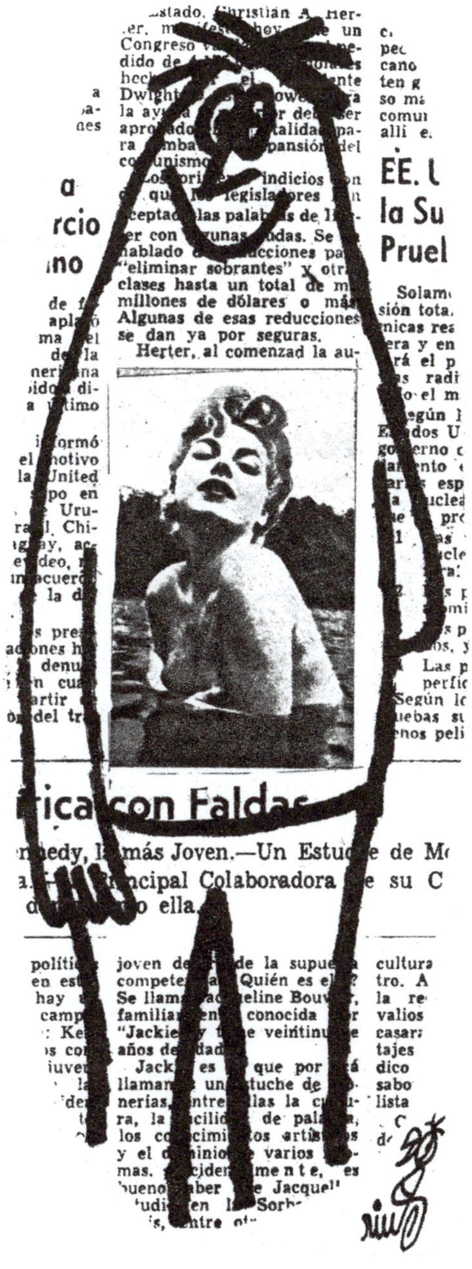
"eliminar sobrantes"
Algunas de esas reducciones
se dan ya por seguras.
rica con Faldas

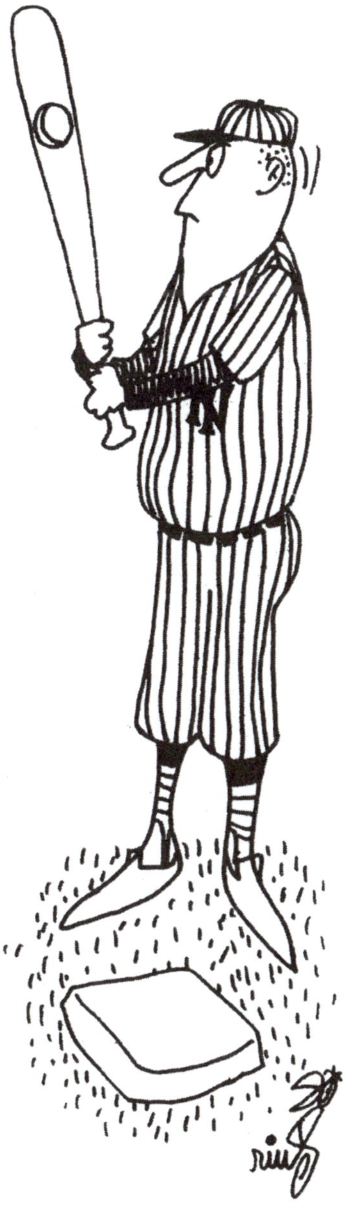

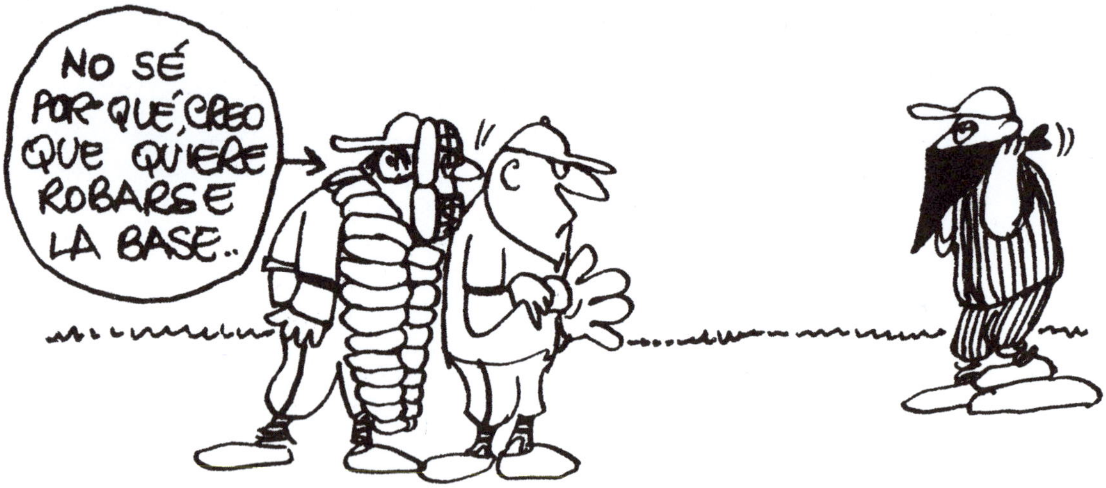
NO SÉ POR QUÉ, CREO QUE QUIERE ROBARSE LA BASE..

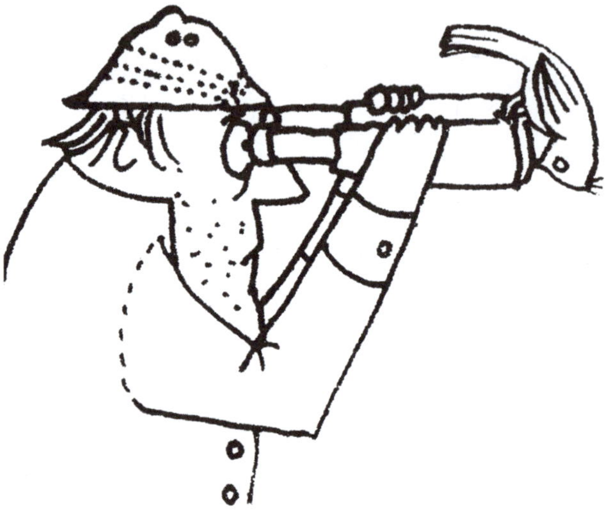

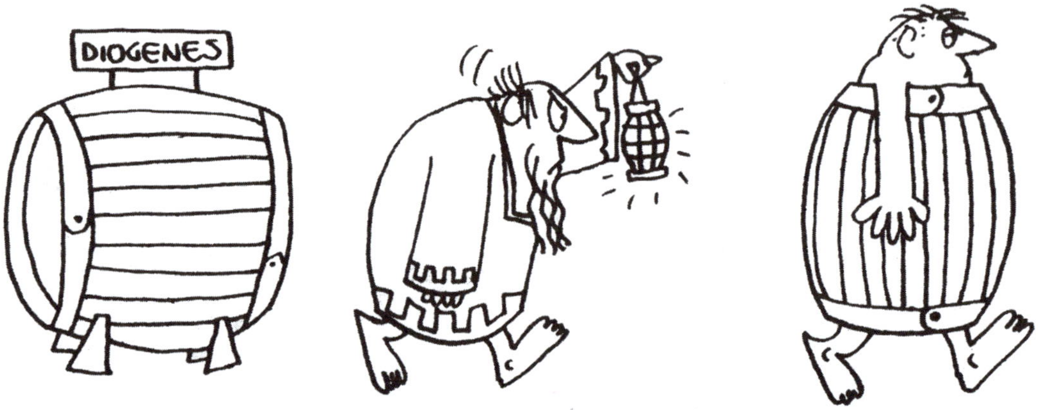
DIOGENES

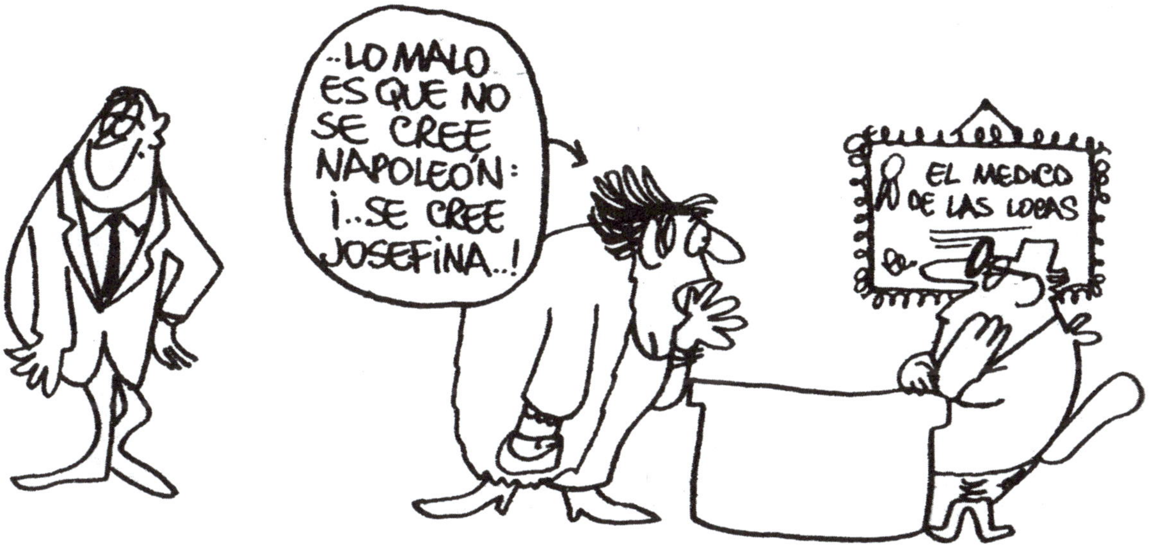
..LO MALO ES QUE NO SE CREE NAPOLEÓN: ¡..SE CREE JOSEFINA..!
EL MEDICO DE LAS LOBAS

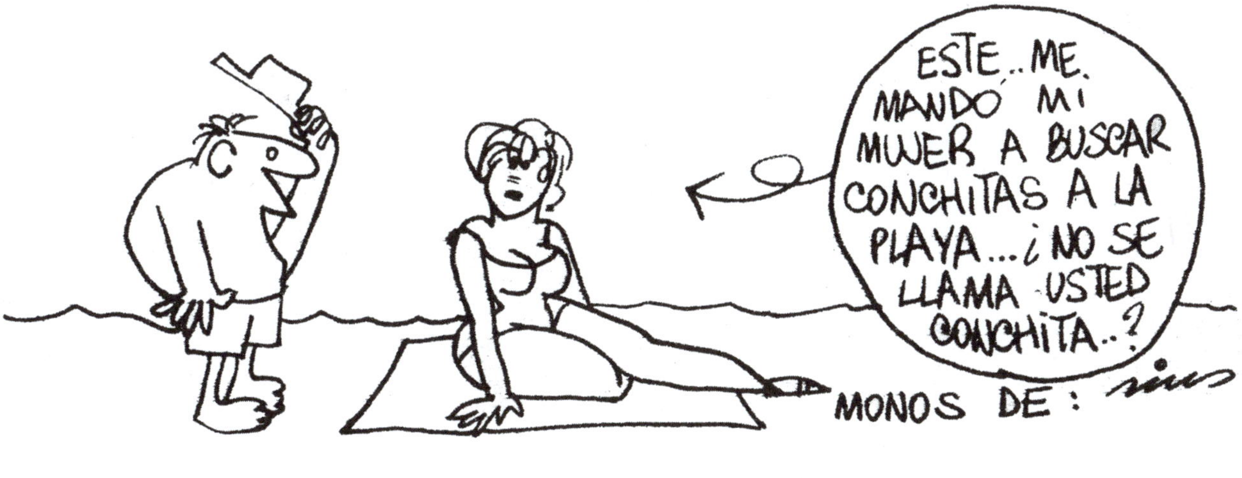
ESTE..ME MANDÓ MI MUJER A BUSCAR CONCHITAS A LA PLAYA...¿NO SE LLAMA USTED CONCHITA..?
MONOS DE:

A TRAVES de mi CRISTAL

"LO QUE YO QUISIERA, ES SABER QUIEN #@*!! ME DIJO QUE LE CARGARA ESTO 'UN MOMENTITO'..."

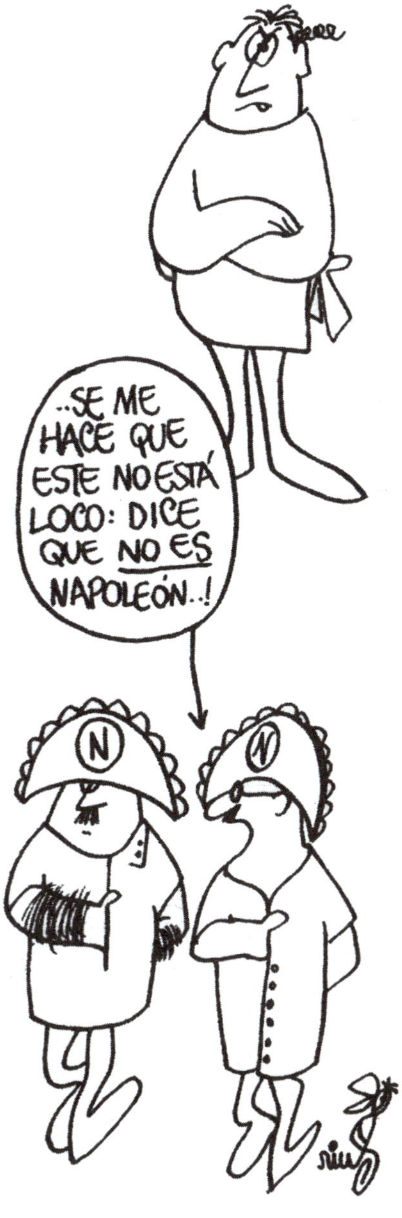
..SE ME HACE QUE ESTE NO ESTÁ LOCO: DICE QUE NO ES NAPOLEÓN..!

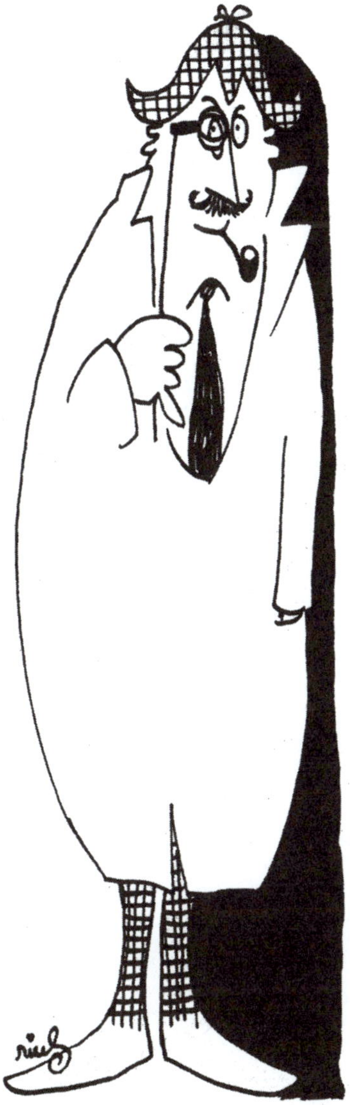

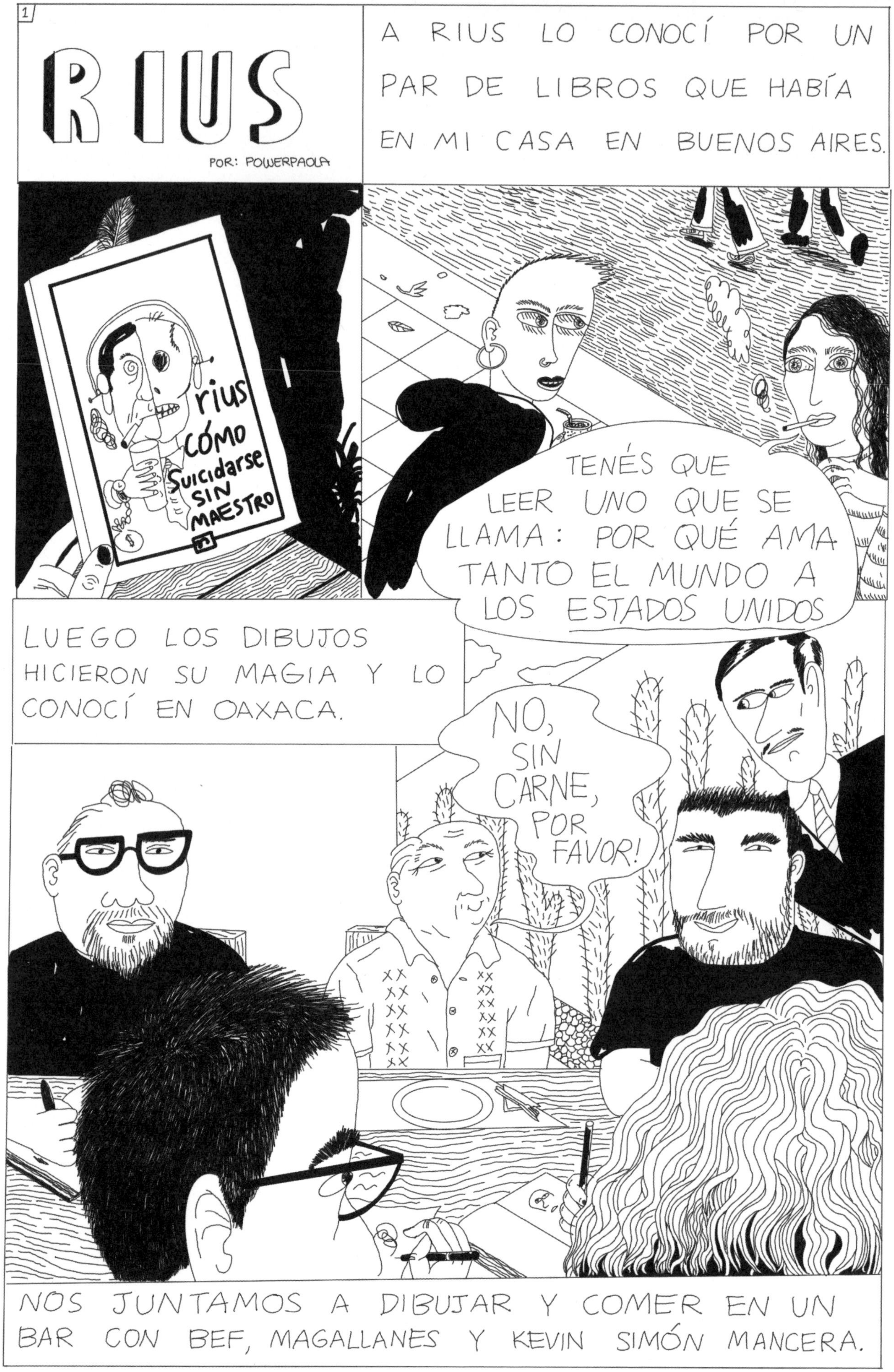
1
RIUS
POR: POWERPAOLA
A RIUS LO CONOCÍ POR UN PAR DE LIBROS QUE HABÍA EN MI CASA EN BUENOS AIRES.
rius
CÓMO
Suicidarse
SIN
MAESTRO
TENÉS QUE LEER UNO QUE SE LLAMA: POR QUÉ AMA TANTO EL MUNDO A LOS ESTADOS UNIDOS
LUEGO LOS DIBUJOS HICIERON SU MAGIA Y LO CONOCÍ EN OAXACA.
NO, SIN CARNE, POR FAVOR!
NOS JUNTAMOS A DIBUJAR Y COMER EN UN BAR CON BEF, MAGALLANES Y KEVIN SIMÓN MANCERA.

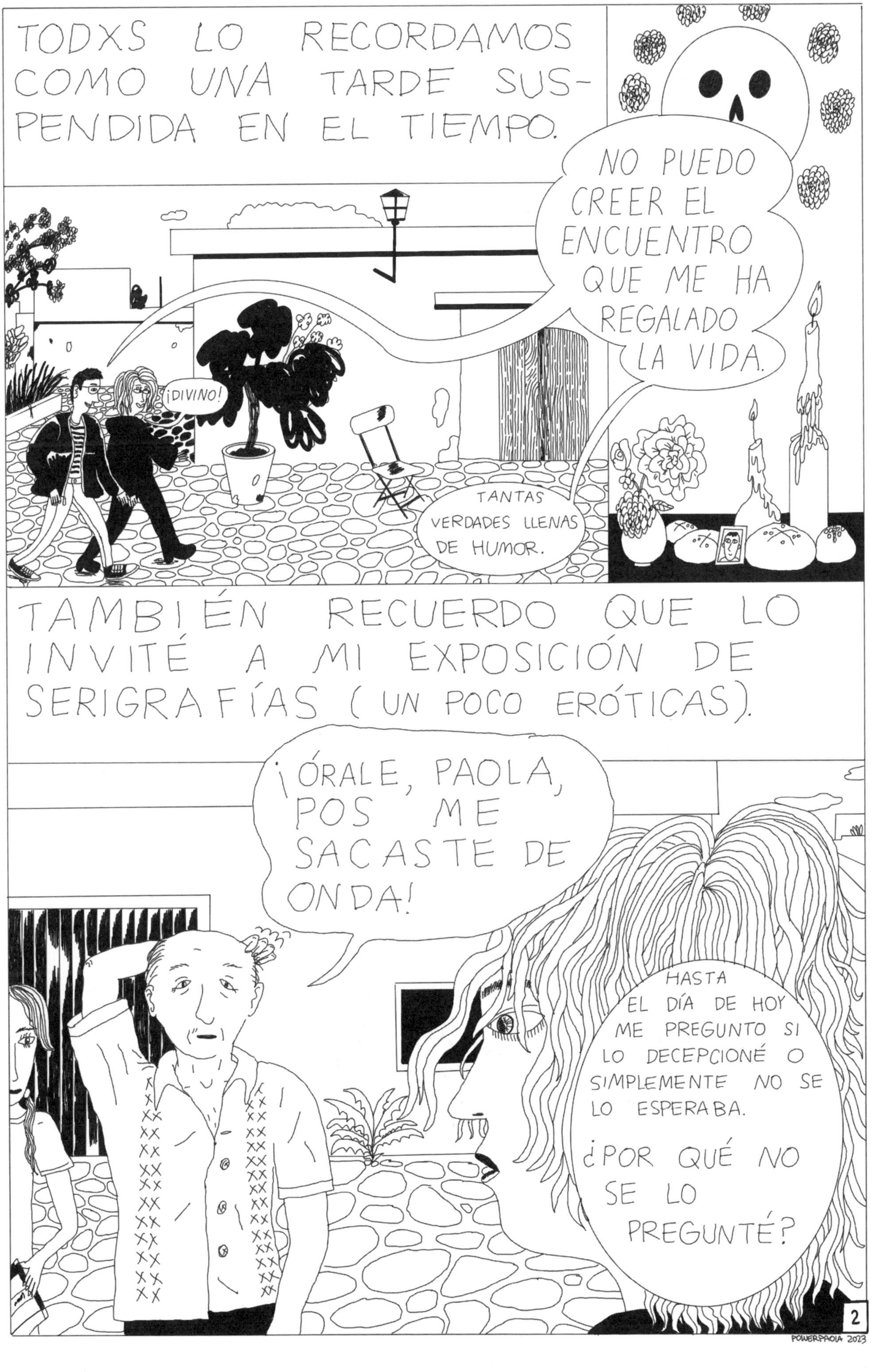
TODXS LO RECORDAMOS COMO UNA TARDE SUSPENDIDA EN EL TIEMPO.
NO PUEDO CREER EL ENCUENTRO QUE ME HA REGALADO LA VIDA.
¡DIVINO!
TANTAS VERDADES LLENAS DE HUMOR.
TAMBIÉN RECUERDO QUE LO INVITÉ A MI EXPOSICIÓN DE SERIGRAFÍAS (UN POCO ERÓTICAS).
¡ÓRALE, PAOLA, POS ME SACASTE DE ONDA!
HASTA EL DÍA DE HOY ME PREGUNTO SI LO DECEPCIONÉ O SIMPLEMENTE NO SE LO ESPERABA.
¿POR QUÉ NO SE LO PREGUNTÉ?
2
POWERPAOLA 2023

MONEROS ANTIGUOS

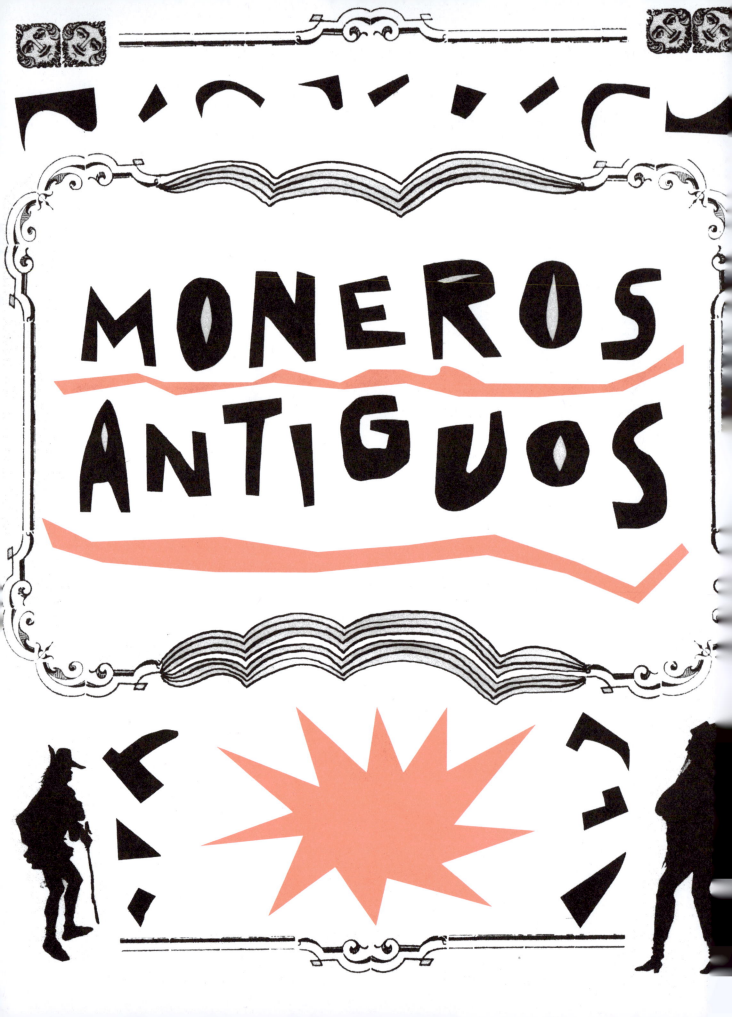

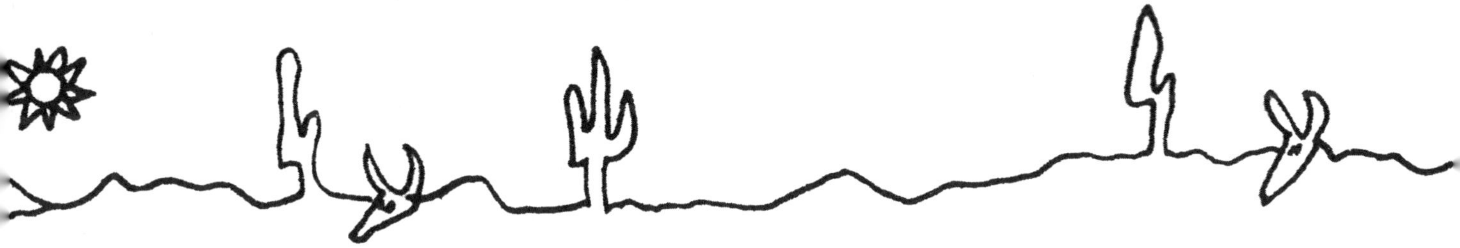

Rius tenía una faceta iconoclasta. Acostumbrado a observar al pueblo mexicano y sus maneras y costumbres, descubrió que hay cientos o miles de chistes sobre las obras de arte, desde la posición del pensador de Rodin hasta la sonrisa de la Mona Lisa, el pueblo irreverente y mordaz ha hecho mofa de la exagerada seriedad con la que la supuesta "alta cultura" se refiere a las obras artísticas.

Es aquí donde surge la idea de intervenir esas pinturas clásicas, tan ceremoniosamente respetadas y colocadas en el olimpo inalcanzable de lo culto. Rius admira y piensa estas obras con humor, las reinterpreta y se ríe con ellas.

Este concepto lo desarrollaría en dos libros muy buscados. El primero se llamó *Con perdón de Doré*, donde hace burla de las imágenes sagradas realizadas por este grabador y pintor francés del siglo XIX. En el segundo reutiliza el título de una sección que aparecía en las páginas del *Ja-já*: Los moneros antiguos.

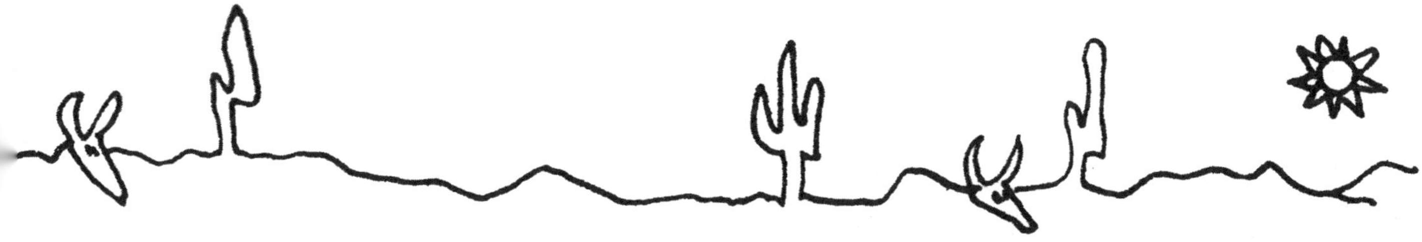

LOS MONEROS ANTIGUOS

*

REPORTAJE AL ÓLEO
DEL JOVEN RIUS

*

"..HERMANA ENGRACIA: ¡QUE SE SUBE LA LECHE..!"

"...AHI VIENEN LOS GRANADEROS..!!"

"..NO MOLESTE, QUE ORITA NO TENGO CAMBIO.."

" Y POR FAVOR, QUE SALGAN BIEN LAS ANCHOAS, QUE HOY TENGO UNA CITA..."

"¿YA VES?... TE DIJE QUE NO FUERAS CON ÉL A CHAPULTEPEC.."

"..DICE CHUCHO QUE TE ESPERA A LAS OCHO EN EL JARDÍN..."

"¿..Y CÓMO SABE USTED QUE TRABAJO EN EL INBA...?"

"ENTONCES YO ME LLEVO A LA GORDITA, EH..?"

los moneros antiguos

por Rius

"¿ENTONCES QUÉ..? ¿NOS LAS LLEVAMOS NOSOTROS O MEJOR LLAMAMOS UNA GRUA...?"

"...YA DEJA DE TOCAR, MUCHACHO: A MI COMPADRE LE GUSTA MUCHO LA MÚSICA..."

—"PERO SI SÓLO VENGO A QUE ME CURE EL OÍDO, DOCTOR..."

—"¿QUIÉN DEMONIOS ME HABRÁ LLENADO LA GAITA DE WHISKEY, HIC*... ??"

—"AHORA RESULTA QUE ELLOS ENTENDIERON: "LA MARCHA AL BAR"... Y NOMAS MÍRALOS..."

los * moneros antiguos
*VERSION DE RIUS

"...PERO SI SÓLO ESTÁBAMOS PLATICANDO, SEÑOR POLICÍA..." →

"...MANDA DECIR EL DIRECTOR QUE HAY QUE PONERLE MÁS ACCIÓN A LA PELÍCULA PORQUE VA A CONCURSAR EN CANNES..."

"..EL DE ATRÁS PAGA..."

"—¿OTRA VEZ ESTÁS HACIENDO GLU-GLU, PAPÁ...???"

"..NO: ESTE NO ES EL CÍRCULO DE SEÑORAS... DE SEÑORITAS...¿ENTIENDE..?.. DE SE-ÑO-RI-TAS..."

"...ME VOY, PORQUE YA NO TARDA EN LLEGAR LA PATRONA DEL CENTRO..."

" PESO AL ZÓCALO..."

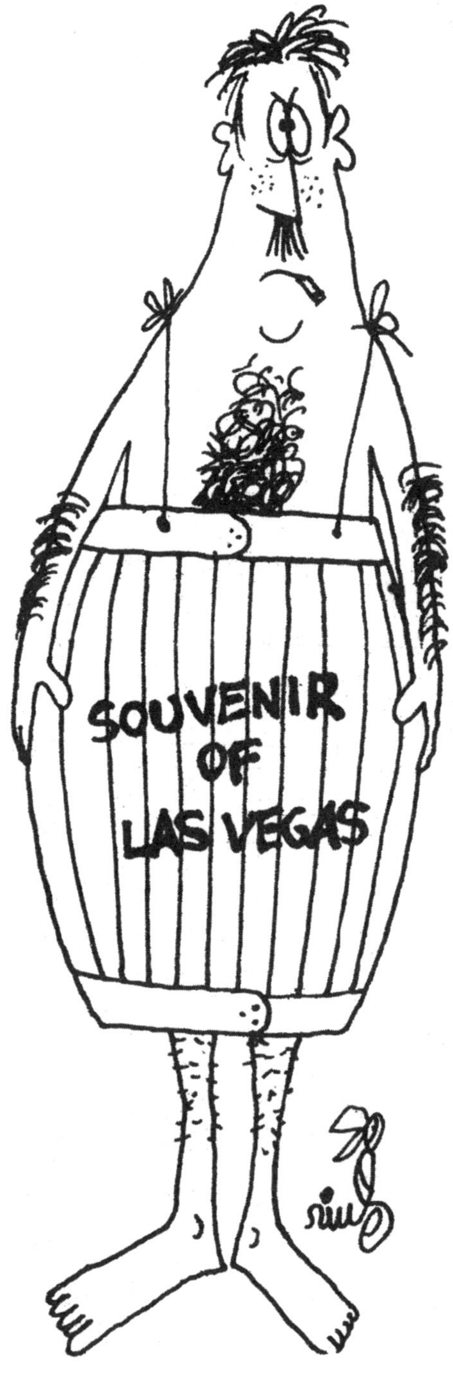
SOUVENIR
OF
LAS VEGAS

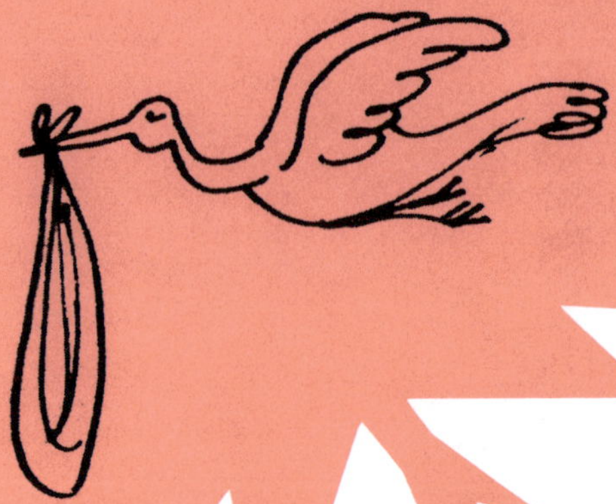

A TRAVÉS DE MI CRISTAL

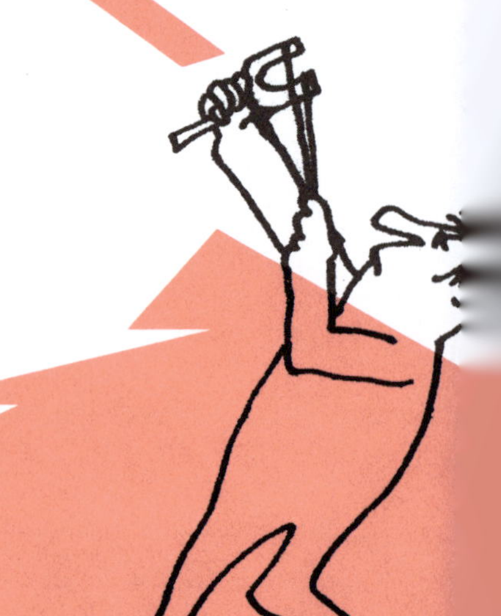

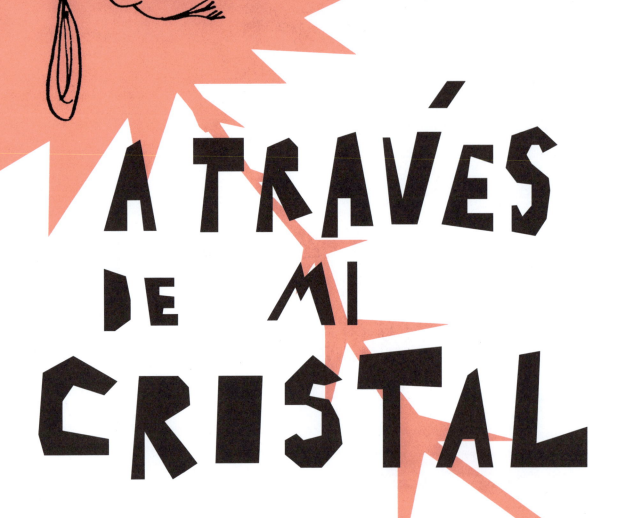

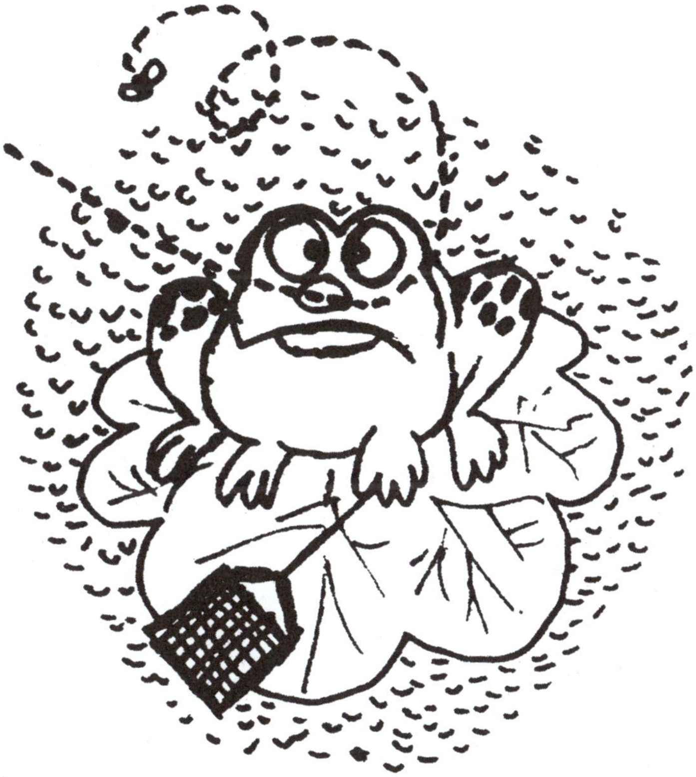

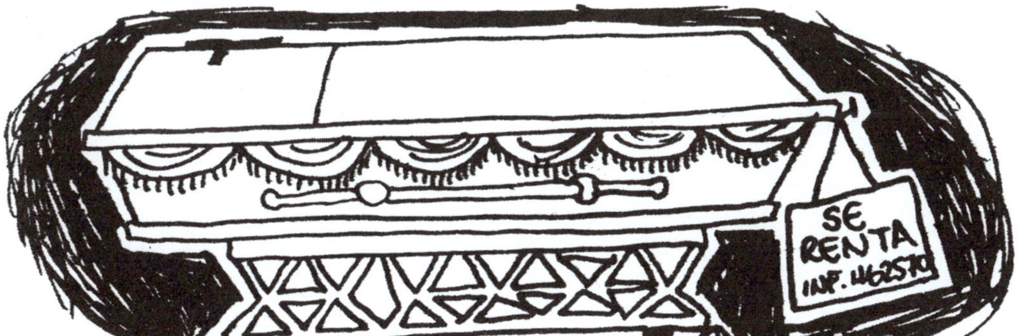
SE
RENTA
INF. 462570

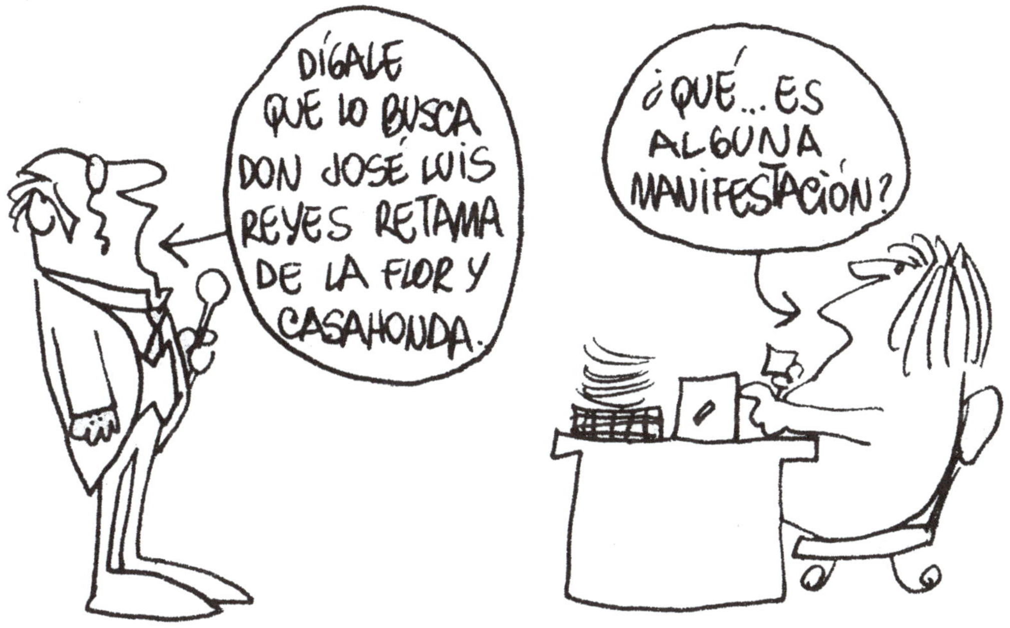
DÍGALE QUE LO BUSCA DON JOSÉ LUIS REYES RETAMA DE LA FLOR Y CASAHONDA.
¿QUÉ... ES ALGUNA MANIFESTACIÓN?

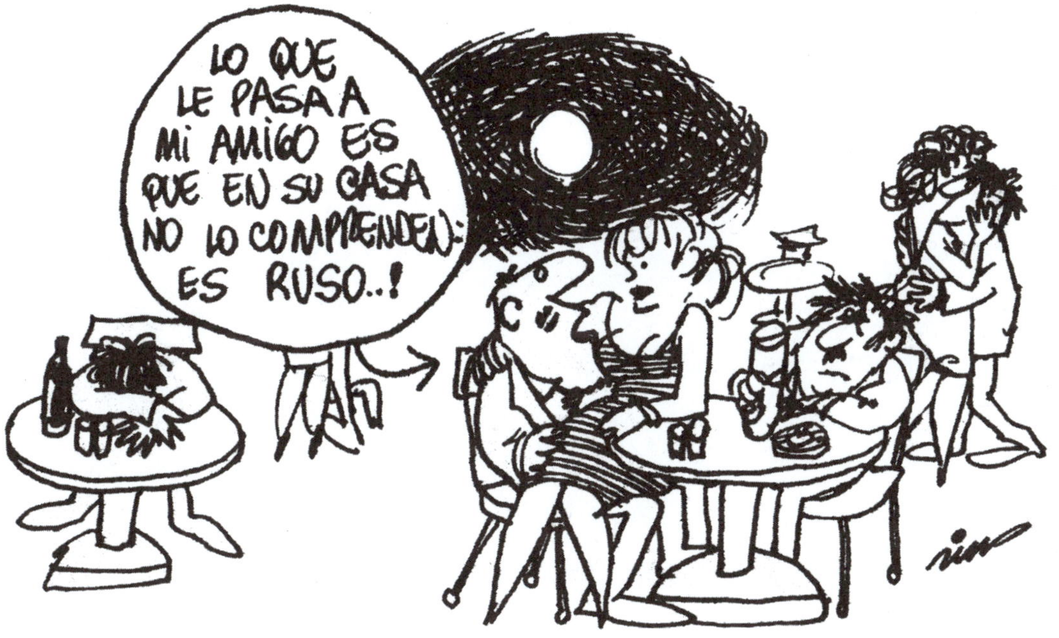
LO QUE LE PASA A MI AMIGO ES QUE EN SU CASA NO LO COMPRENDEN: ES RUSO..!

TARZAN Y LOS MONOS
Quino

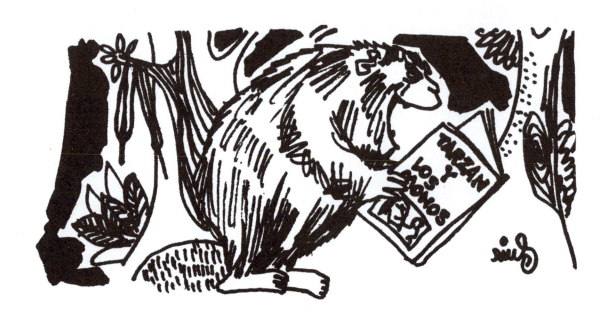

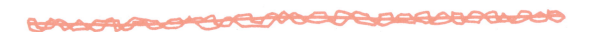

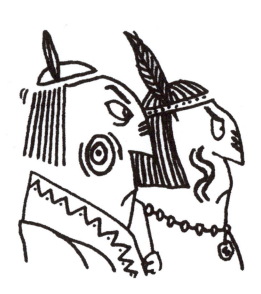

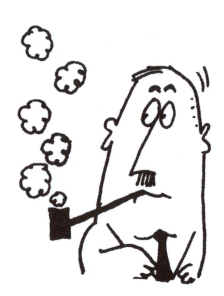

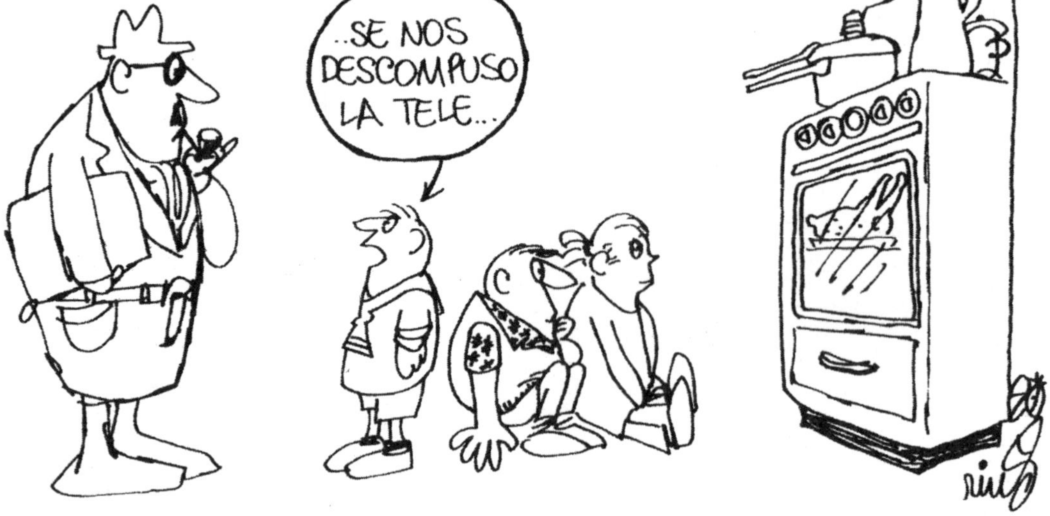
..SE NOS DESCOMPUSO LA TELE...

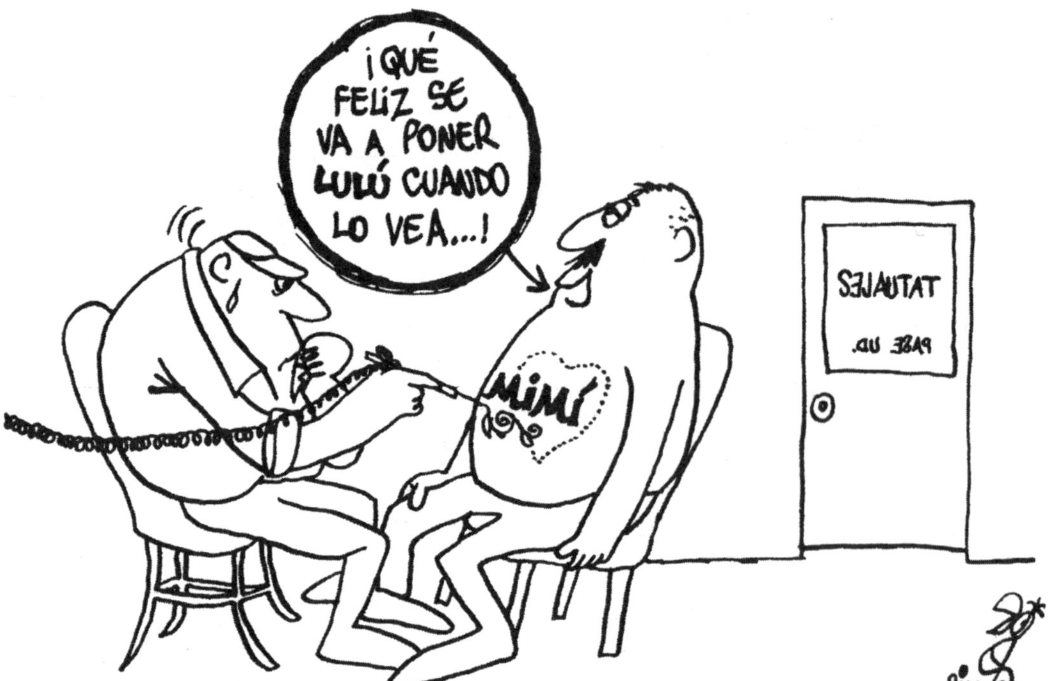
¡QUÉ FELIZ SE VA A PONER LULÚ CUANDO LO VEA...!
MIMÍ
TATUAJES
PASE UD.

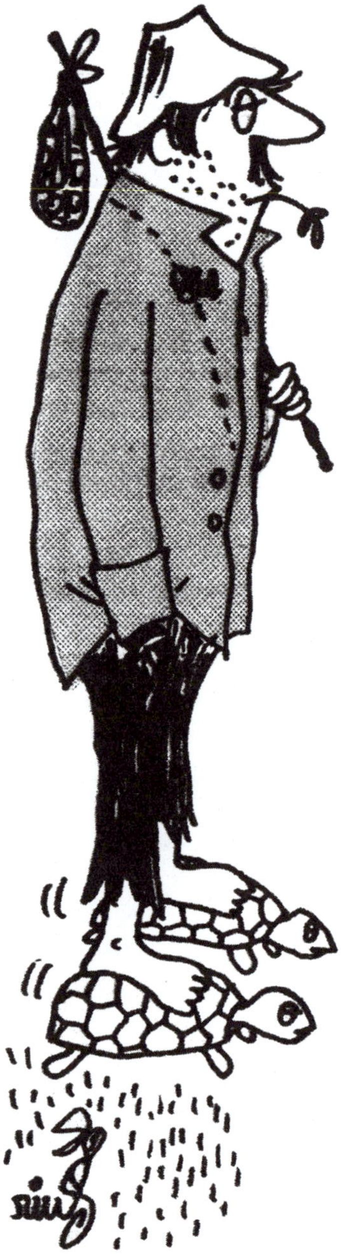

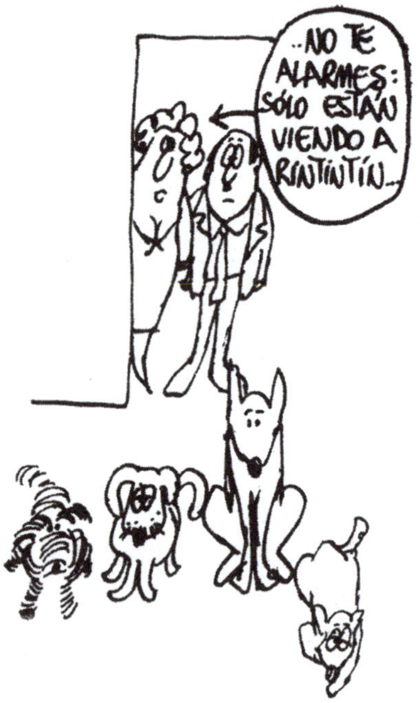
..NO TE ALARMES: SÓLO ESTÁN VIENDO A RINTINTÍN..

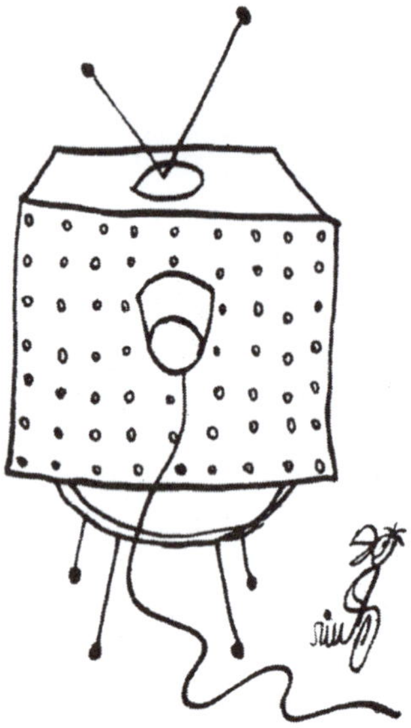

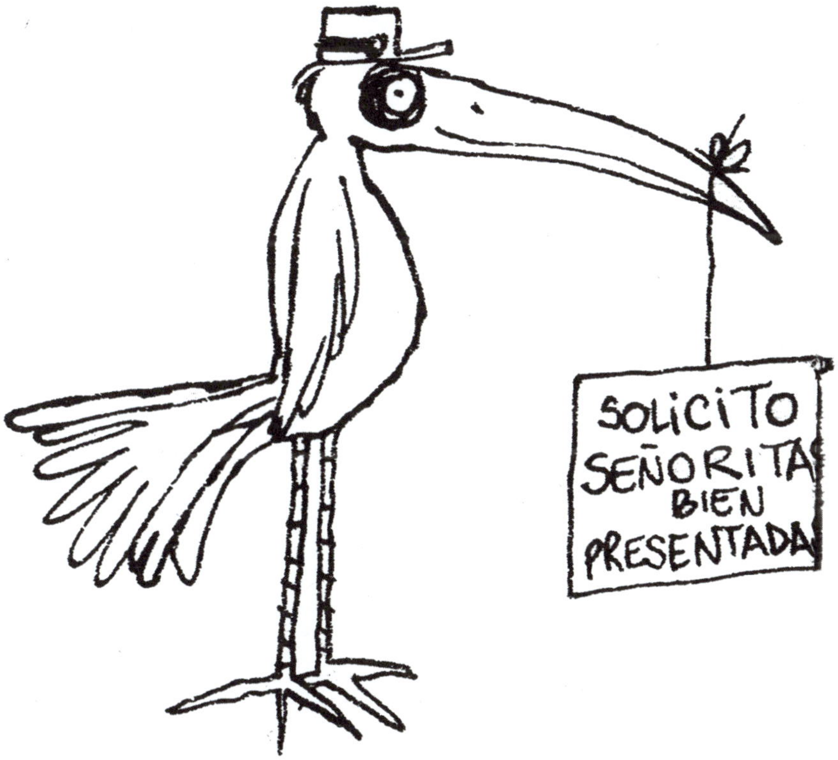
SOLICITO SEÑORITAS BIEN PRESENTADAS

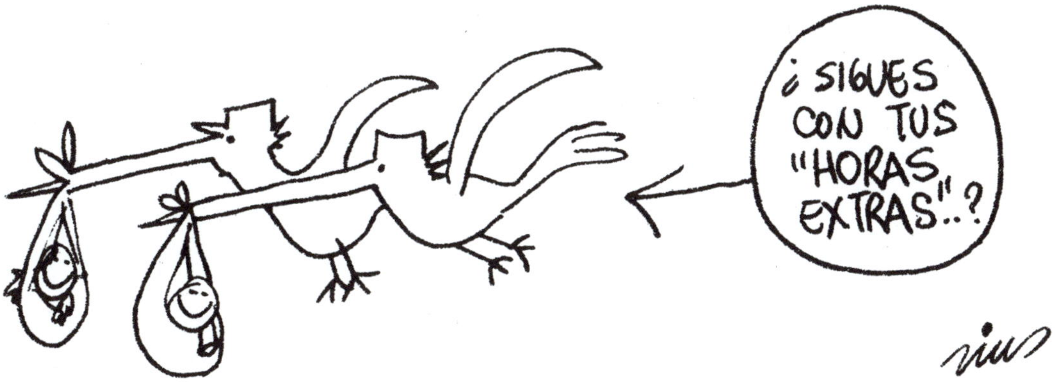
¿SIGUES CON TUS "HORAS EXTRAS"..?
rius

SOY CHATO, PERO LAS HUELO...!

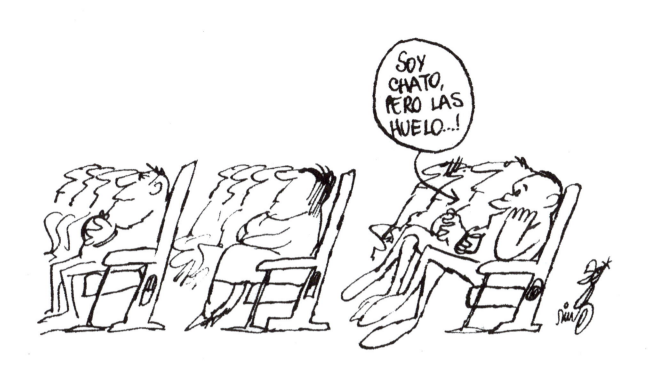

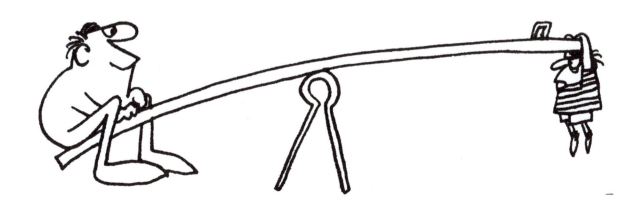

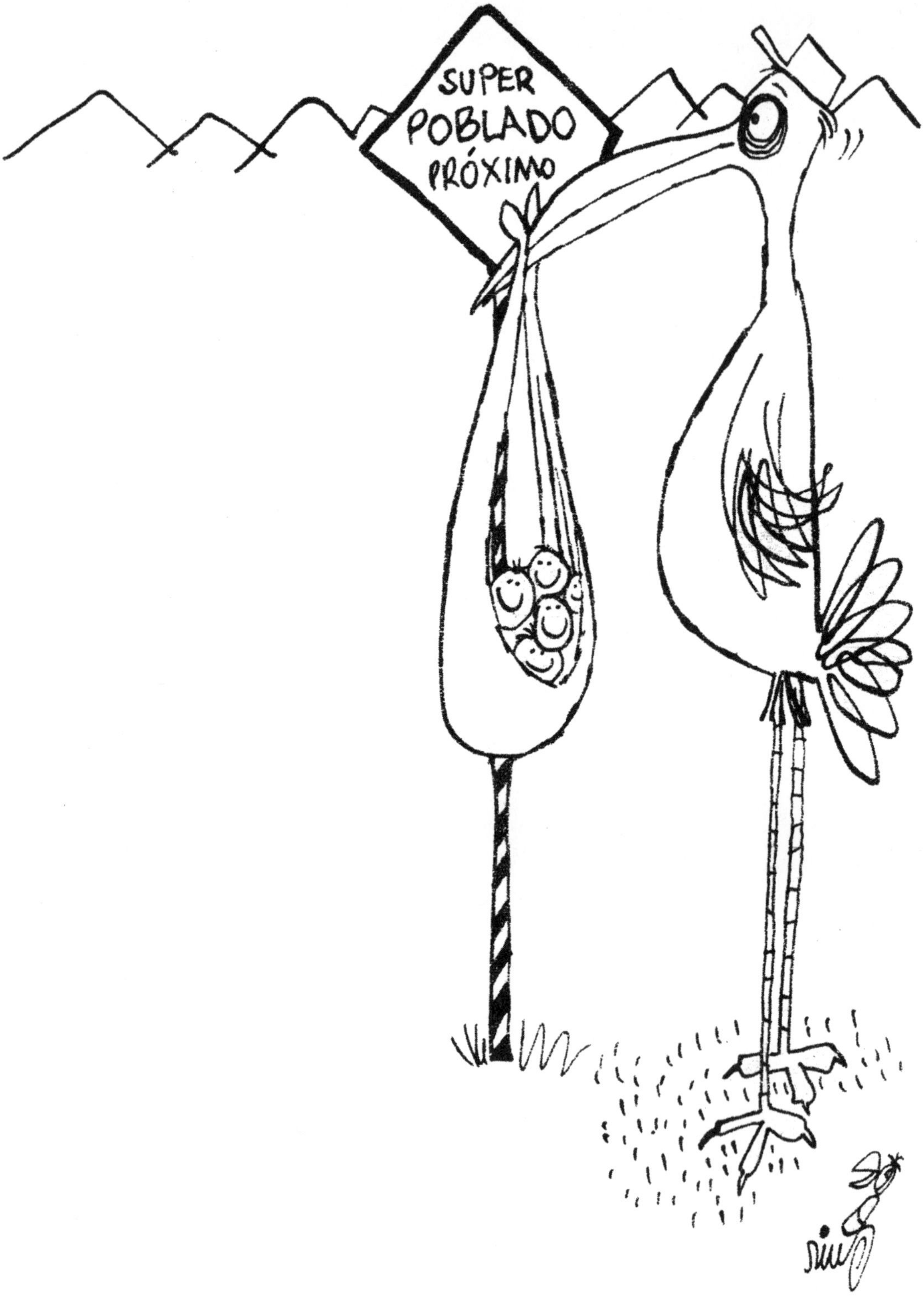
SUPER
POBLADO
PRÓXIMO

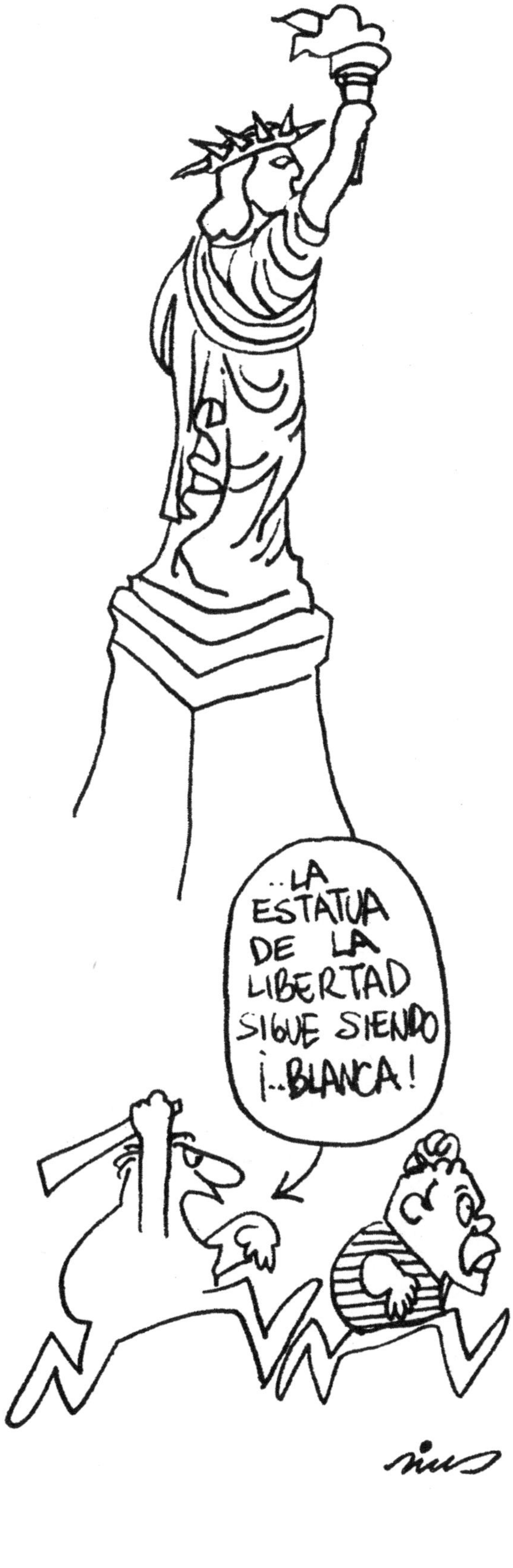
..LA ESTATUA DE LA LIBERTAD SIGUE SIENDO ¡..BLANCA!
rius

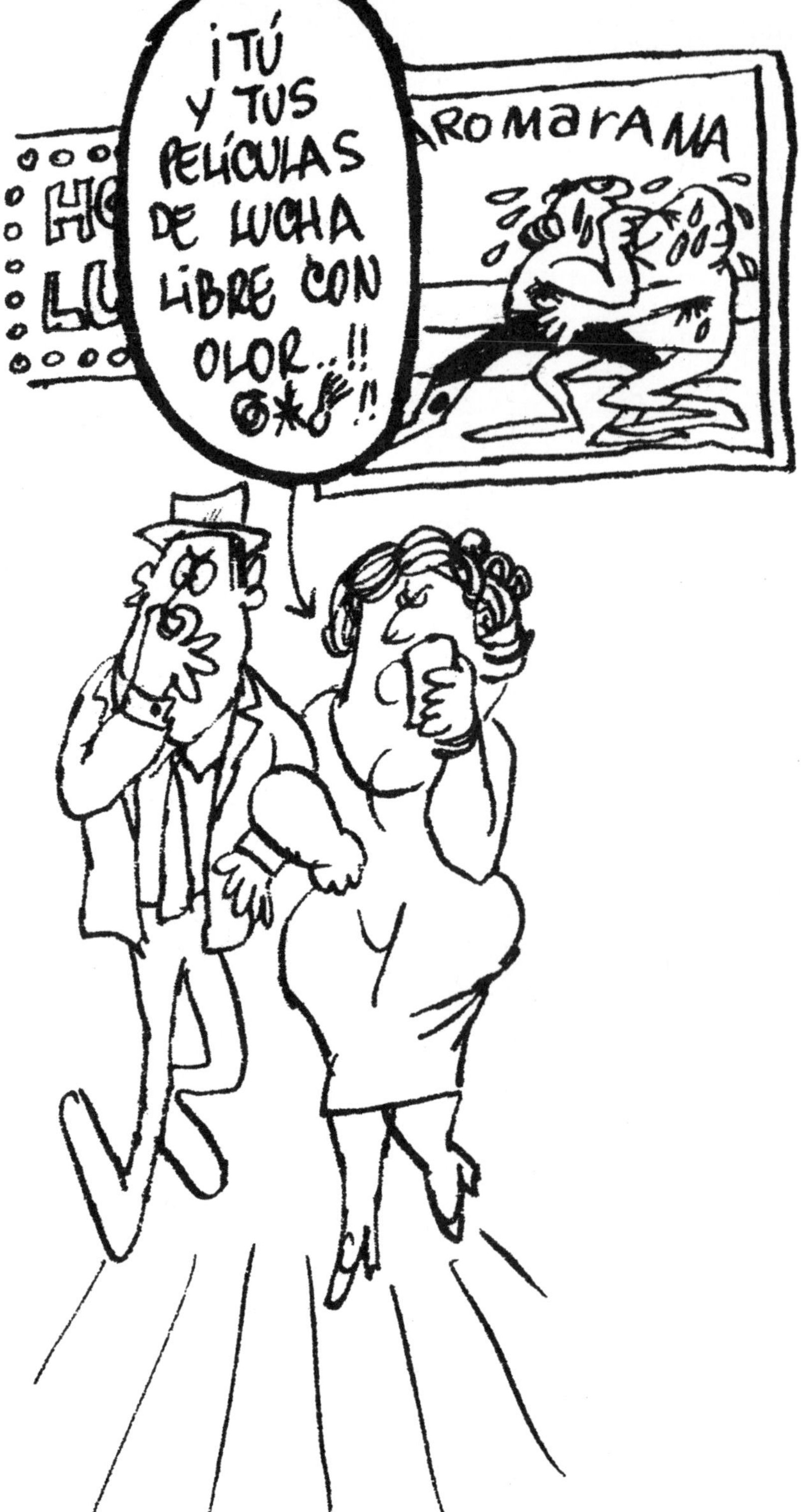
¡TÚ Y TUS PELÍCULAS DE LUCHA LIBRE CON OLOR..!! @*&!!
AROMARAMA

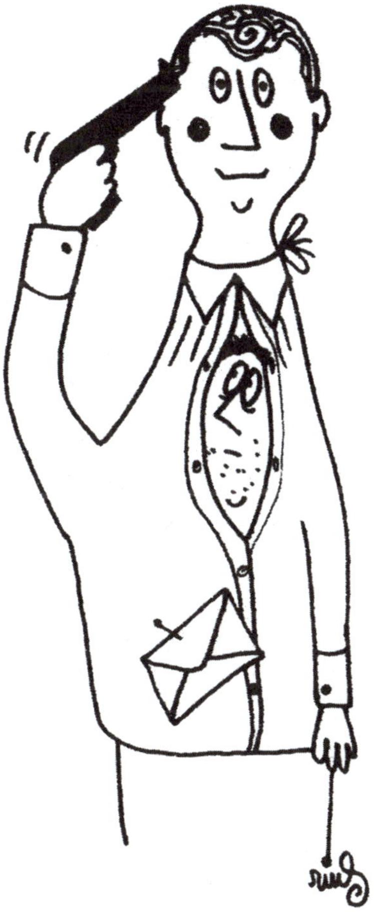

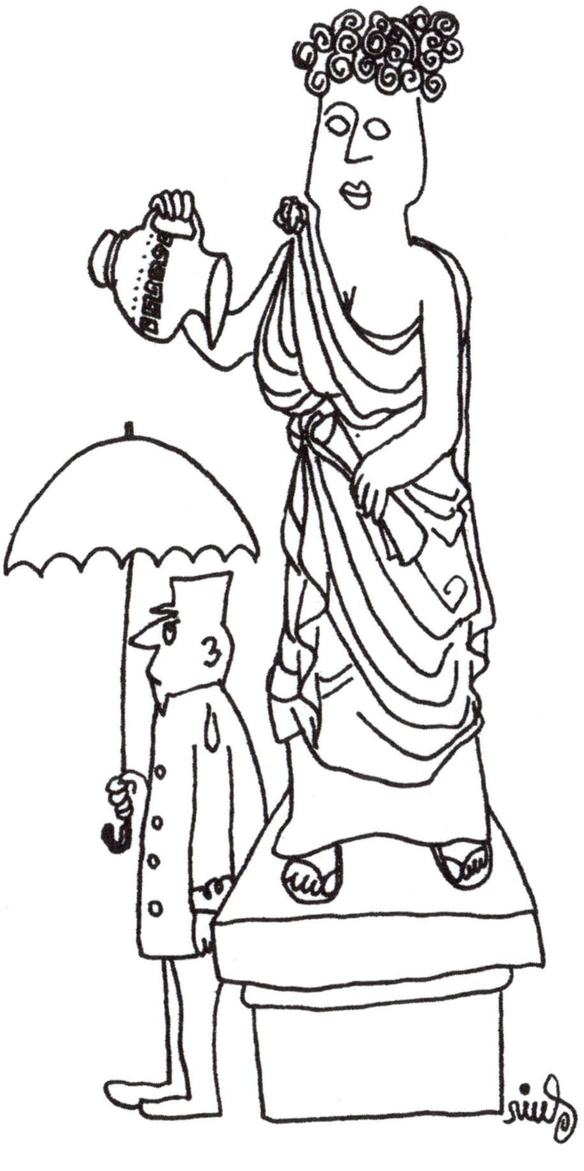

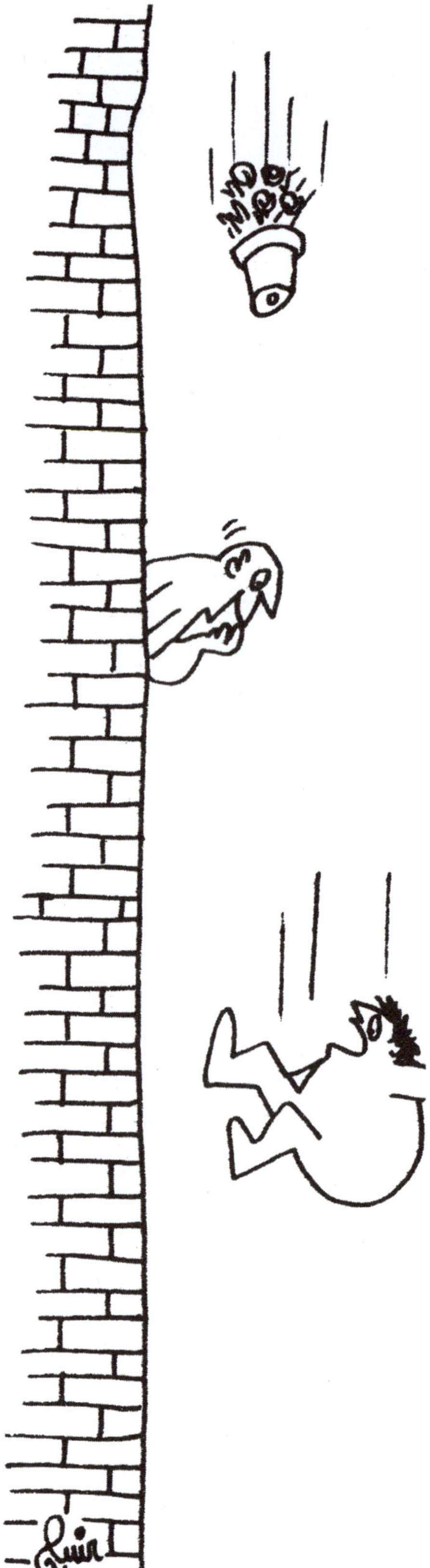

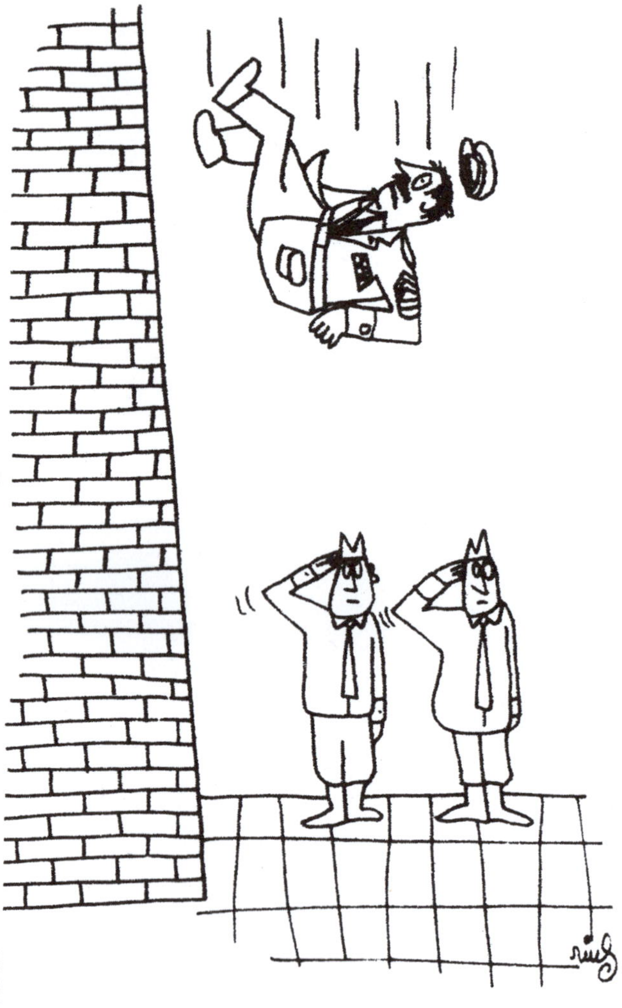

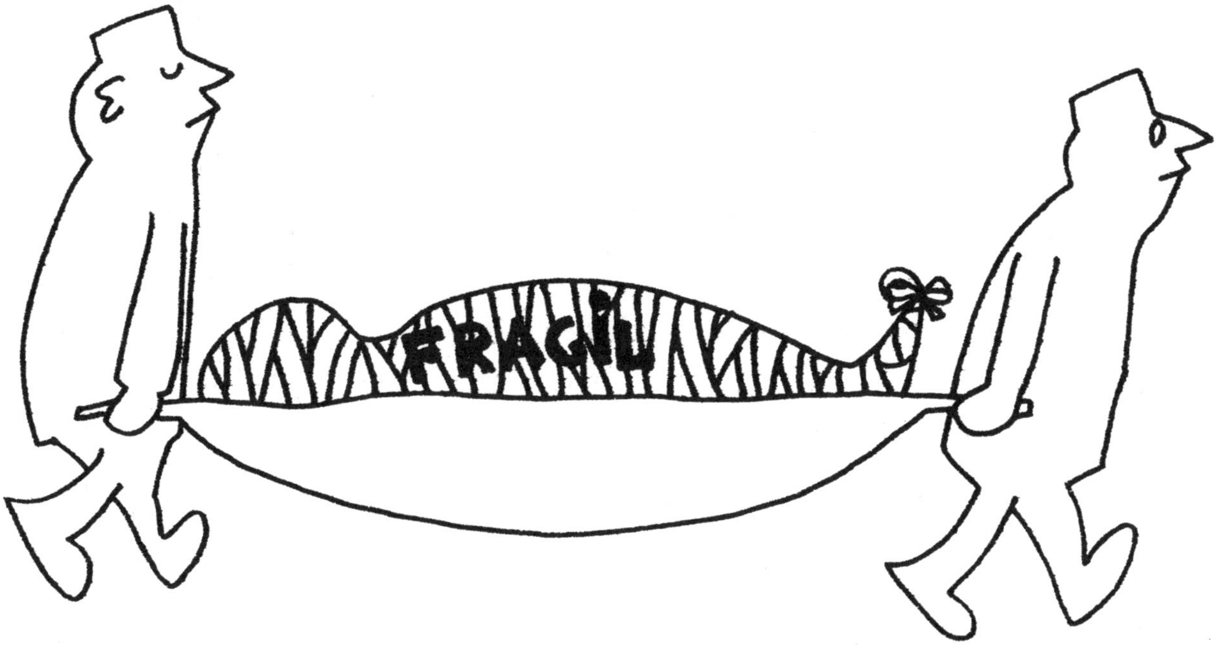
FRAGIL

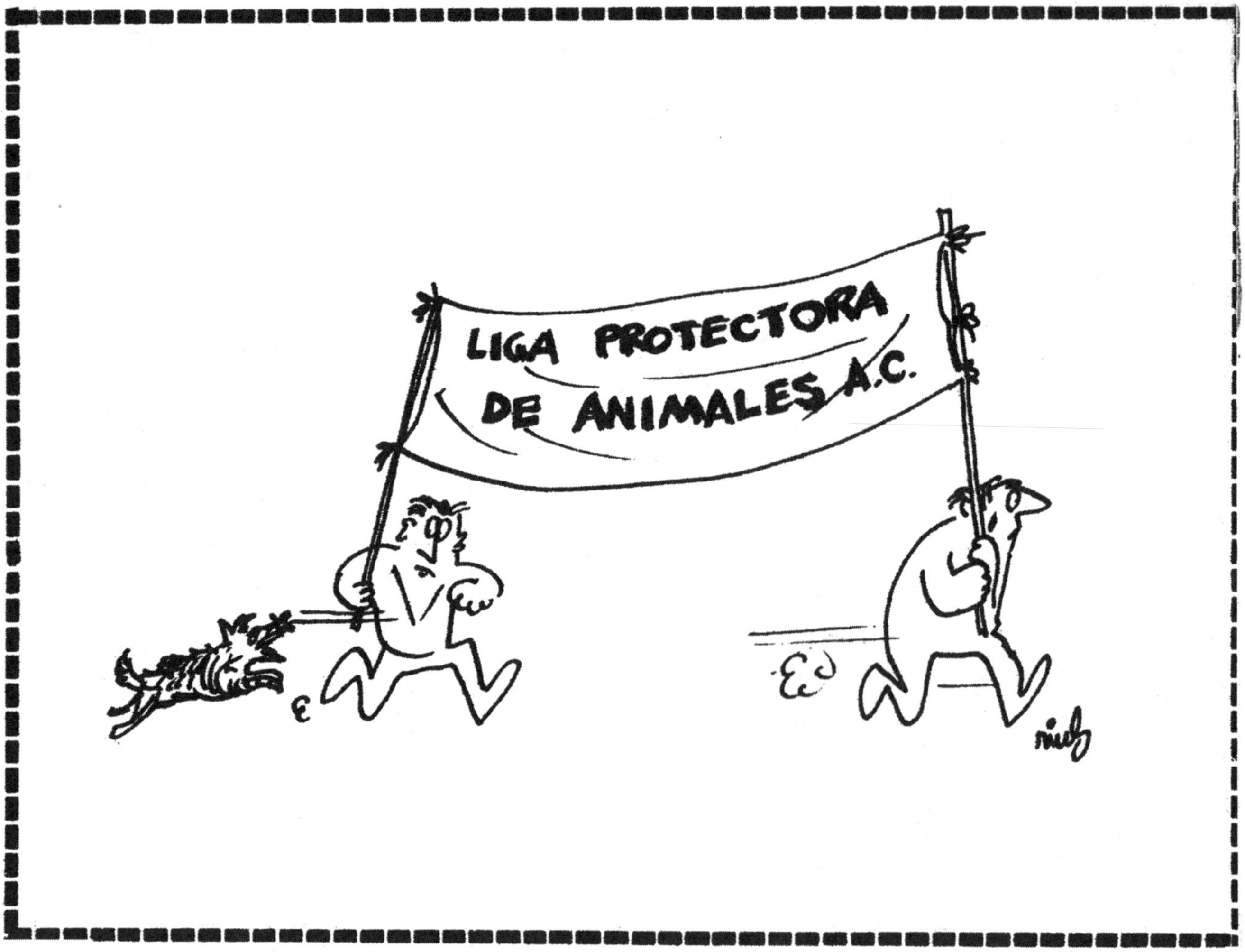
LIGA PROTECTORA
DE ANIMALES A.C.

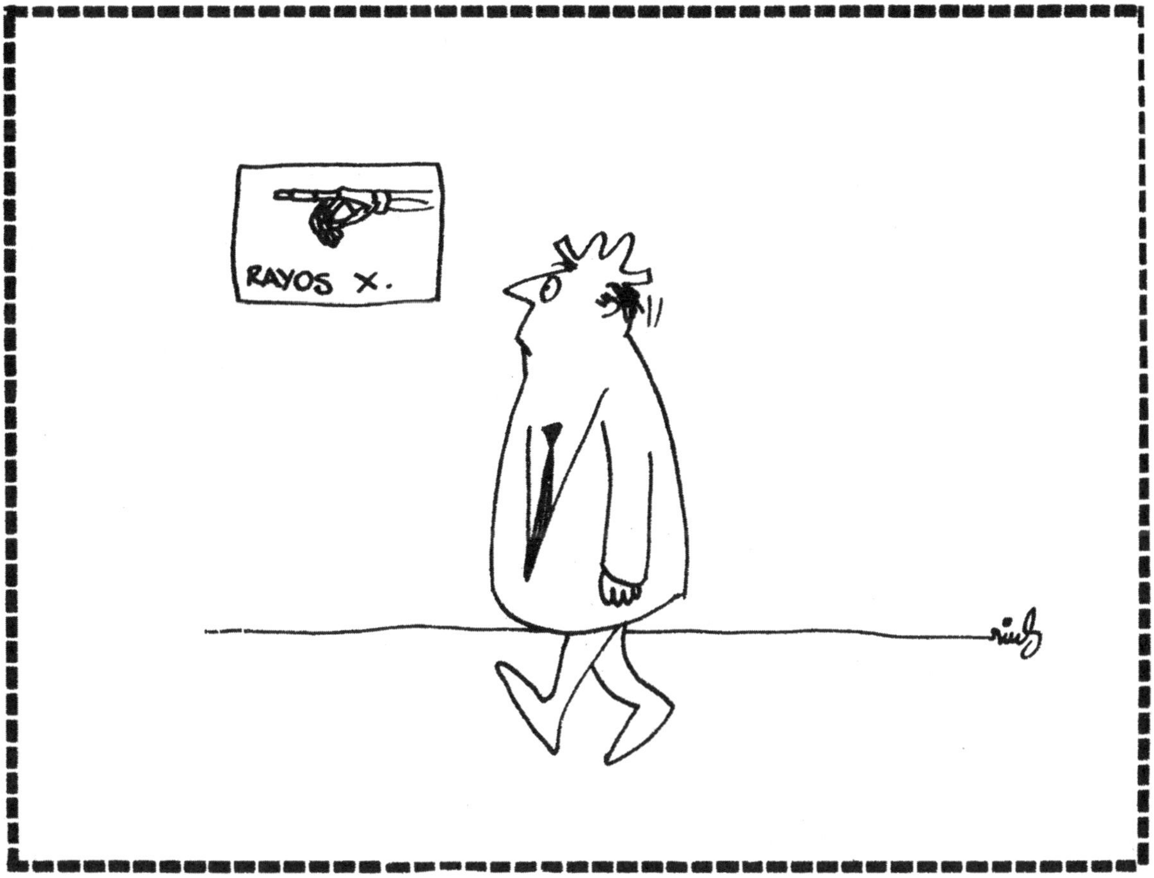
RAYOS X.
riuz

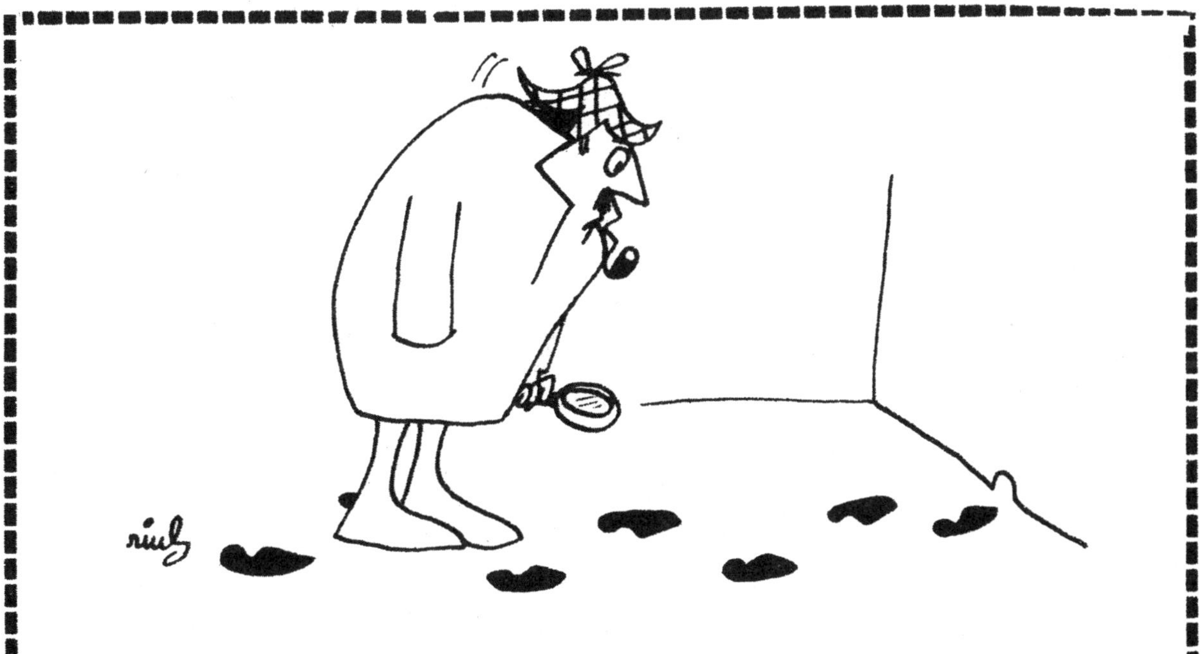
riuz

cuatro chistes mudos del joven Rius

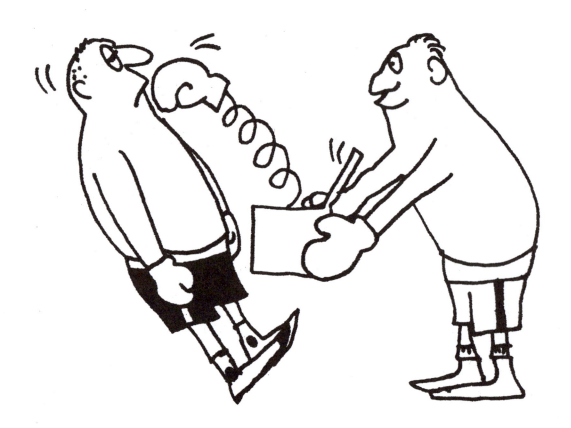

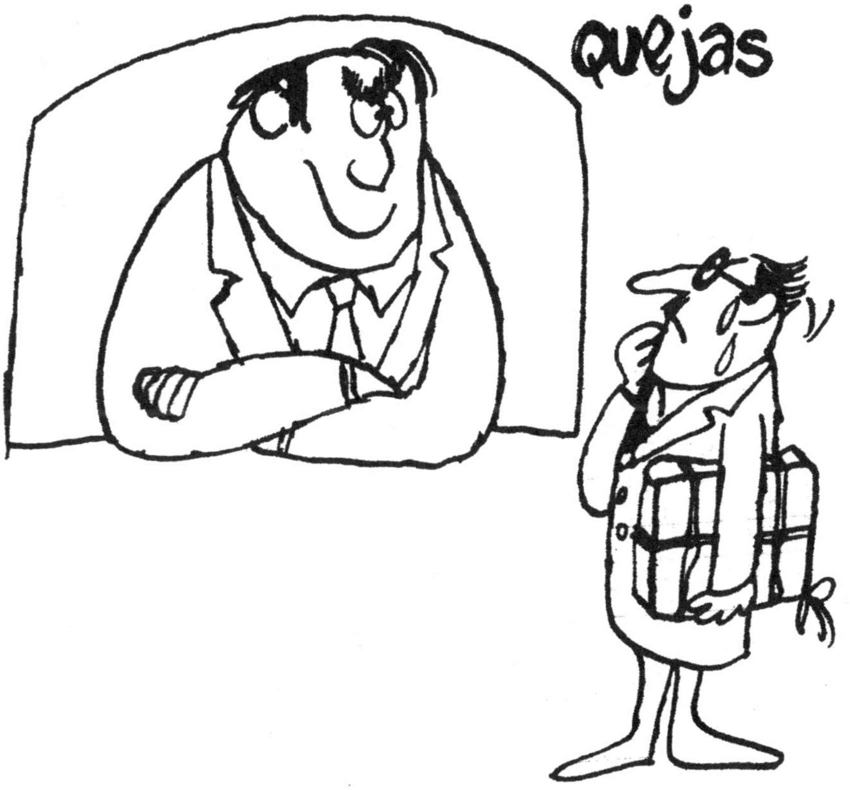
quejas

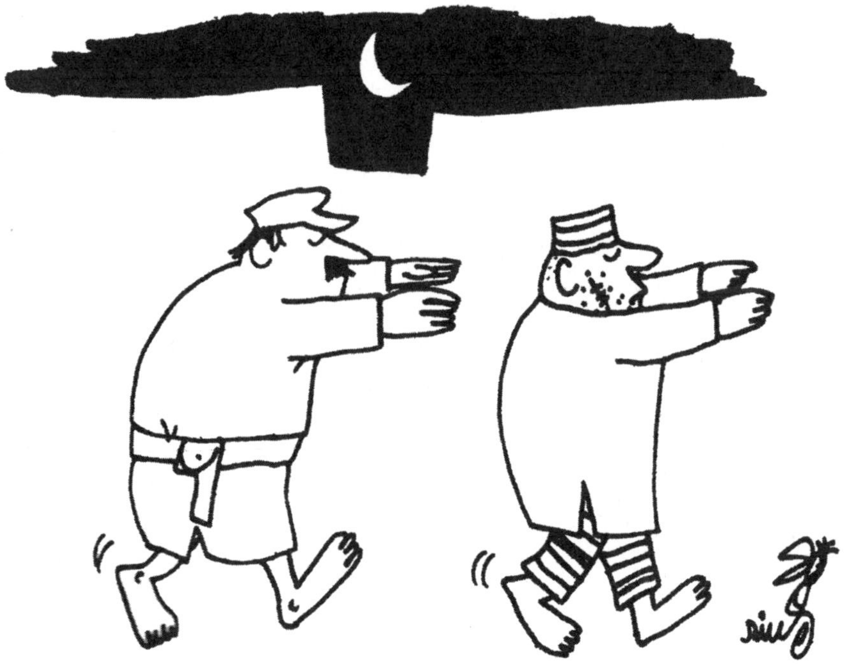

PASTO
INGLÉS

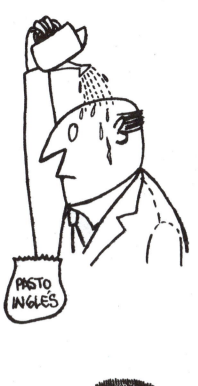

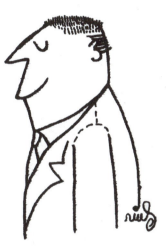

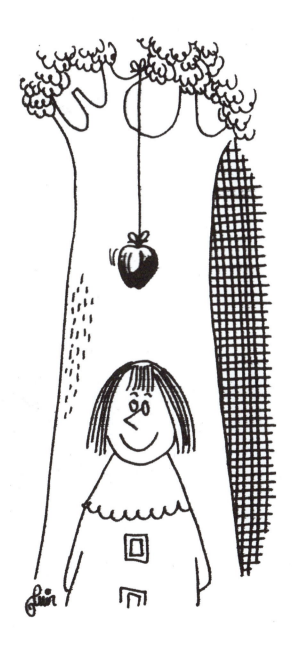

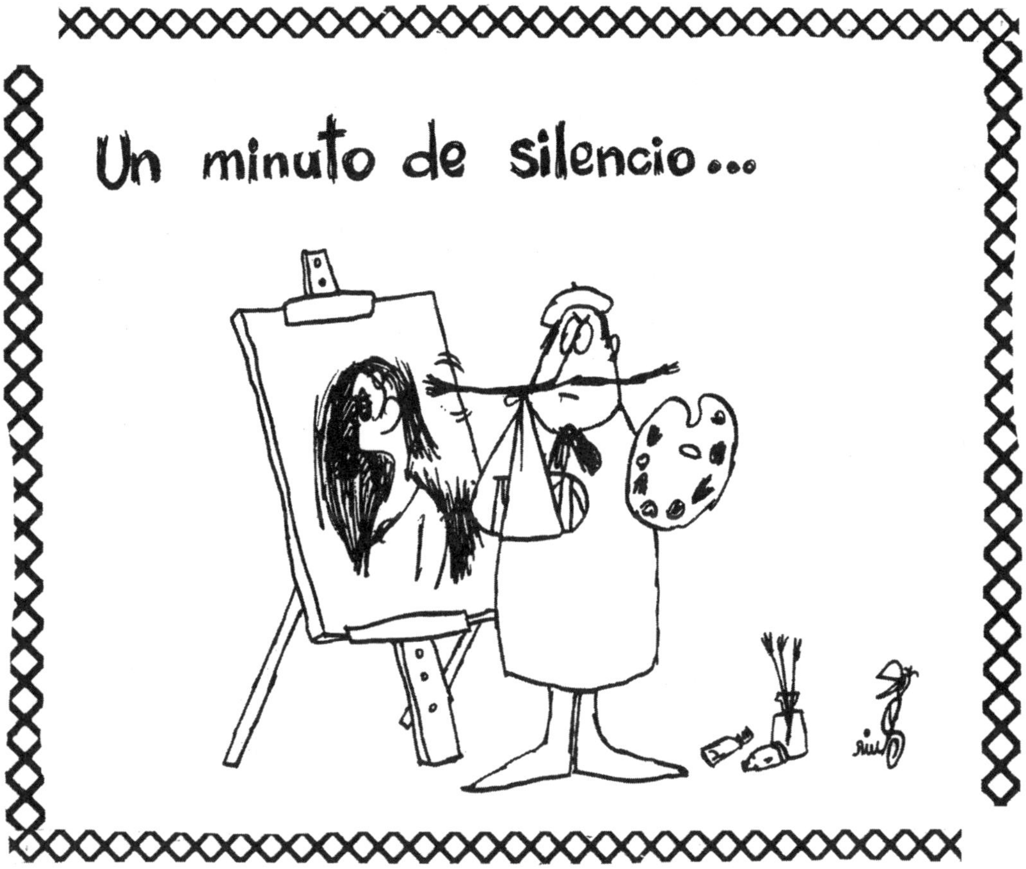
Un minuto de silencio...

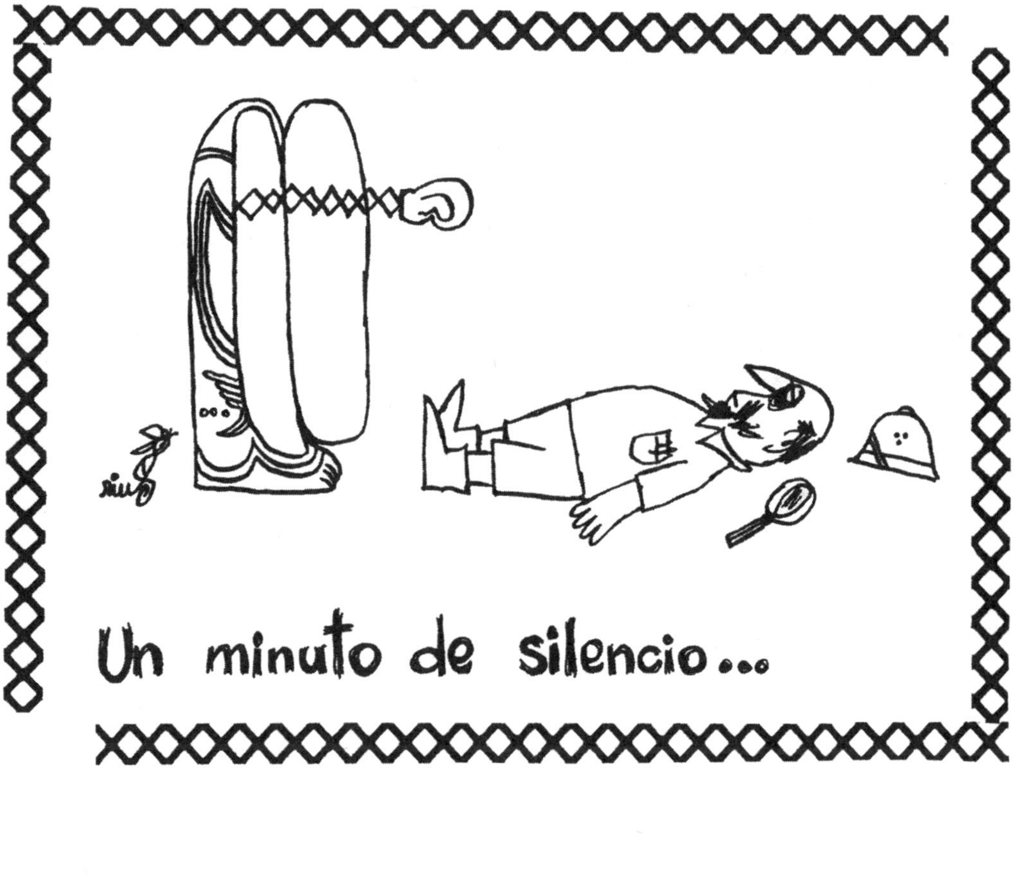
Un minuto de silencio...

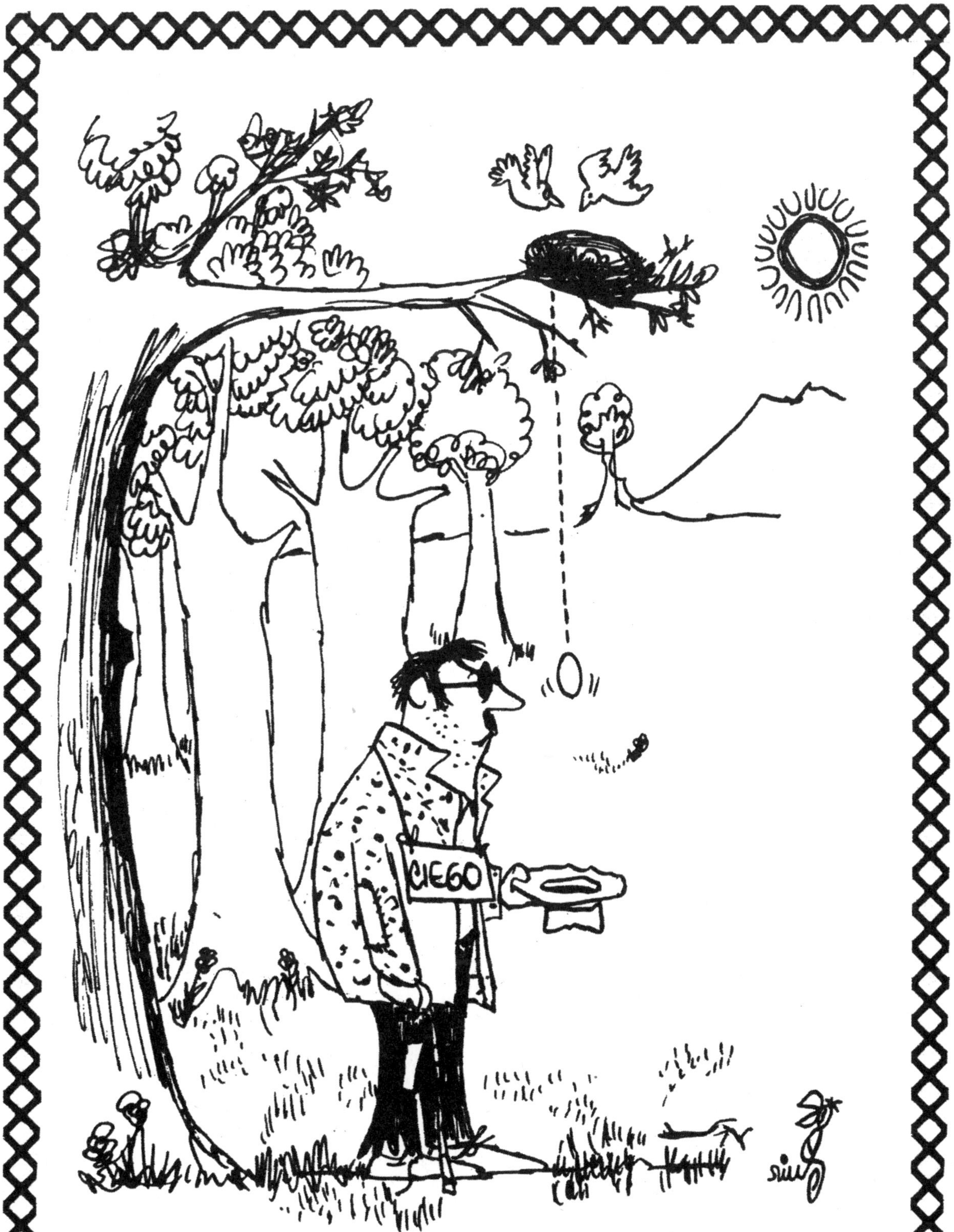
CIEGO

LOS LIBROS QUE MÁS NOS GUSTABAN

POR AUGUSTO MORA

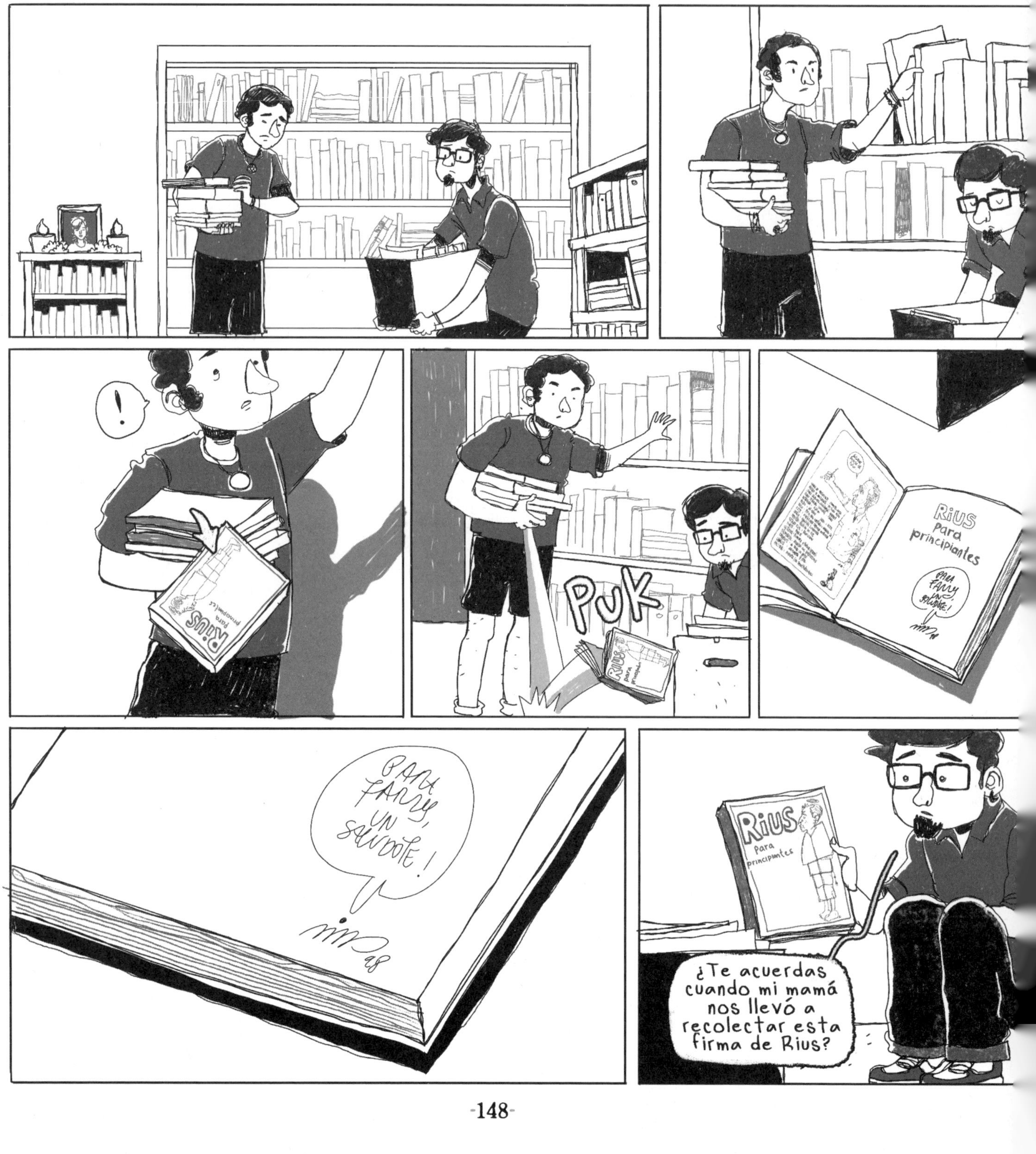
!
RIUS para principiantes
PUK
RIUS para principiantes
PARA FANY, UN SALUDOTE!
PARA FANY, UN SALUDOTE!
RIUS para principiantes
¿Te acuerdas cuando mi mamá nos llevó a recolectar esta firma de Rius?

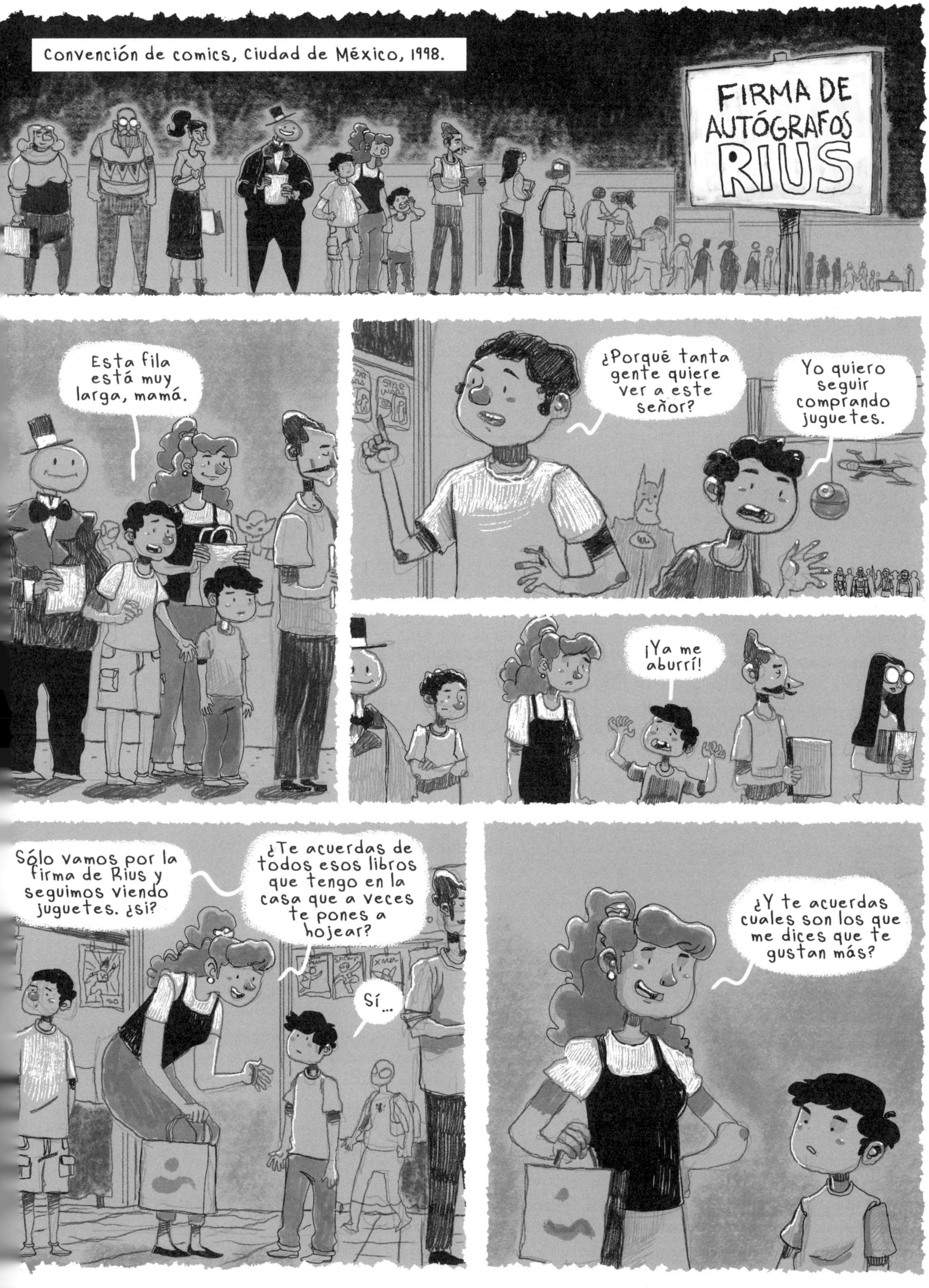
Convención de comics, Ciudad de México, 1998.
FIRMA DE AUTÓGRAFOS RIUS
Esta fila está muy larga, mamá.
¿Porqué tanta gente quiere ver a este señor?
Yo quiero seguir comprando juguetes.
¡Ya me aburrí!
Sólo vamos por la firma de Rius y seguimos viendo juguetes. ¿si?
¿Te acuerdas de todos esos libros que tengo en la casa que a veces te pones a hojear?
Sí...
¿Y te acuerdas cuales son los que me dices que te gustan más?

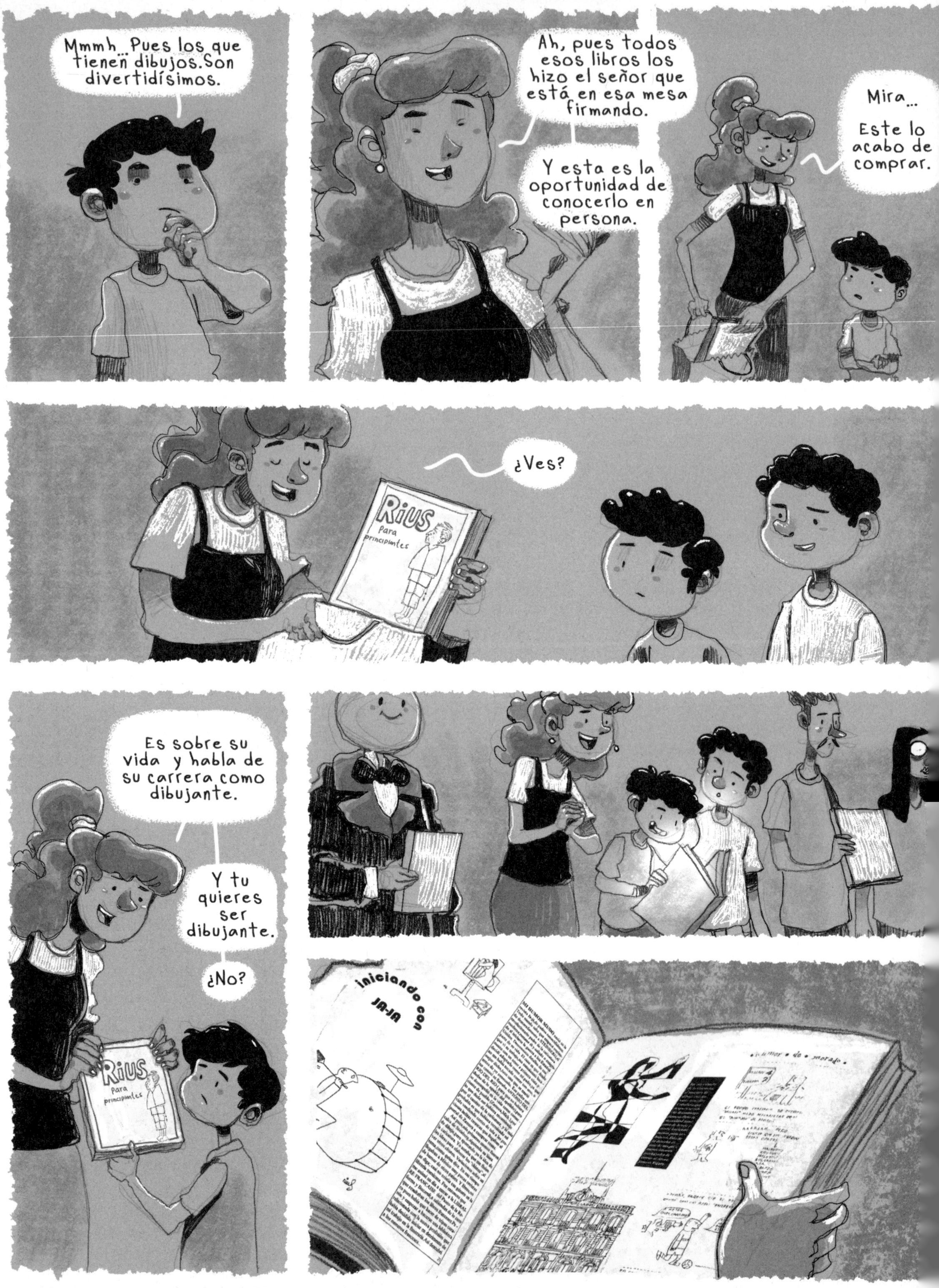
Mmmh... Pues los que tienen dibujos. Son divertidísimos.
Ah, pues todos esos libros los hizo el señor que está en esa mesa firmando.
Y esta es la oportunidad de conocerlo en persona.
Mira...
Este lo acabo de comprar.
¿Ves?
RIUS para principiantes
Es sobre su vida y habla de su carrera como dibujante.
Y tu quieres ser dibujante.
¿No?
RIUS para principiantes
iniciando con JA-JA

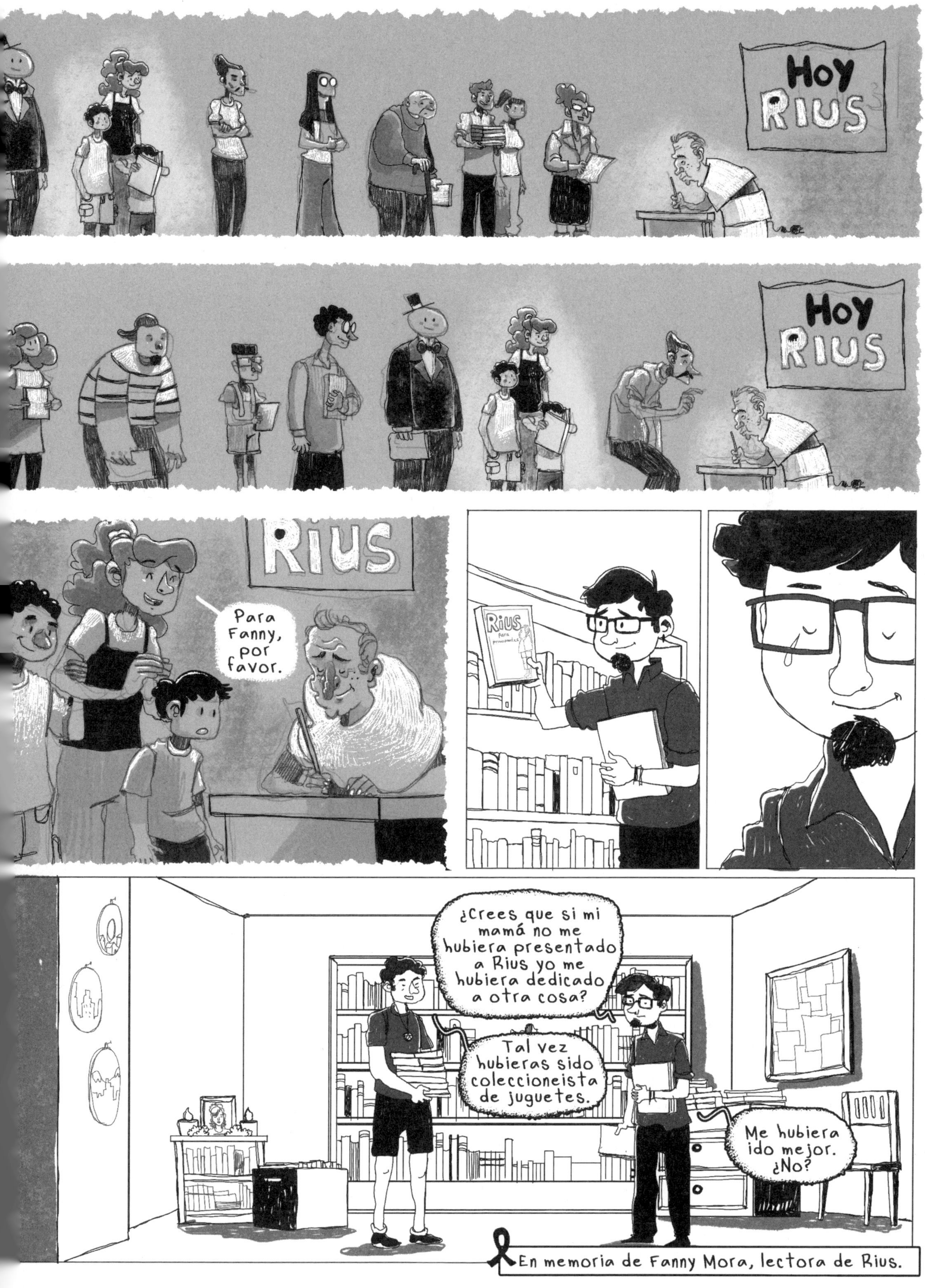
HOY RIUS
HOY RIUS
RIUS
Para Fanny, por favor.
Rius Para principiantes
¿Crees que si mi mamá no me hubiera presentado a Rius yo me hubiera dedicado a otra cosa?
Tal vez hubieras sido coleccioneista de juguetes.
Me hubiera ido mejor. ¿No?
En memoria de Fanny Mora, lectora de Rius.

¿DE DÓNDE SALEN LAS IDEAS?
(Fragmento del libro *Mis primeras porquerías*)

¿De dónde salen las ideas? Ah, eso es lo que yo quisiera saber… y conmigo todos los caricaturistas… ¿Cómo se le ocurren a uno los chistes? Es la pregunta más repetida en mis casi 20 años de monero historietista.

Yo creo que las ideas deben andar por ahí, por el éter. Sospecho que, como la telegrafía sin hilos, las ideas flotan en el aire y de repente son atraídas por las ondas cerebrales o traídas a la mente por las famosas musas.

Para buscar la idea, procuro estar solo y lo más tranquilo posible. Previamente debo saber de qué va a tratar el chiste: si es para periódico, sobre qué noticia. Si es cartón intemporal, no actual, sino un simple cartón para revista, sobre qué tema o especialidad. En este último caso, los chistes nacen viendo otros chistes y buscando variaciones. En el caso de la caricatura editorial, hay que buscar generalmente la argumentación "seria": ¿por qué pasó?, ¿qué más puede pasar?, ¿cómo puede evitarse?, ¿quién tiene razón?, y ¿qué solución tiene?, etc. Ya razonado dialécticamente el hecho a comentarse, [hay que] buscarle el lado humorístico, que muchas veces radica en algún juego de palabras. Y listo.

(Dicho así suena fácil, pero hay veces en que se pasa uno las horas buscando una idea, que además sea "publicable"…) Además, cada caricaturista tiene su propio estilo de matar pulgas y lograr ideas. El mío es ese y a veces me da resultado. Como detalle extra, consigno que me gusta trabajar con música, de preferencia clásica o jazz…

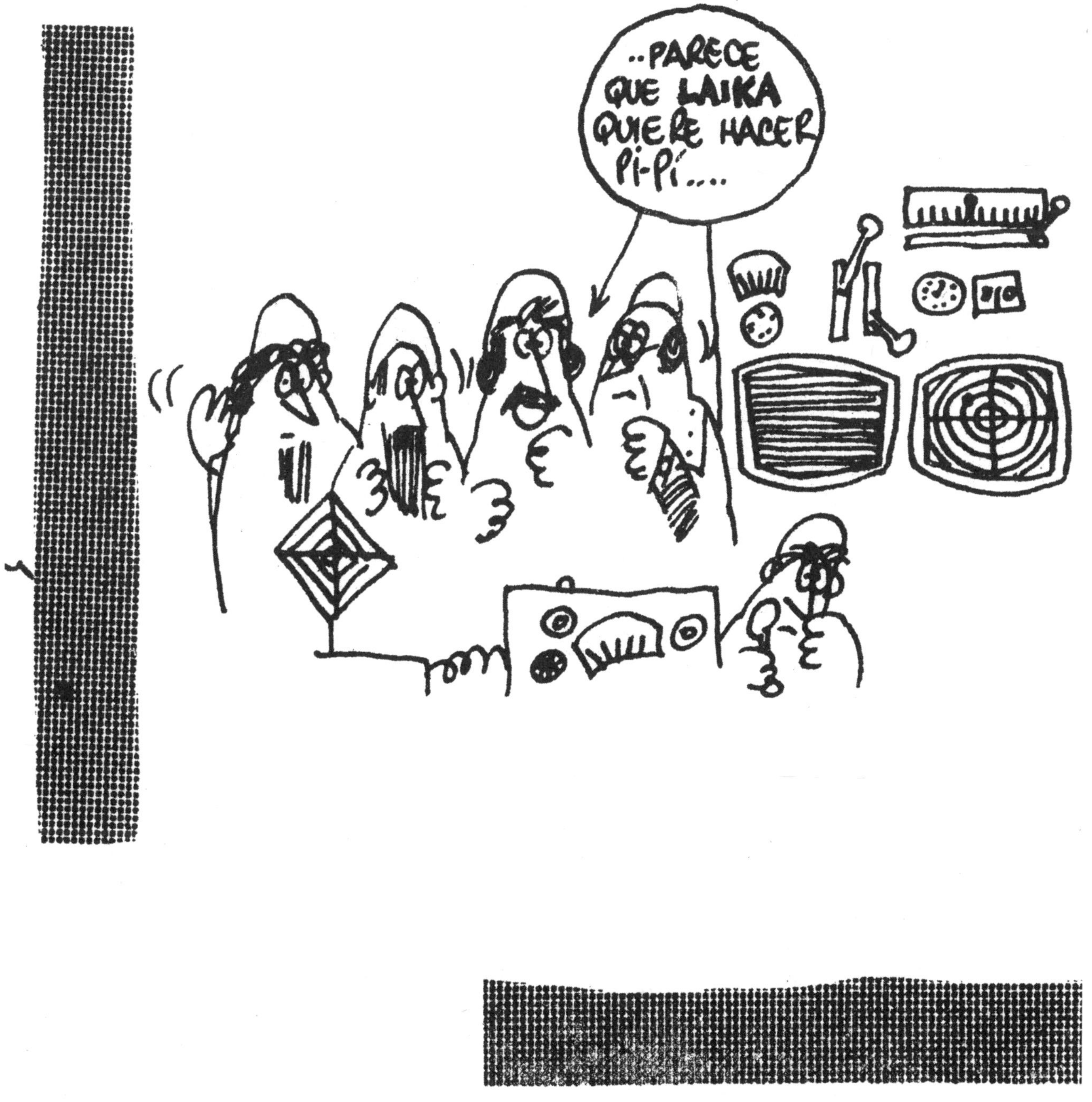
..PARECE QUE LAIKA QUIERE HACER PI-PÍ....

HUMOR FUTURISTA

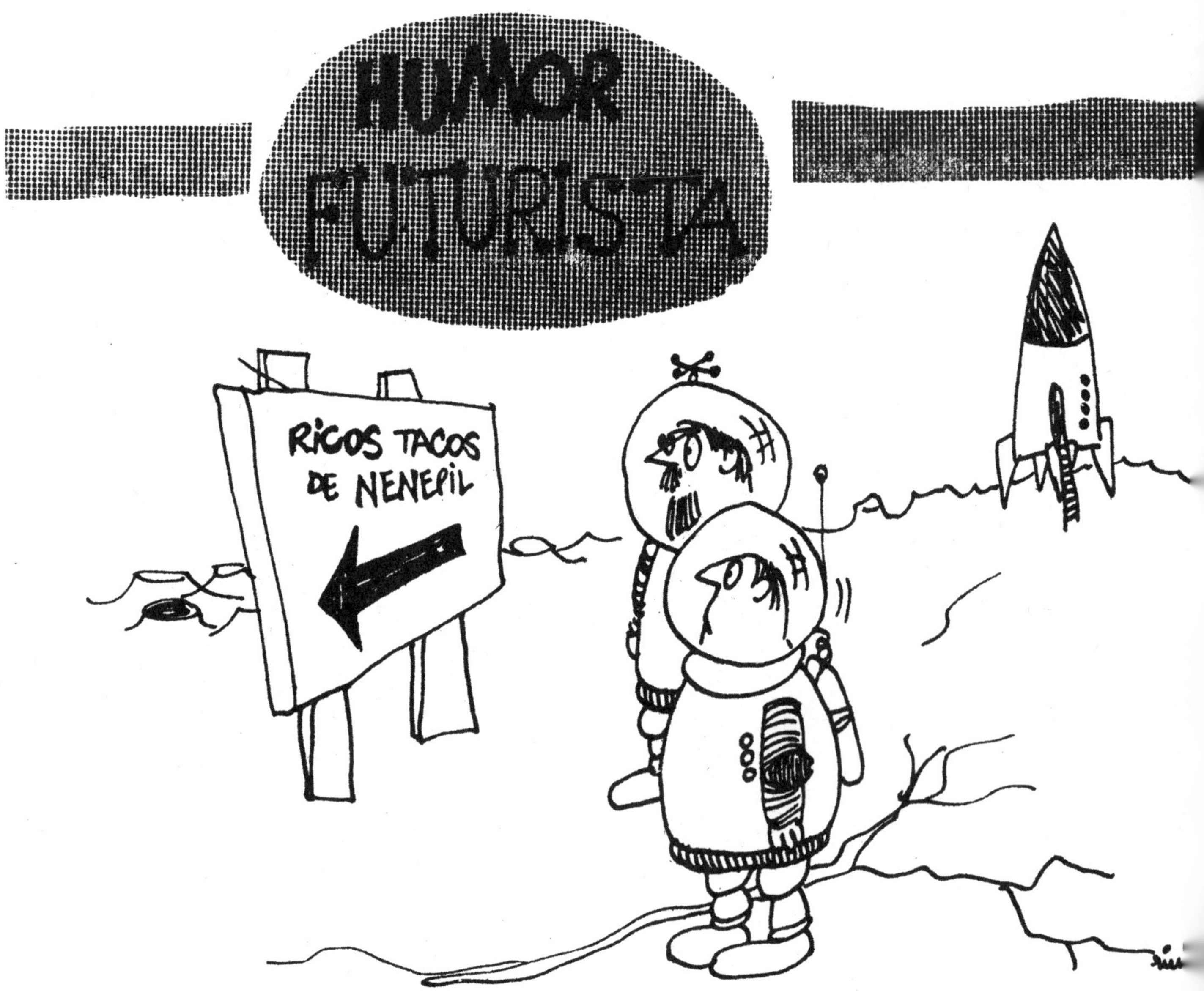
RICOS TACOS
DE NENEPIL

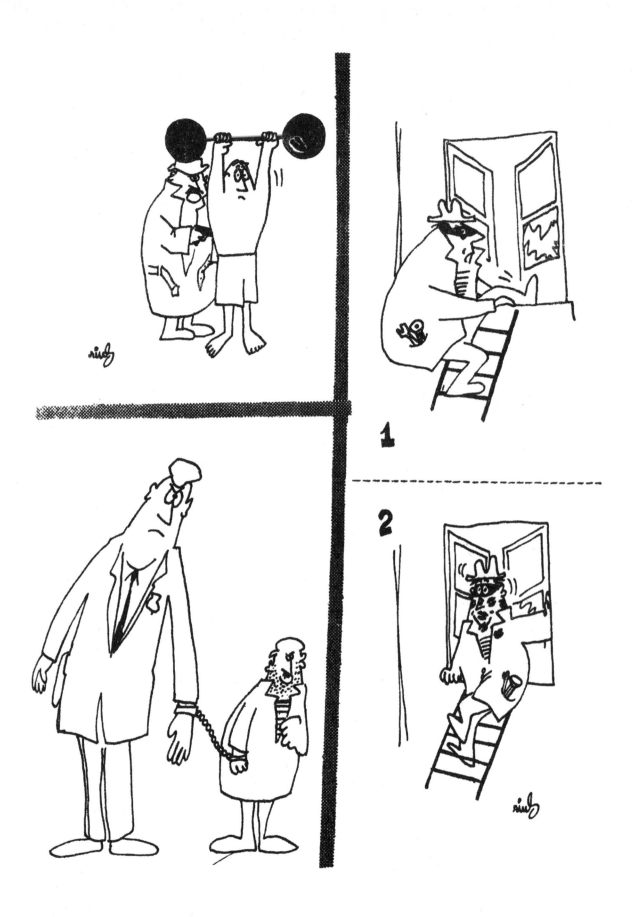

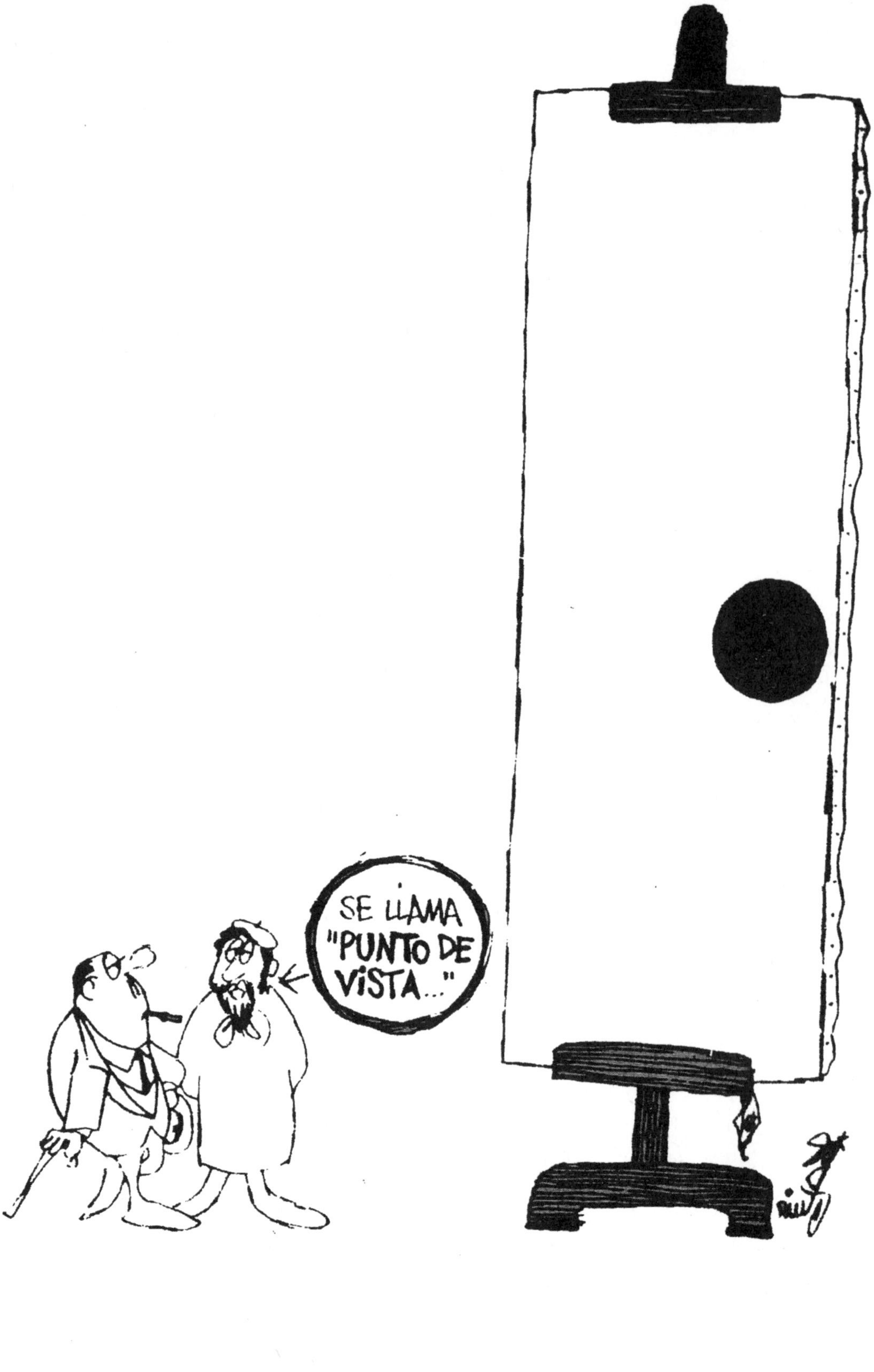
SE LLAMA "PUNTO DE VISTA..."

—¡A usted le hablo... le digo que saque la cabeza...!

ENTREVISTA

Entre los cientos de entrevistas que Rius concedió a lo largo de su vida, la que realizó Ana Cruz para el programa *Esta semana en la cultura* de Canal 11 fue donde mejor planteó Eduardo sus inicios e influencias.

Transcribimos esta parte en particular para documentar la visión del autor de *Los Supermachos* y *Los Agachados* sobre sus inicios en la caricatura y la historieta.

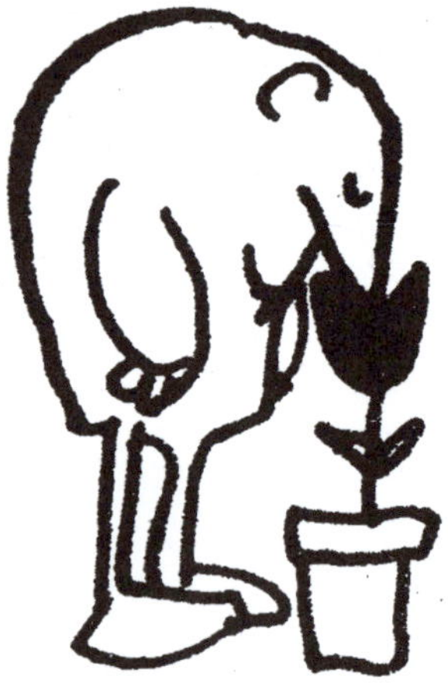

ENTREVISTA CON RIUS

En una conversación de Ana Cruz con Rius, cuenta sobre sus inicios en el dibujo.

 *Esta semana en la cultura,* entrevista con Eduardo Rius (parte 1) Min 1:33

"Me motivó mucho el trabajo de Abel Quezada y de otro caricaturista rumano norteamericano, Saul Steinberg que es el padre de la caricuatura moderna. Ellos dos me hicieron creer que yo podía hacer cosas como ellos, que podía dibujar y hacer cartones siguiendo más o menos su estilo. Empecé copiando vilmente los trabajos de Steinberg y los textos de Abel. [...] Los únicos que quedamos de nuestra generación somos Sergio Aragonés del Mad y yo. Ambos dos surgimos en los años cincuenta [...] siguiendo una línea que había empezado Abel Quezada. Un humor que ya no tenía nada que ver con las caricaturas del Chango Cabral, Arias Bernal o de Freyre, que era otro tipo de ver las cosas. Con más humor, con menos dibujo elaborado y con más desenfado, con menos solemnidad. A mi me gustó mucho esa línea de Abel Quezada, y Alberto Isaac también estaba en esa generación. No solo yo, una cantidad de caricaturistas que nos empezamos a llamar moneros porque hacíamos monitos más que dibujos elaborados. [...] La diferencia (con otros caricaturistas) yo la plantearía en función del humor.

Las caricaturas que hacían El Chango Cabral, Arias Bernal o Freyre, eran caricaturas tipo cartón editorial americano. A base de símbolos, de un dibujo bien elaborado… y nosotros, sobre todo Quezada, rompió con todo eso y empezó a echar relajo en los cartones, a burlarse de los políticos, a burlarse de las personalidades. Cosa que la caricatura no hacía antes. Y nosotros pues ya llegamos a grados superlativos de faltas de respeto. Nos empezamos a meter con los presidentes, con las instituciones. Apoyados en que teníamos libertad de hacerlo, el derecho de la libertad de expresión. Y nos ha ido bien, más o menos, ja,ja. A fuerza de estar todos los días haciendo monitos poco a poco va saliendo tu estilo de dibujar. Es algo que ya viene con la práctica, y claro, uno busca también crear ya un estilo propio, no estar dependiendo de los viejos maestros, ser a nuestra vez imitado por los que luego siguen. Eso es inevitable en la historia de la caricatura o de las artes plásticas. Uno empieza copiando a alguien, poco a poco se va despegando de eso y cuando menos te das cuenta ya te están imitando."

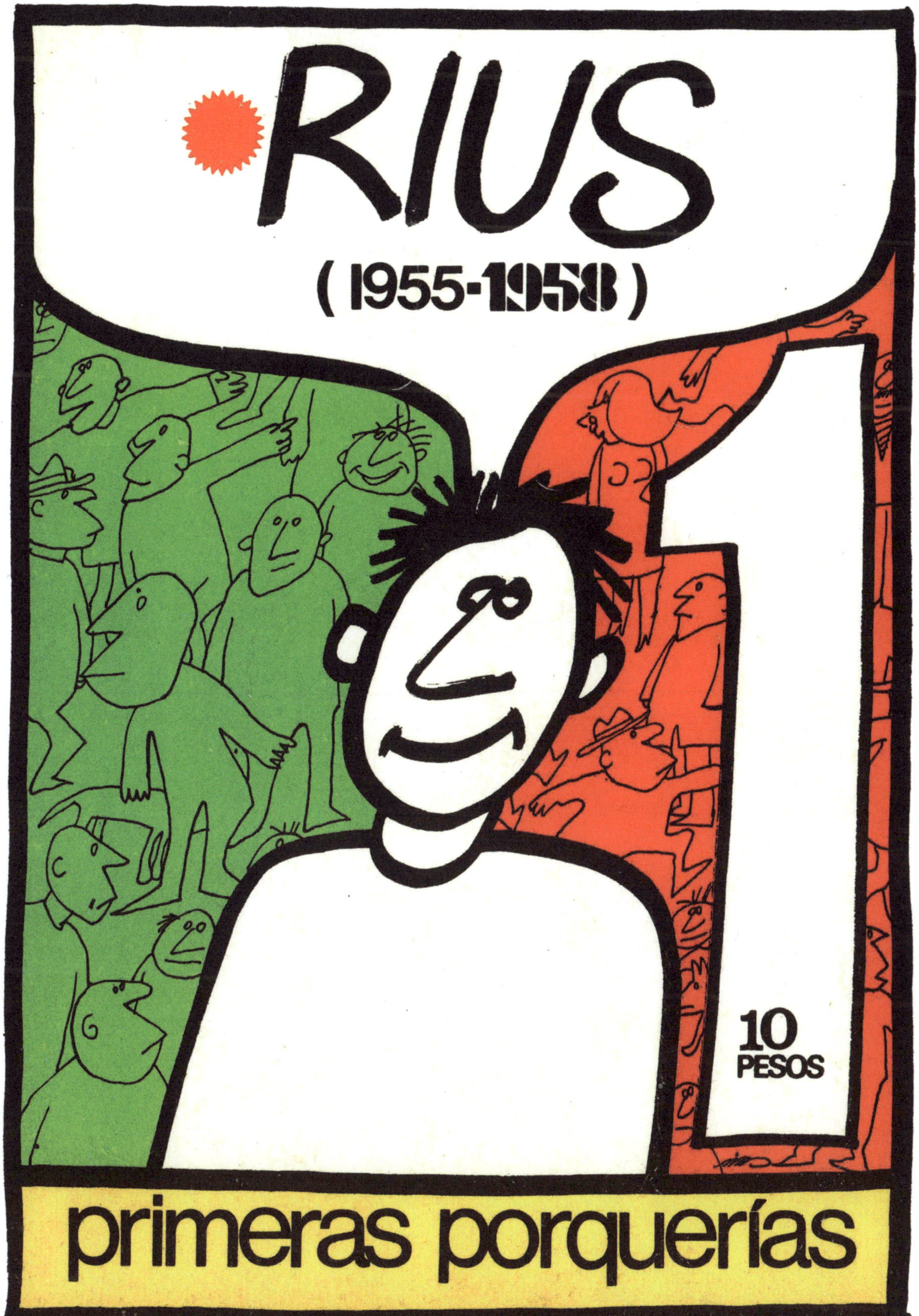
RIUS
(1955-1958)
1
10 PESOS
primeras porquerías

RIUS A COLOR

Su trabajo a color es, tal vez, la faceta más desconocida de Rius.

Es de sobra conocido que todos sus libros se hicieron en blanco y negro, que en sus historietas era Rosita Dobleú quien le ponía el color a los interiores y que en las portadas de ambos formatos Rius dibujaba en blanco y negro, para que luego la imprenta pusiera encima una camisa de color bastante simple.

Por ello estos dibujos, que aparecieron esporádicamente en la contraportada de la revista *Ja-já*, llaman tanto la atención. En aquel entonces el dibujante titular de esa página era Alberto Huici, con intervenciones ocasionales de Mendieta; sin embargo, Rius se coló en algunas ocasiones con dibujos en color directo hecho por él mismo.

Hasta hoy se decía que había muy pocos trabajos de Rius a color directo, quizá algún dibujo realizado para participar en una bienal o certamen de humor y párale de contar, pero lo cierto es que era aficionado a la pintura, una disciplina que desarrolló con entusiasmo durante los últimos años de su vida.

Disfruten ahora el trabajo a color de Rius y descubran que así como su concepción del diseño editorial era bastante avanzada a su época, en el uso del color no tenía nada que pedirle a nadie.

IMPOSIBLE

Por **RIUS**

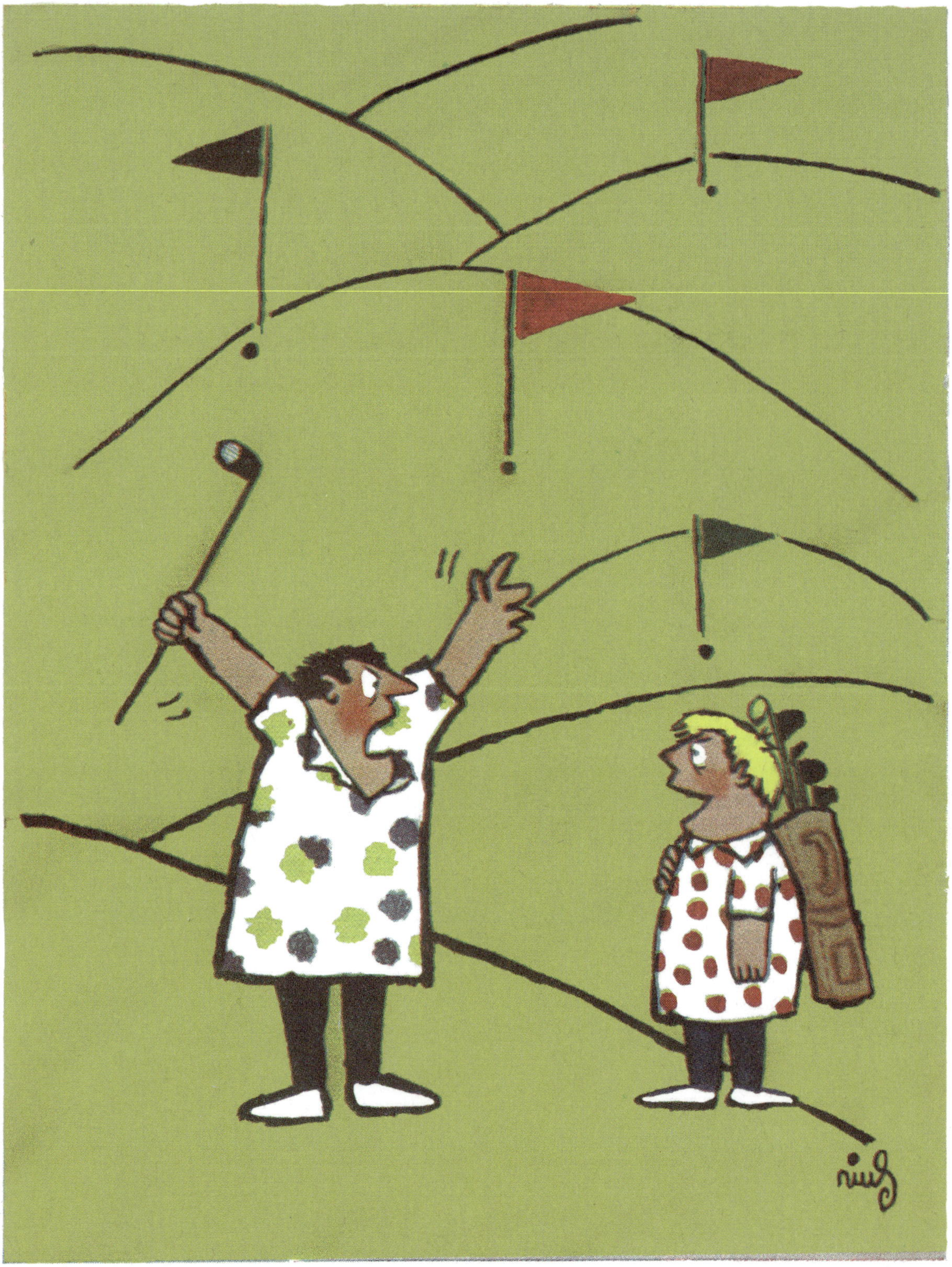

—¡Por lo visto eres el peor caddy del mundo!
—Tampoco, mister: sería demasiada coincidencia.

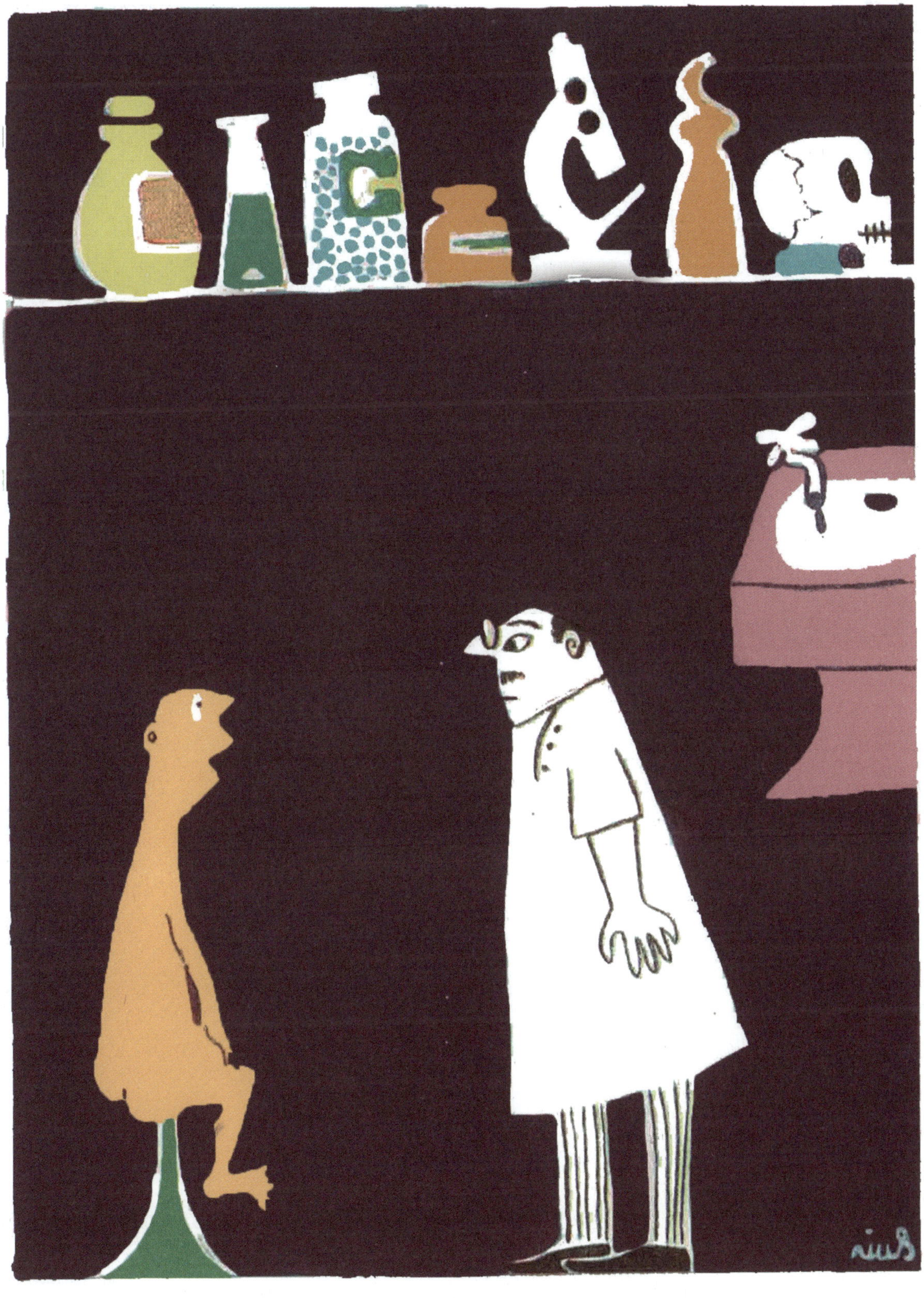
rius

—¿Qué, ¿no le sienta a usted bien la comida?
—No, doctor, parece que se queda de pie...

PERDIDA

Por RIUS

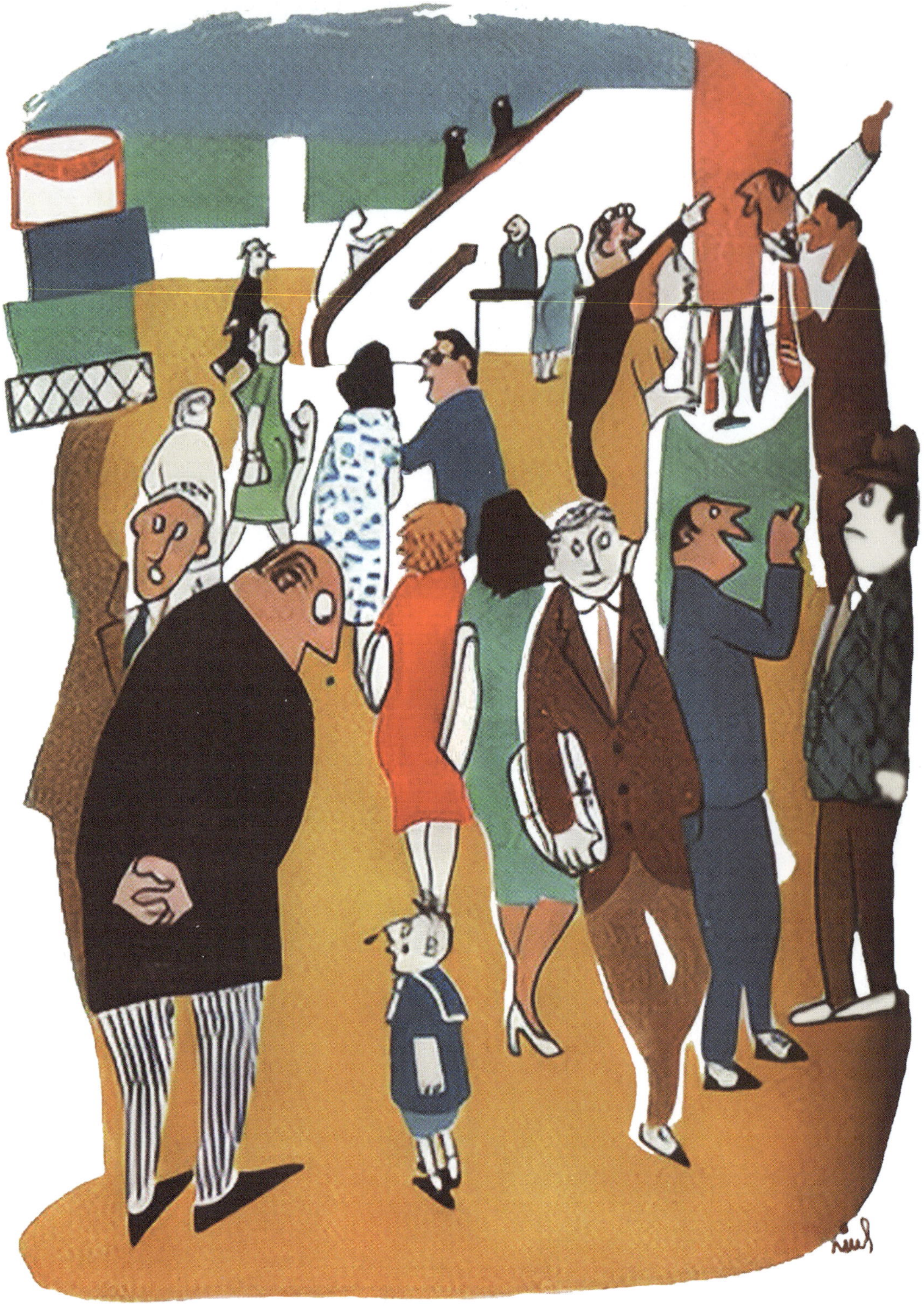

—Señor: ¿no ha visto usted a una señora sin niño?

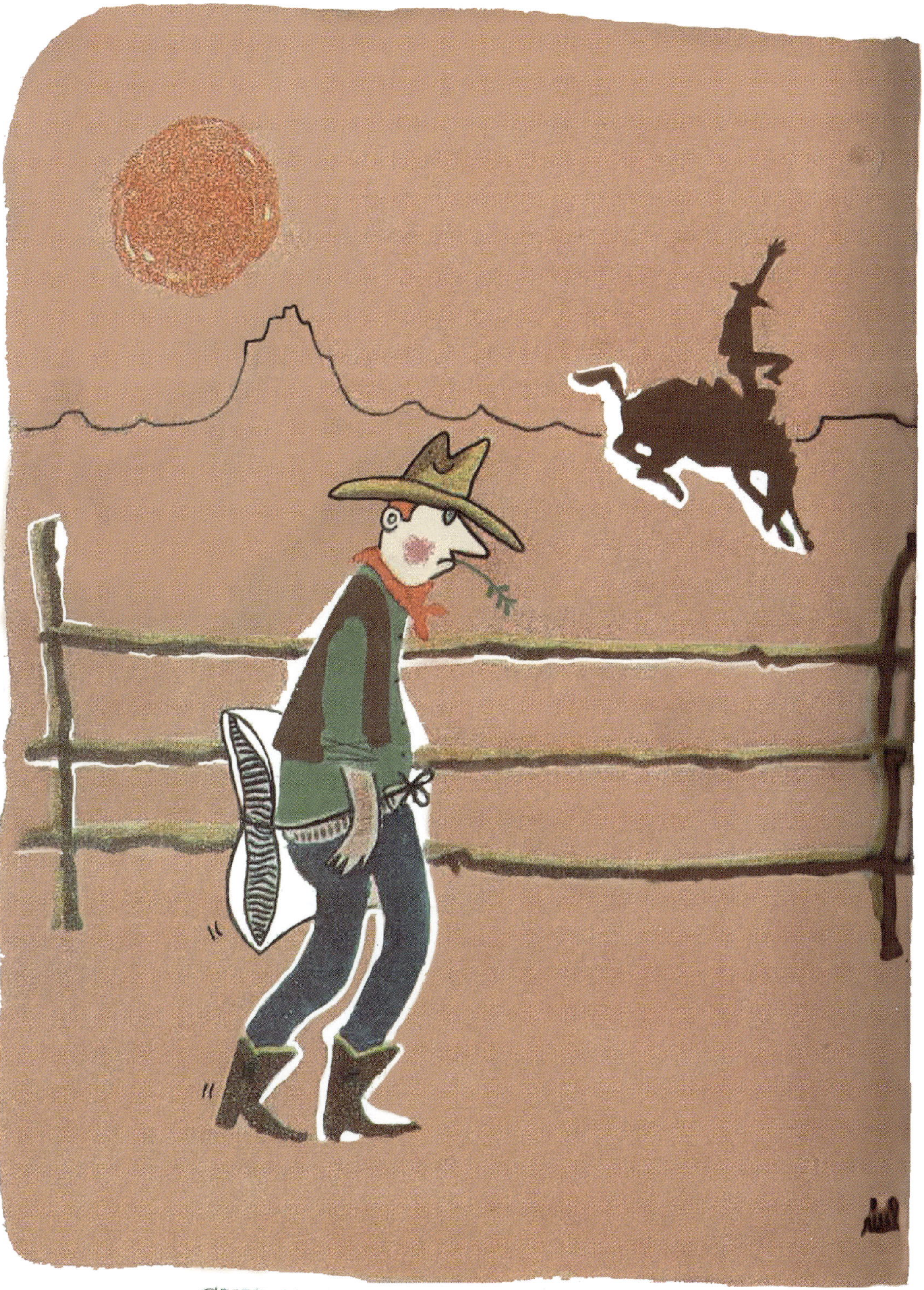

CUIDADO CON LAS PETACAS MISTER

ACUERDATE DE ACAPULCO

Por RIUS

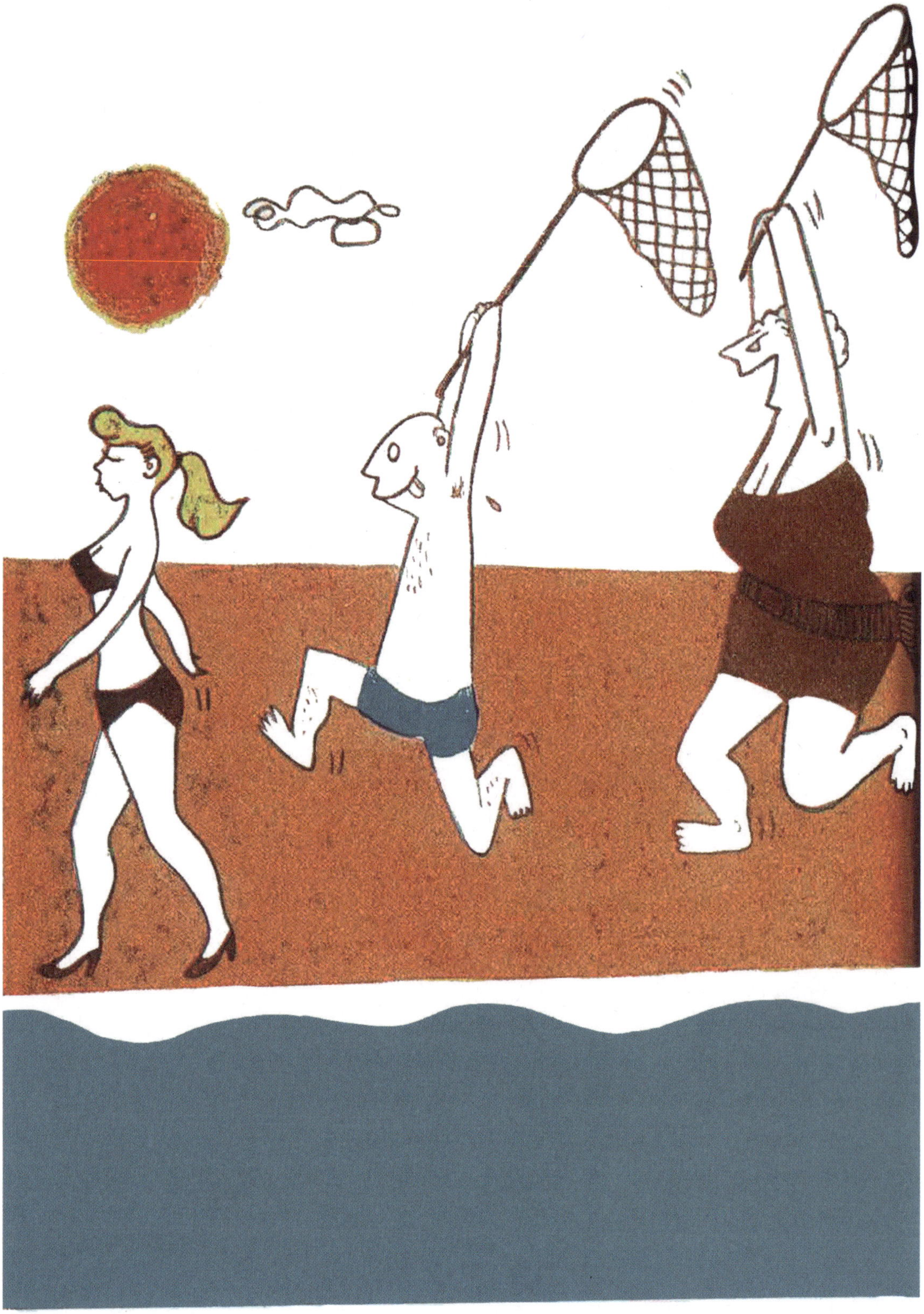

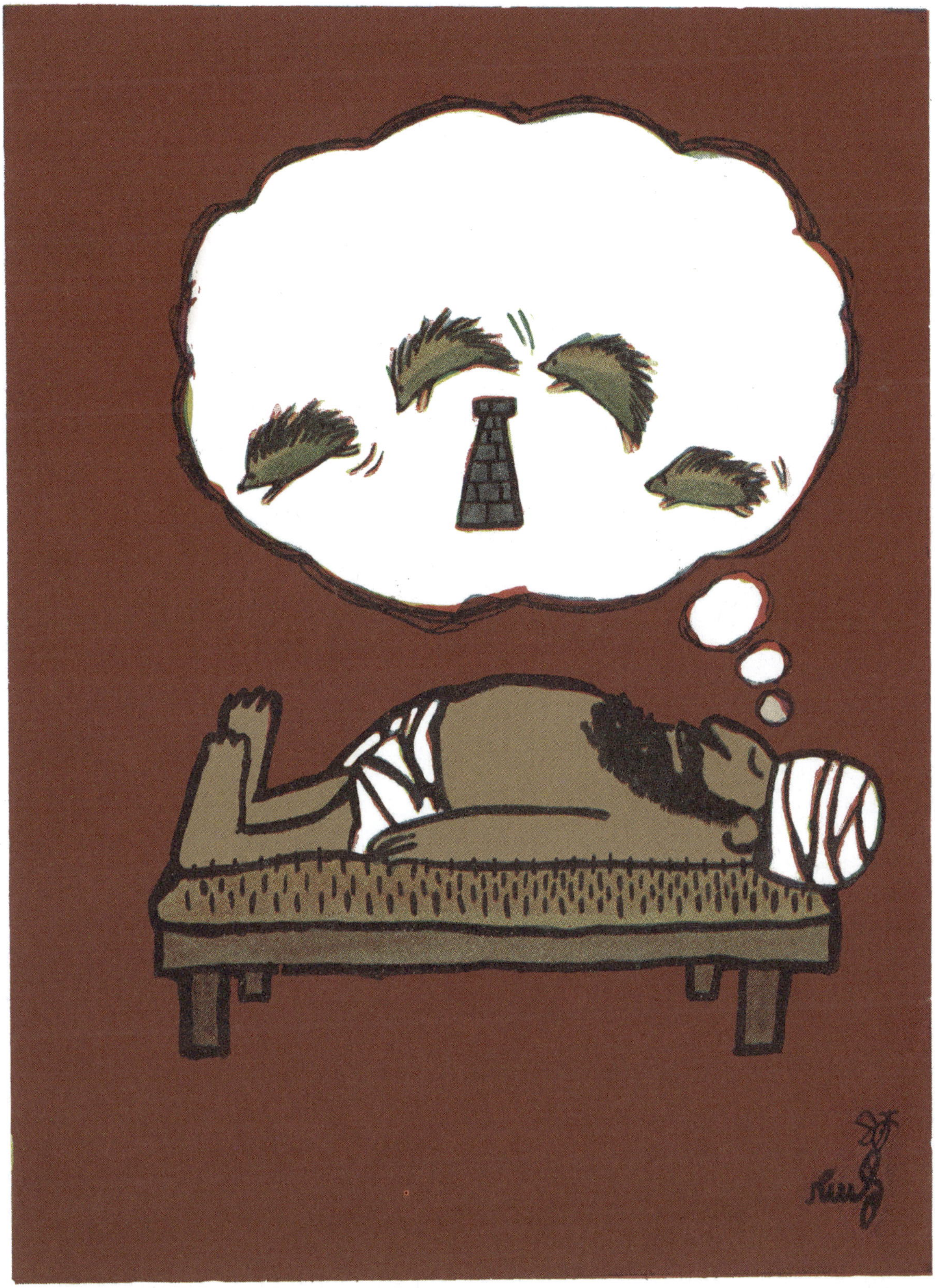
Rius

FAKIR Por RIUS

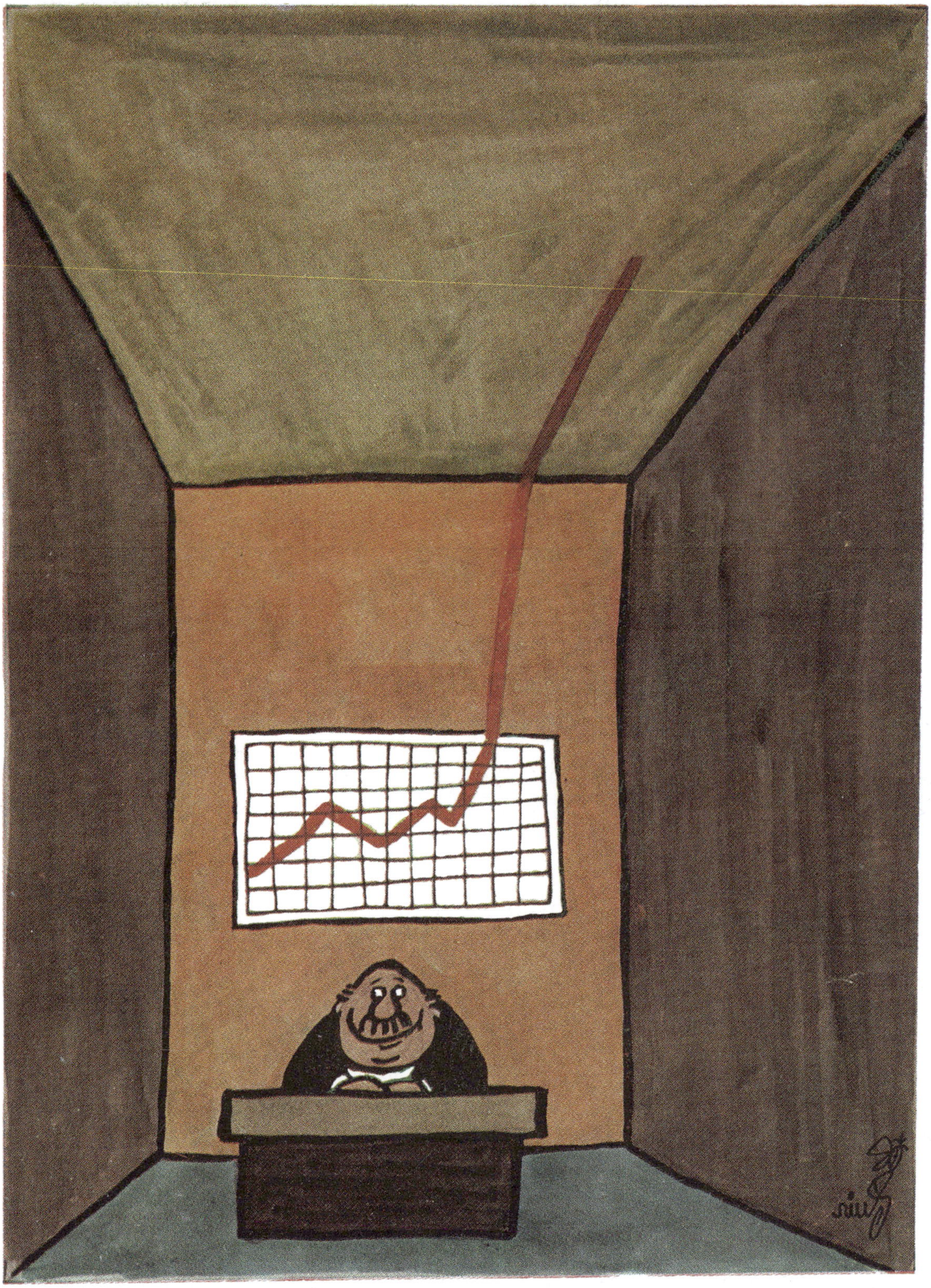

UNIVERSITARIA

Por RIUS

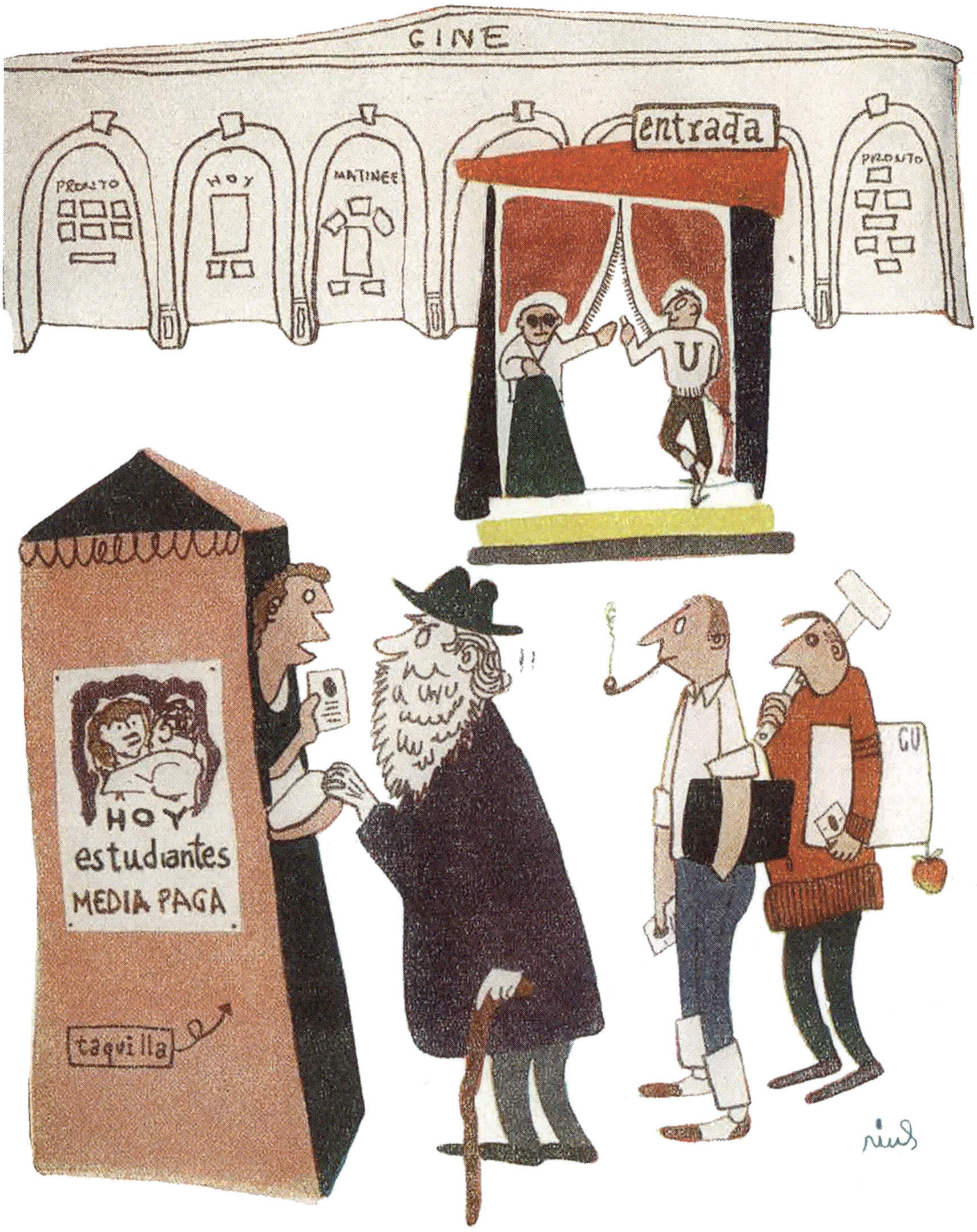
CINE
PRONTO
HOY
MATINEE
entrada
PRONTO
U
HOY
estudiantes
MEDIA PAGA
taquilla
CU
rius

—Lo siento, señor, pero esta credencial es del año 1920…

OTRO CAMPEON MUNDIAL — Por RIUS

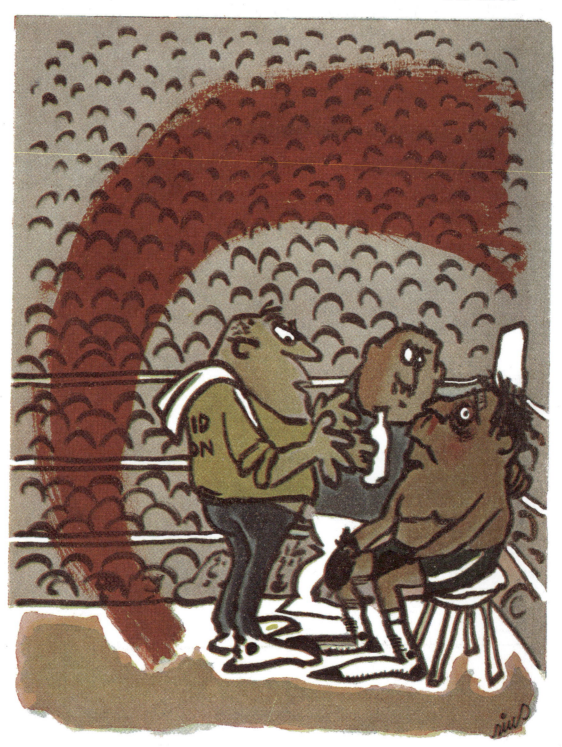

—Y cuando yo te diga el "Uno dos", entiéndelo no quiere decir que tú le des uno y él te dé dos, animal.

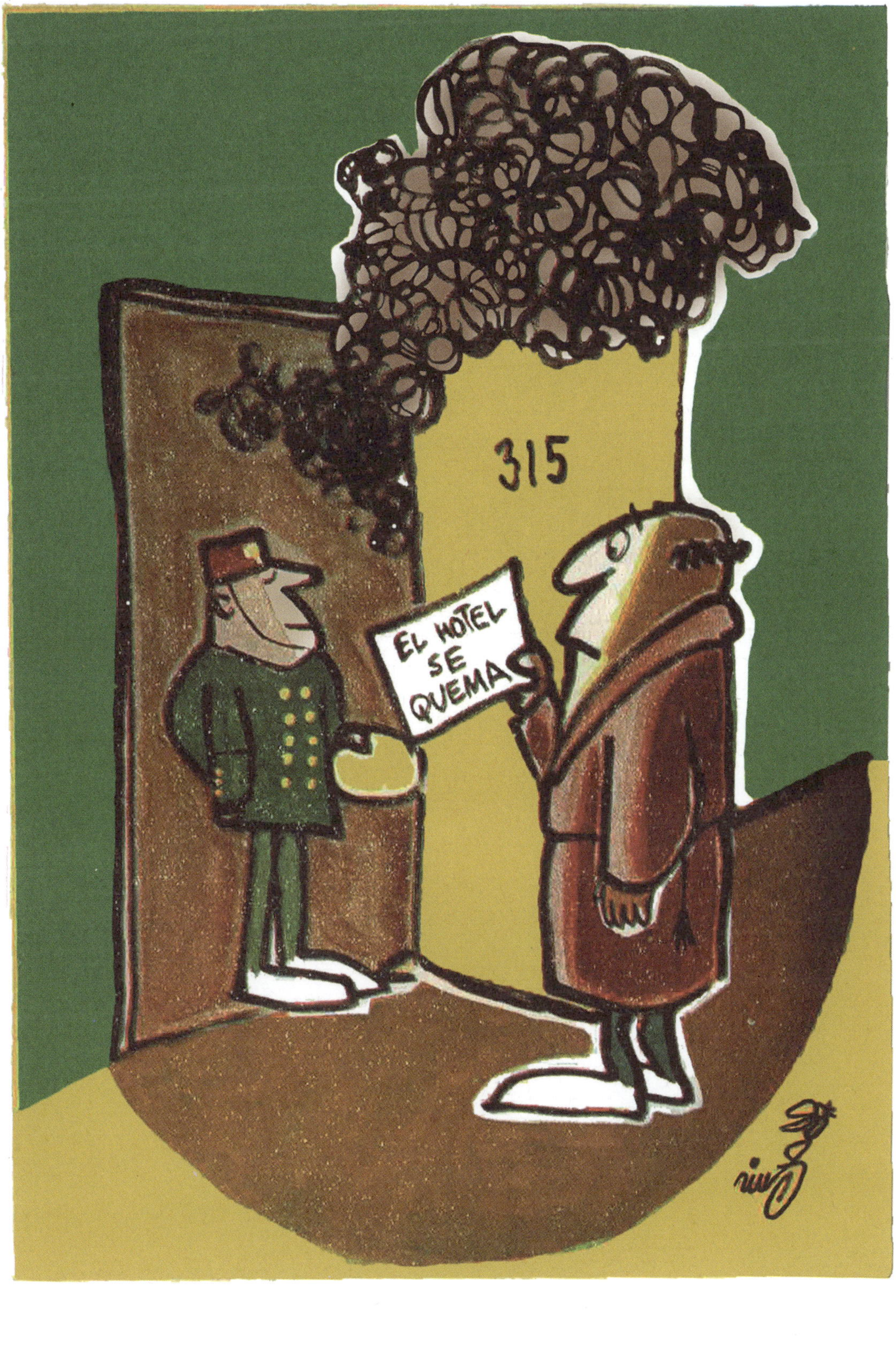
315
EL HOTEL SE QUEMA
rius

TRES CARTONES ESTRIDENTES DE RIUS

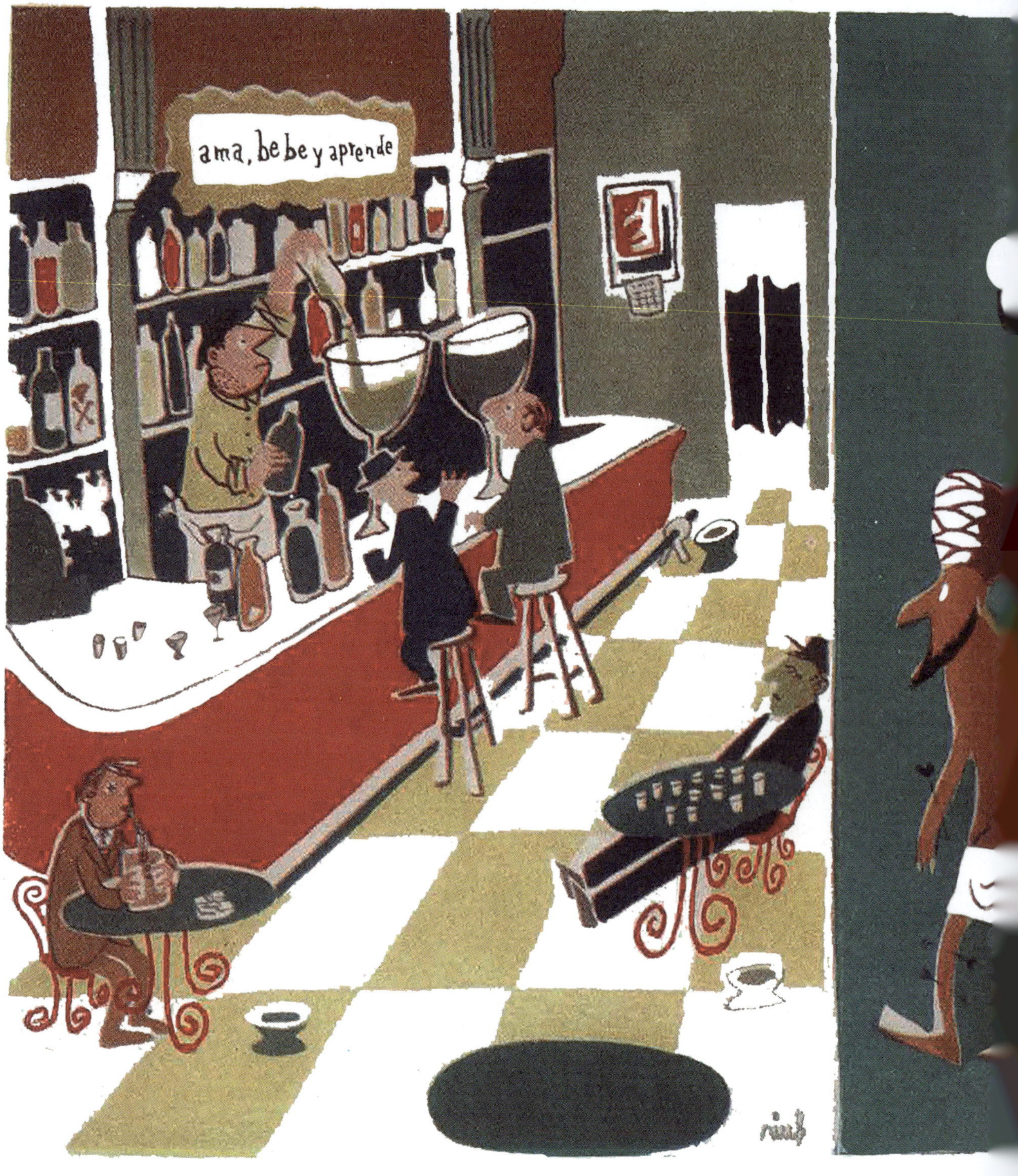
ama, bebe y aprende
rius

—Total, hombre con una copita que te eches, ¿qué te va a pasar?.

—A
bien d

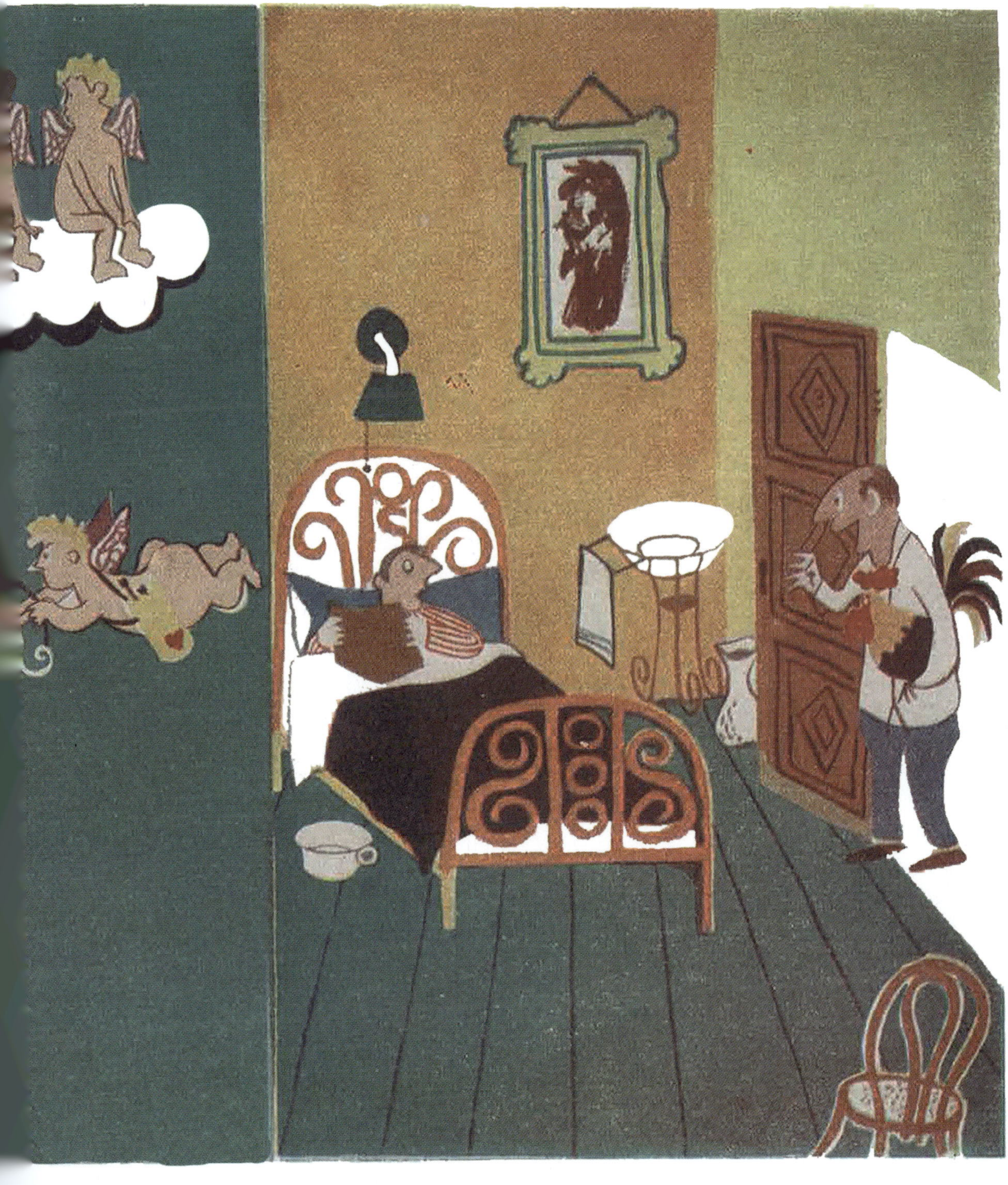

e una chambita —¿Usted es el señor que pidió un despertador?

Ja-Já

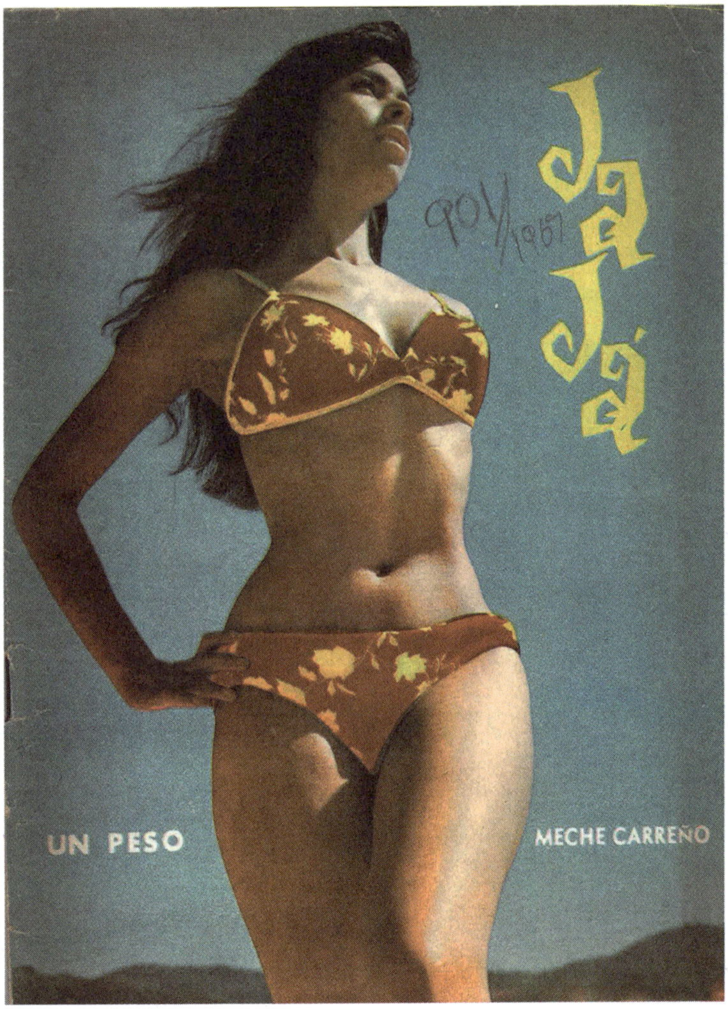

Ja Já
UN PESO
MECHE CARREÑO

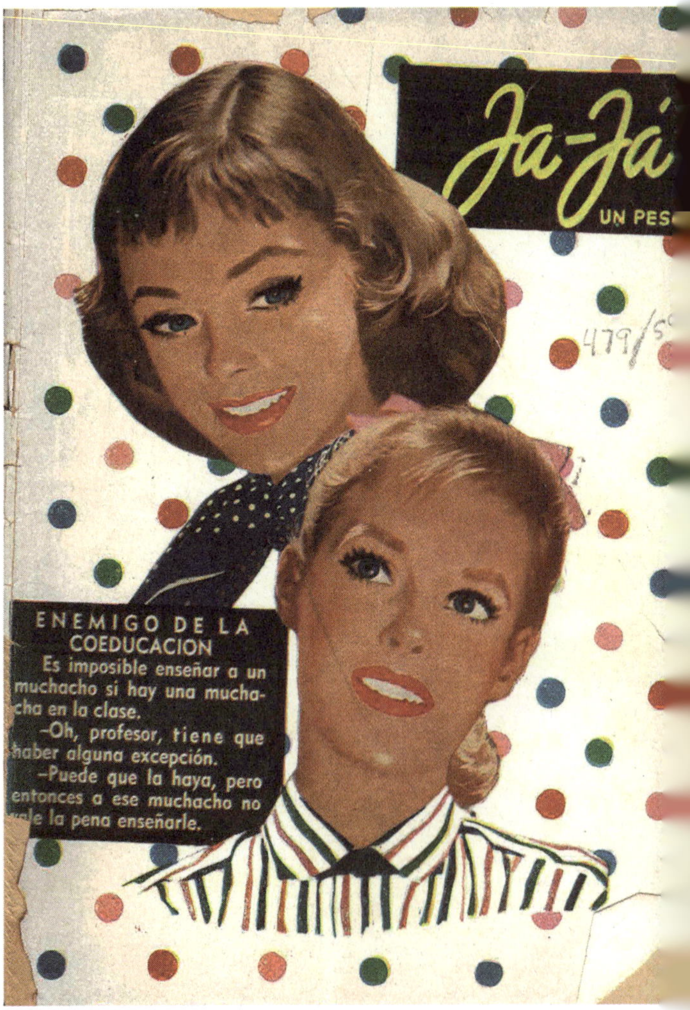

Ja-Já
ENEMIGO DE LA COEDUCACION
Es imposible enseñar a un muchacho si hay una mucha-cha en la clase.
–Oh, profesor, tiene que haber alguna excepción.
–Puede que la haya, pero entonces a ese muchacho no vale la pena enseñarle.

JA-JA

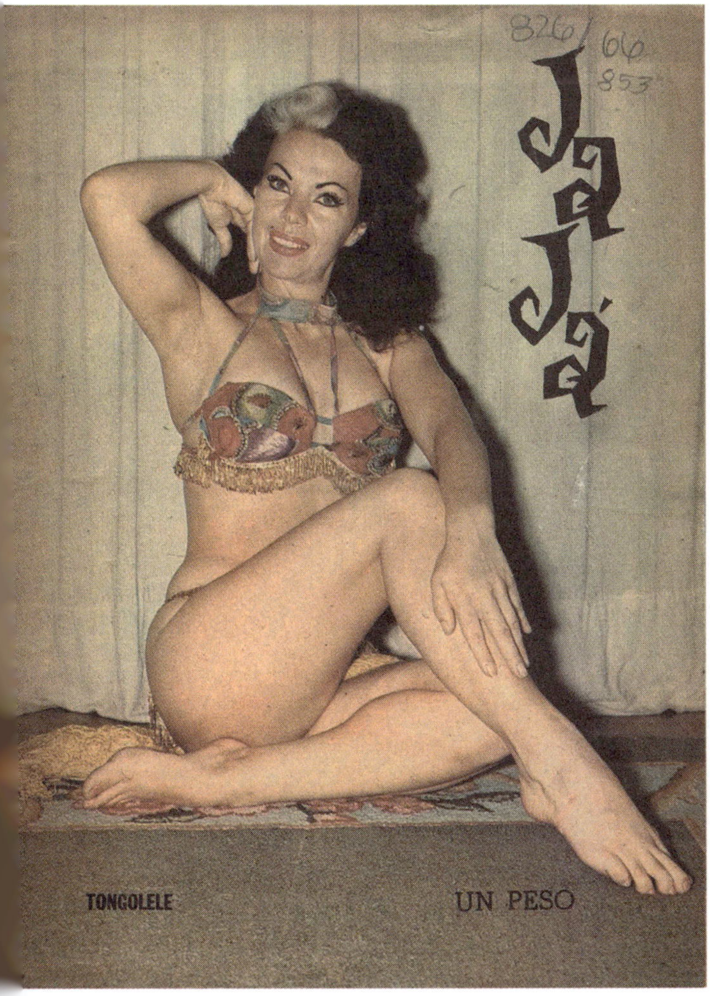

JA JÁ
TONGOLELE
UN PESO

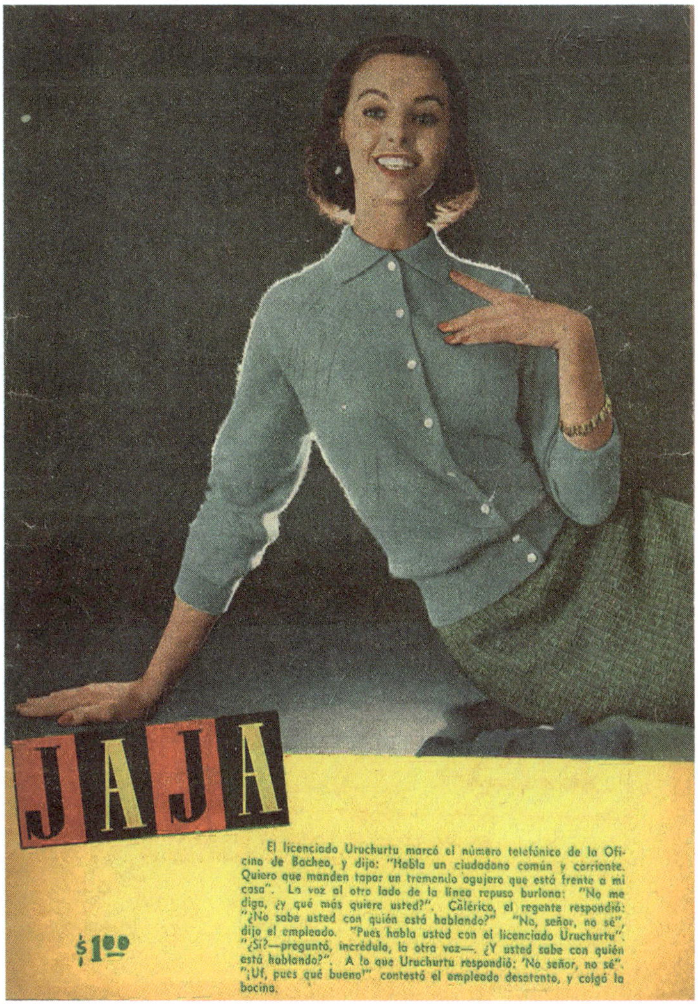

JAJA
$1.00
El licenciado Uruchurtu marcó el número telefónico de la Oficina de Bacheo, y dijo: "Habla un ciudadano común y corriente. Quiero que manden tapar un tremendo agujero que está frente a mi casa". La voz al otro lado de la línea repuso burlona: "No me diga, ¿y qué más quiere usted?". Colérico, el regente respondió: "¿No sabe usted con quién está hablando?" "No, señor, no sé", dijo el empleado. "Pues habla usted con el licenciado Uruchurtu". "¿Sí?—preguntó, incrédula, la otra voz—. ¿Y usted sabe con quién está hablando?". A lo que Uruchurtu respondió: "No señor, no sé". "¡Uf, pues qué bueno!" contestó el empleado desatento, y colgó la bocina.

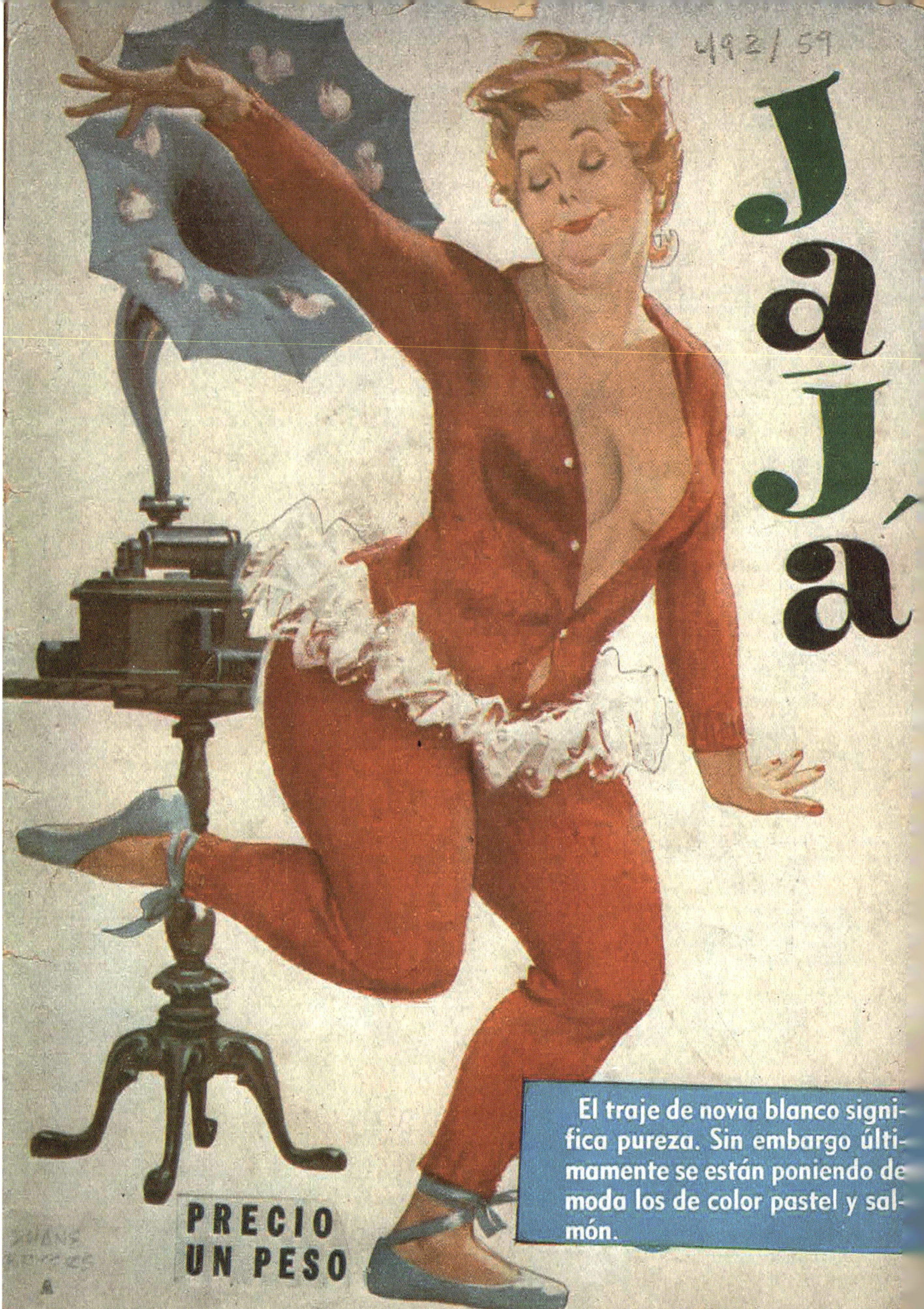
492/59
JaJá
El traje de novia blanco significa pureza. Sin embargo últimamente se están poniendo de moda los de color pastel y salmón.
PRECIO
UN PESO

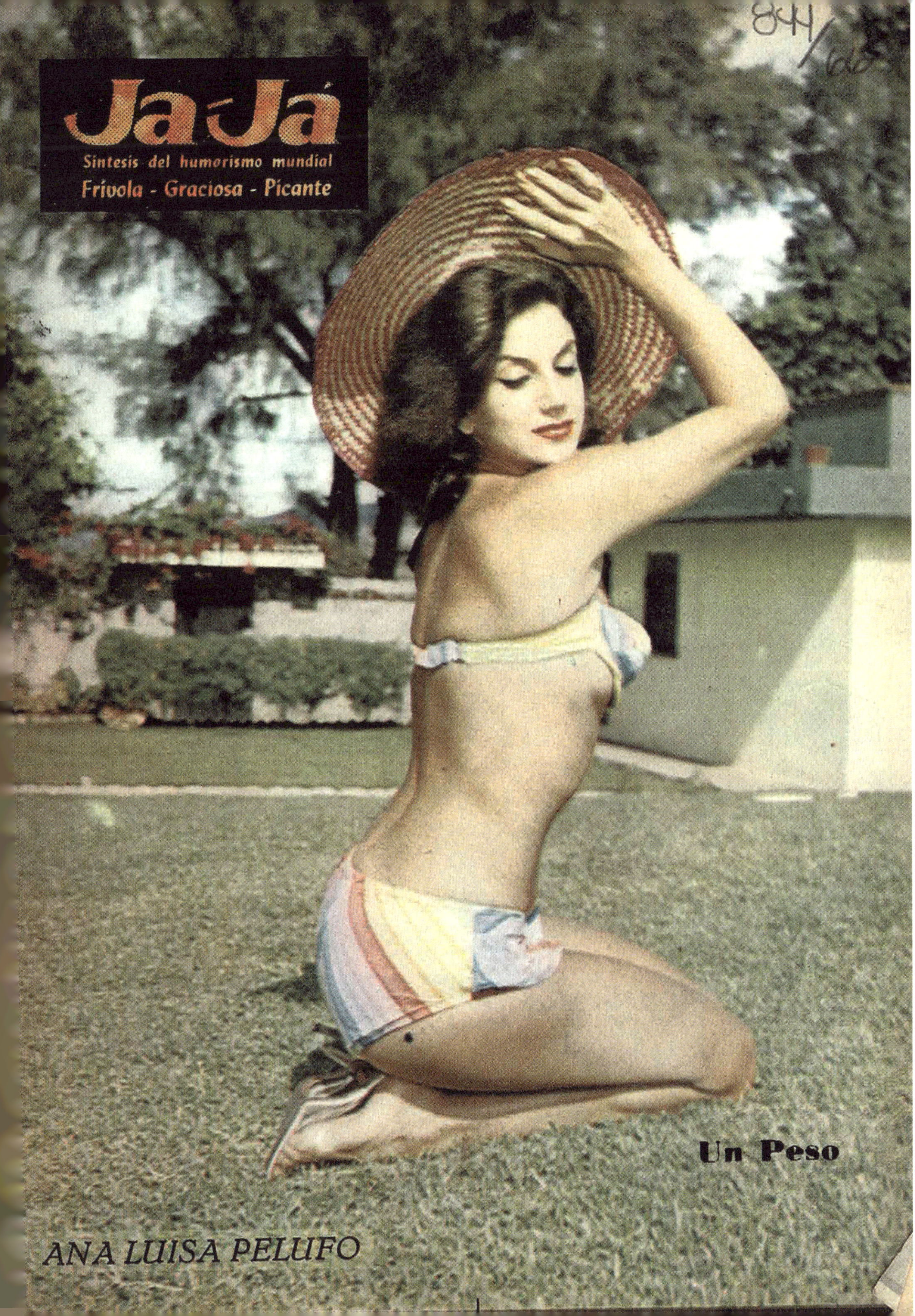
Ja-Já
Síntesis del humorismo mundial
Frívola - Graciosa - Picante
Un Peso
ANA LUISA PELUFO

Ja-Já

Orientación Infantil es lo que cada vez en mayor grado reciben hoy en día los padres de los hijos.

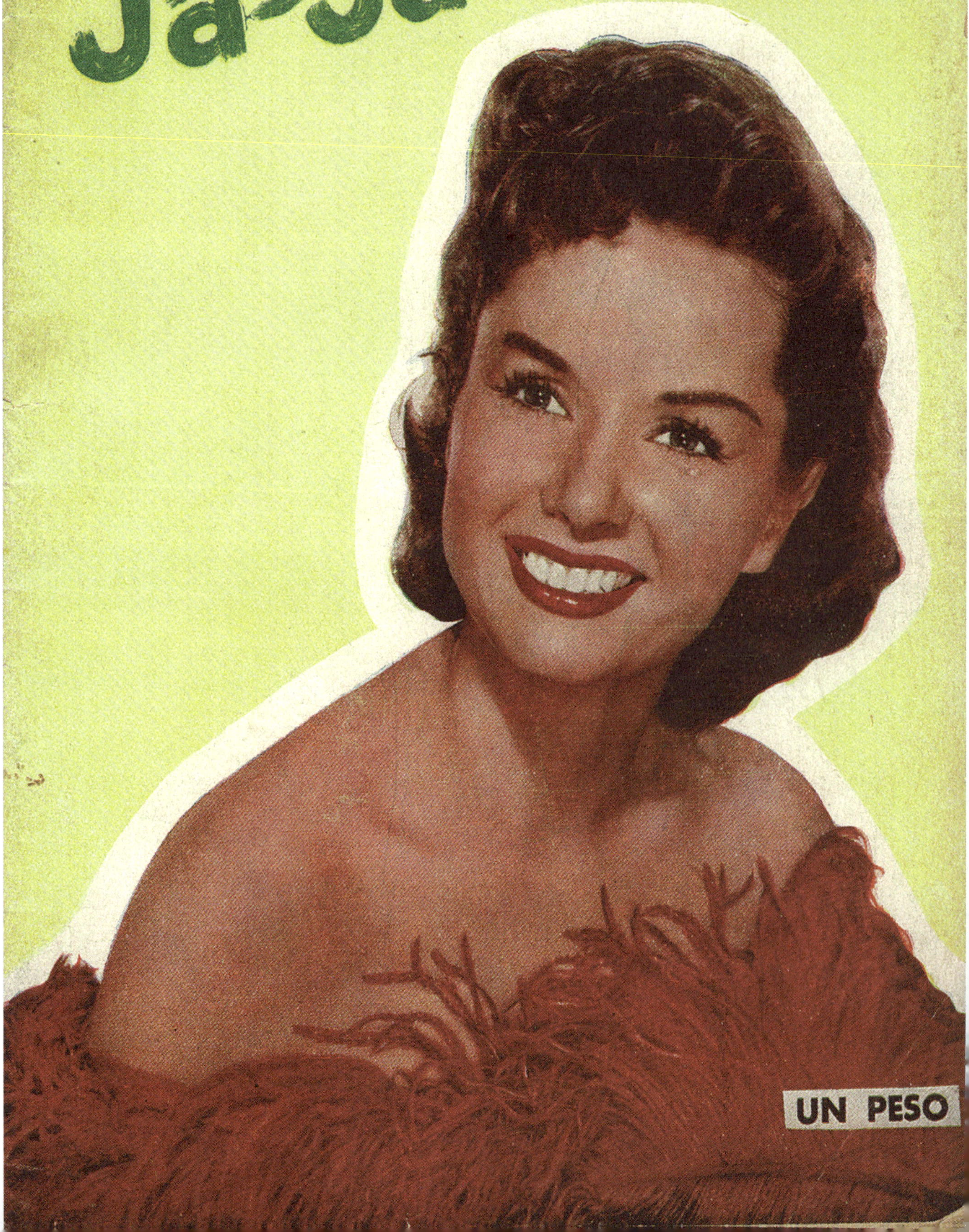

UN PESO

Ja-Já

5/13/60

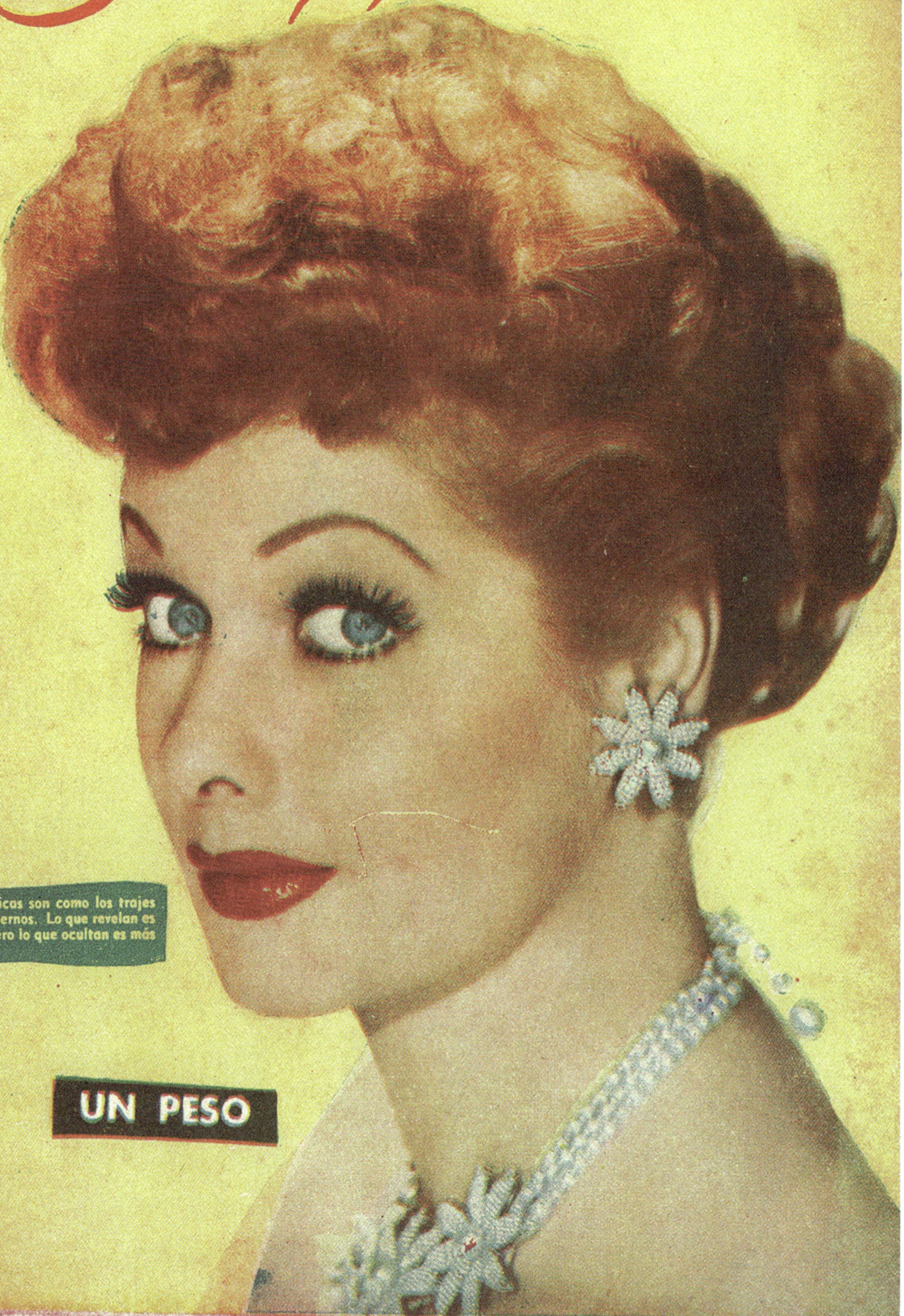

Las estadísticas son como los trajes de baño modernos. Lo que revelan es sugestivo, pero lo que ocultan es más interesante.

UN PESO

pasatiempos para OCIOSOS
(y BURÓCRATAS...)

POR EL PROF. RIUS FRIUS PSIQUIATRA.

COMO HACER UNA TURBINA ATÓMICA (con permiso de la ONU)
1- AGARRE DOS TUBOS Y UNALOS POR EL EJE CON ALAMBRE (B)
2- YA UNIDOS COLÓQUELOS ENTRE D Y P, PROCURANDO QUE NO SE DESINFLEN ENTRE SÍ.
3- CON UNA NAVAJA HAGA UNA RANURA ENTRE LOS DOS POLOS.
4- PONGA SULFATIAZOL EN EL DEDO O LLAME AL DOCTOR, COMO GUSTE...

PROBLEMA NUM. 2 — LOS TRIANGULOS

RECORTE CON UNAS TIJERAS TODOS LOS TRIÁNGULOS DE LA FIGURA DE ABAJO. UNA VEZ RECORTADOS, TRATE DE ARMARLOS NUEVAMENTE HASTA FORMAR UNA FIGURA IGUAL. (NO SE VALE COPIARSE...)

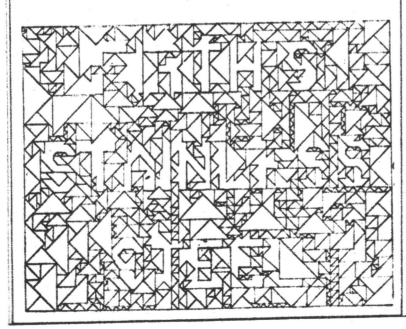

COMO HACER NEGRO de HUMO

ingredientes:
UNA PROBETA
UN NEGRO Y
UN HUMO.
REVUÉLVALOS HASTA QUE LA PROBETA SE LLENE DE HUMO NEGRO. ¡...LISTO..!!!

RECETA DE COCINA: → PAPAS a la JARDINERA →

PELE CUATRO PAPAS. LUEGO PELE UNA JARDINERA, MÉZCLELAS Y PÓNGALAS EN BAÑO MARÍA. SI EL BAÑO ESTÁ OCUPADO, PÓNGALAS AL HORNO.
CUANDO MARÍA SALGA DEL BAÑO PÍNCHESE LA JARDINERA CON UN TENEDOR. SI GRITA, QUIERE DECIR QUE ESTÁ CRUDA Y SI NO GRITA, YA PUEDE USTED COMÉRSELA.

A
E
D
C
B
F

Y
Y
el
Y
Noa

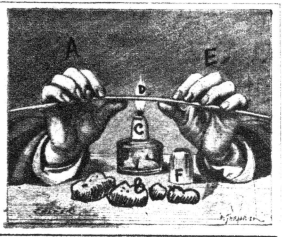

CONCÉNTRESE BIEN Y TRATE DE RESOLVER A CONCIENCIA ESTE **JEROGLÍFICO**.
SI A LAS OCHO HORAS NO HA PODIDO RESOLVERLO, NO SE PREOCUPE, PUES ESTE JEROGLÍFICO NO TIENE (QUE SEPAMOS..) SOLUCIÓN.

COMO FABRICAR EN CASA UNA "ALTA FIDELIDAD" (PAT. PEND.) →

A- COMPRE UNA BUENA BOCINA
B- CONÉCTELA A UN ALAMBRE DE DIECISEIS METROS².
C- CONECTE EL ALAMBRE A LA ALTA FIDELIDAD DE SU VECINO.
D- ¿YA VIÓ QUE BARATO...?

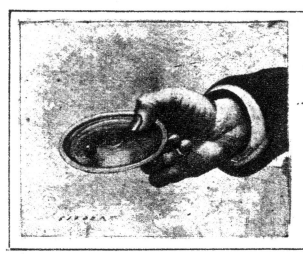

P
A
B
O
S
H
R
C
E
D
6

COMO PEDIR LIMOSNA

¿CÓMO?.. ¿EL GERENTE LO SORPRENDIÓ LEYENDO ESTA SECCIÓN..??
.. ¡MAGNÍFICO!.. SALGA USTED A LA CALLE A PEDIR DINERO Y NOS ESCRIBE DICIÉNDONOS CUAL MÉTODO LE DIÓ MEJOR RESULTADO... SALUDOS A LOS NENES.

BIOGRAFÍAS

LUIS GANTÚS

Especialista y conocedor del arte secuencial, creador en 1994 de la primera convención de historietas en México (CONQUE 1994) y co-creador de FESTO Cómic, el primer Festival de Autores de la Ciudad de México. Editor, traductor, articulista, organizador de eventos e incansable promotor y divulgador de la historieta mexicana. Sus artículos han sido publicados en varios países, entre ellos Argentina (*Comiqueando*), España (*Tebeosfera y Mil Rayos*), Italia (WOW Spazio Fumetto), Venezuela, Colombia y en múltiples revistas, cómics y periódicos de México. Ha montado más de 20 exposiciones nacionales e internacionales, algunas de ellas son:

- Del Pasquín al Webcómic (Centro Cultural de España. CDMX, México, 2010 y Cómic Nostrum. Mallorca, España, 2019)
- Memín, Pimienta y Sal (FILIJ. CDMX, México, 2013)
- 80 años con Rius (FILIJ. CDMX, México, 2014)
- Cómic para Todos (FILIJ. CDMX, México, 2015)
- Los Supersabios, Imaginación sin Límites (Museo de la Ciudad. Querétaro, México, 2017).

Como investigador e historiógrafo, editó más de 50 libros y alrededor de 100 cómics. Ha colaborado en libros como *8X8, 8x8 GDL, RecetaRius* y realizó cómics para la Comisión Nacional de los Derechos Humanos (México) y el pueblo de los yaquis de Sonora, para el Instituto Nacional de Migración en apoyo a los migrantes y con el Gobierno de la Ciudad de México, para programas sociales.

Es autor de siete libros:

- *Apuntes chamánicos* (2013)
- *La increíble y triste historia de la cándida historieta y la industria desalmada* (2014

- *Sixto Valencia: Una vida entre viñetas* (2015)
- *Los Supersabios, 80 años* (2017)
- *Sergio antes de Aragonés* (2017)
- *Los Supersabios, aventuras deportivas* (2018)
- *Apuntes de historieta,* tomo 1 (2023)
- Es realizador y creador de la Colección Tesoros de la Historieta Mexicana (2023)

CITLALI POTAMU

Diseñadora editorial, fanzinera, dibujante, y recientemente fan enloquecida de la cerámica. Quiere mucho a las plantas, a los animales y a sus amigxs <3. Es parte de @2Caprichosas, es diseñadora de la revista de la UNAM del Centro Cultural Universitario "La Barraca" y colabora con mucho amor y cariño en @brillantinas_muac <3

citlali.potamu@gmail.com

ARIEL ROSALES

Editor de Rius por más de 40 años.

AUGUSTO MORA

Ciudad de México, 1984. Colaborador de la revista *El Chamuco* y los hijos del averno. Su obra ha participado en exposiciones en ciudades como Monterrey, Cozumel, Ciudad de México, Madrid, Bourges, Chicago, Houston y Québec. En 2010 recibió el primer lugar del Premio Nacional de Novela Gráfica de Editorial JUS por su obra *El Maizo, la maldición del vástago* y en 2017 fue finalista del concurso Secuenciarte en el Festival Pixelatl. Es autor de los libros *Muerte Querida* (Caligrama, 2012), *Tiempos muertos* (Resistencia, 2012), *Fuertes declaraciones* (Animal Gráfico, 2015), *Grito de Victoria* (La Cifra, 2017), *Encuentro en la tormenta* (Animal Gráfico 2018) e *Illegal Cargo* (Black Panel Press, 2020). Ha obtenido la beca Jóvenes Creadores del FONCA en la disciplina de Narrativa Gráfica en dos ocaciones. En 2019 realizó una residencia artística en la ciudad de Québec, Canadá apoyada por el programa Residencias Artísticas de FONCA, el Centro de artes y Letras de Québec (CALQ) y el festival QuébecBD. En 2019 recibió un accécit en el III Premio de Novela Gráfica Ciudades Iberoamericanas convocada por la UCCI.

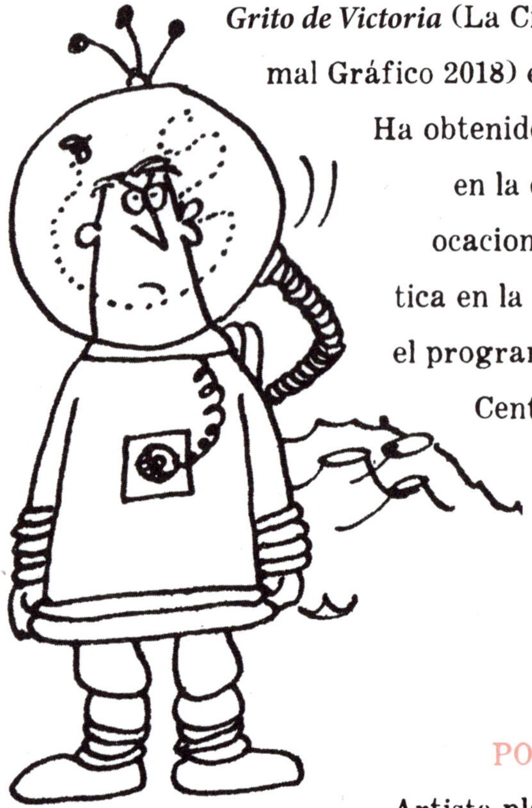

POWER PAOLA

Artista plástica e historietista.

IURHI PEÑA

Es artista visual nacida en la Ciudad de México interesada en explorar los afectos y el habitar de las feminidades en el espacio urbano mediante el dibujo digital e impreso que ha sido expuesto en festivales de gráfica en diversos países de América y Europa. Colabora a través de la gráfica de denuncia, el cómic y la autoedición en proyectos educativos y sociales con diferentes organizaciones como colectivas feministas, editoriales independientes, ONG, asociaciones civiles, etc. Actualmente está al frente de la mini editorial de fanzines Beibi Creisi, que publica el trabajo gráfico de mujeres y personas disidentes del género de México y algunos países de Latinoamérica.

SERGIO ARAGONÉS DOMENECH

San Mateo, Castellón, España, 6 de septiembre de 1937. Es un dibujante de cómics nacido en España, con nacionalidad mexicana. Dibujante de la revista MAD, es conocido por dibujar pequeños chistes en los márgenes de la revista. También es autor de su propia historieta, *Groo*, sobre un guerrero no muy inteligente. *Groo* fue el primer *comic book* publicado en Estados Unidos por una editorial comercial manteniendo los autores la propiedad legal sobre el personaje. Considerado el dibujante más rápido del mundo, es una leyenda viviente del cómic a nivel internacional.

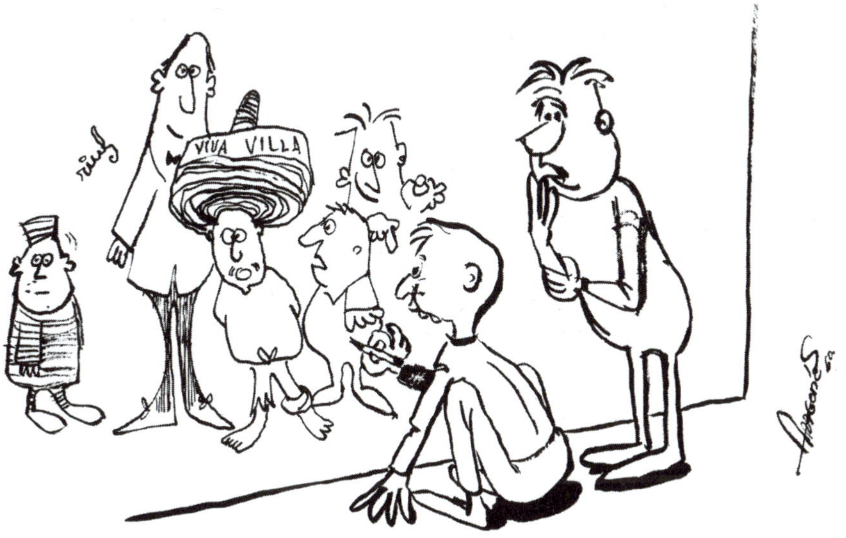
VIVA VILLA

—CREO RIUS, QUE NO CAPTO BIEN LA IDEA DE "PINTAR UNA ESCUELA"

AGRADECIMIENTOS

De parte de Luis Gantús

A mi Familia, la que permanece: Mauricio, Helena, Vanessa, Fernanda, Clara, a la que se incorporó: Fernando, Gloria, Jessi, Chivafeo, Lili, Ricardo, Katina, Natalia y Emiliano; y la que se adelantó: Clara, Celia, Pilar, Abuela Clara, Julio, Fernanda. Testigos , partícipes y motores de mi ser.

A Yuyes y Adolfo porque su generoso regalo me permitió descubrir el *Ja-já* de Rius

A Micaela y Citlali por permitirme mostrar al mundo esta faceta de su esposo y padre.

A David Velázquez y Ariel Rosales por creer en el proyecto.

A Daniel, Hector, Melina, Leonardo y Mario
por permitirme seguir creciendo con su ayuda y apoyo

A Juan Carlos Lopez por su colaboración desinteresada

A la historieta por permitirme conocer a RIUS

Pero sobre todo a RIUS que por su culpa e inspiración decidí conocer la historieta.

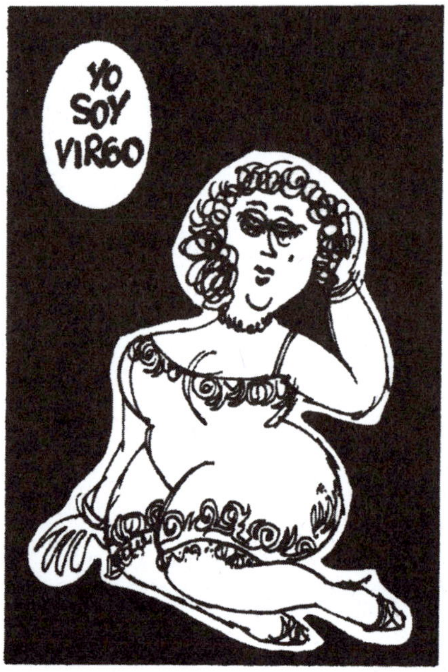
YO SOY VIRGO

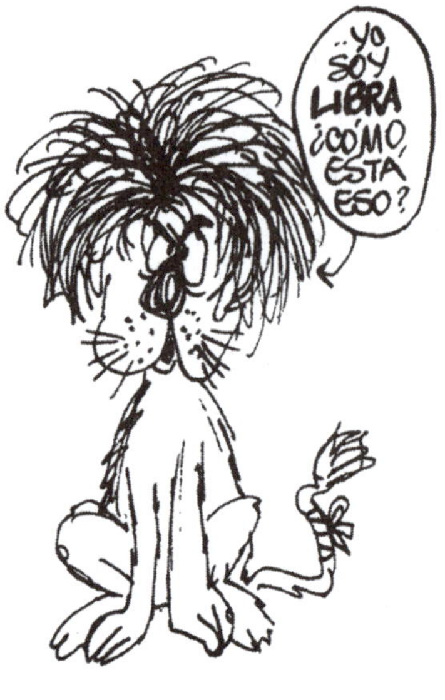
YO SOY LIBRA ¿CÓMO ESTÁ ESO?

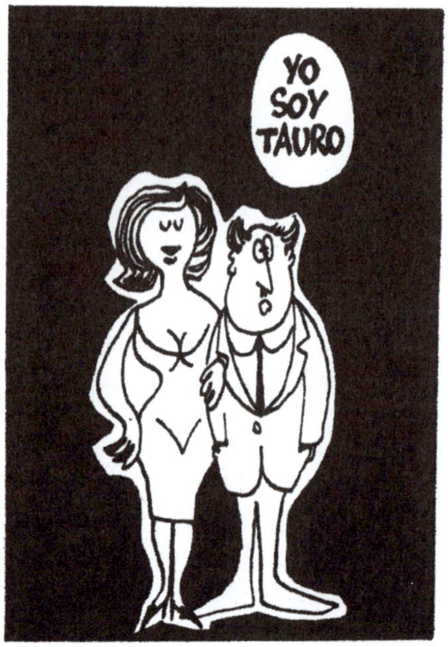
YO SOY TAURO

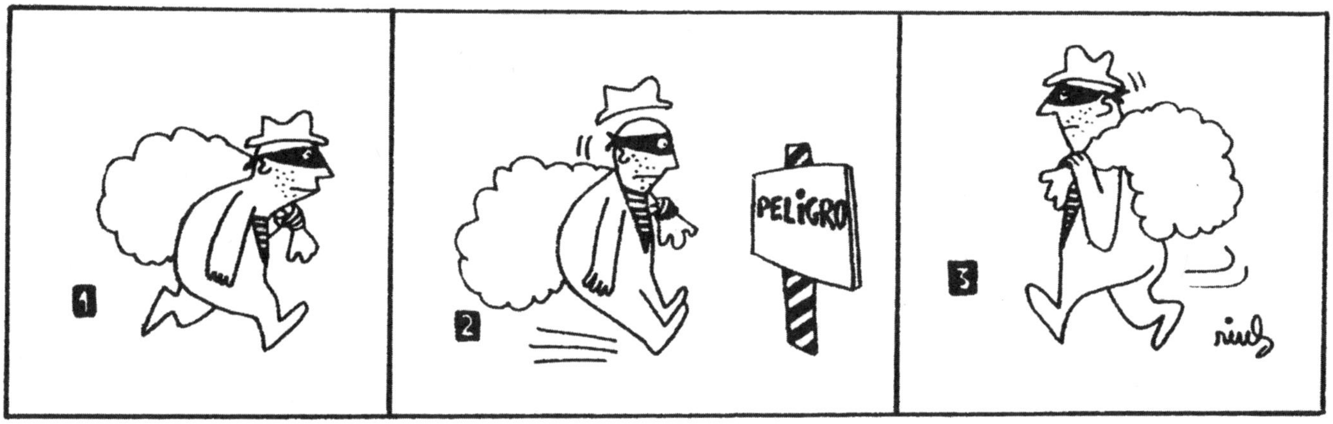
PELIGRO

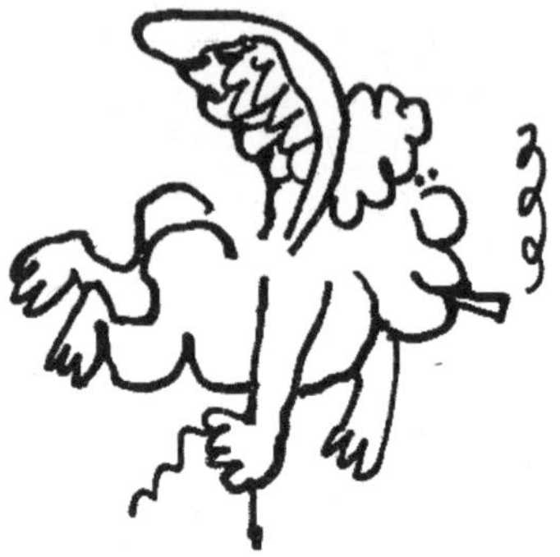

El Ja-já de Rius
se imprimió en mayo de 2024
en los talleres de
Litográfica Ingramex, S.A. de C.V.,
Centeno 162-1, Col. Granjas Esmeralda, C.P. 09810,
Ciudad de México.

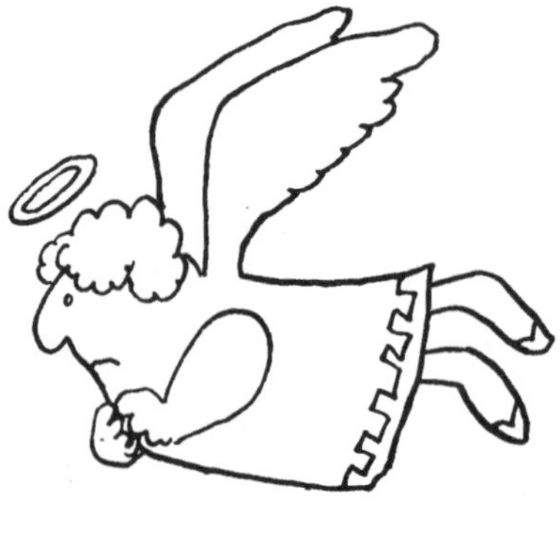

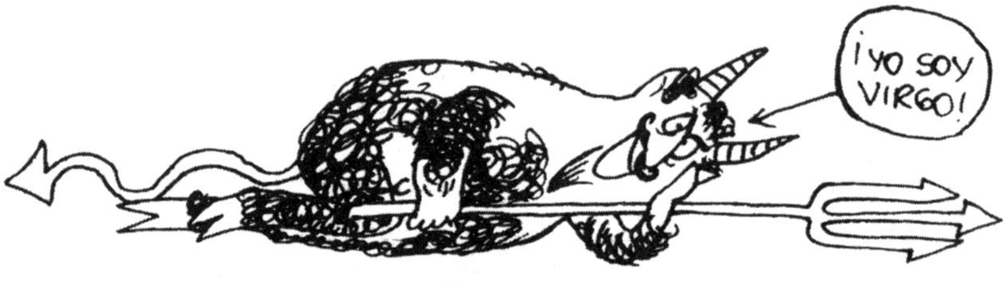
¡YO SOY VIRGO!